民法債権法・相続法
改正と不動産登記

藤原勇喜〔著〕

発行 テイハン

はしがき

　民法債権関係の改正法が2017年6月2日に公布され，施行は2020年4月1日と予定されている。この民法制定以来120年ぶりの大改正について，不動産登記に関する規律が，これまでと比べどのように変わったのか，あるいは変わらなかったのか，変わったとすればどのように変わったのか等について民法の改正が不動産登記法の基本構造あるいは不動産登記の実務にどのようにかかわり，どう影響してくるのかといった観点から，債権法改正の全体的な視点を踏まえつつ，不動産登記法改正の全体的な視点を踏まえ，不動産登記法改正の視点とその基本構造を中心に以下のような関係するすべての改正事項つまり，登記請求権の保全と債権者代位による登記，登記義務の相続と債権者代位による登記手続請求，詐害行為取消権と不動産登記，抵当権の登記と登記原因証明情報，代物弁済契約と登記原因証明情報，賃借権の登記・敷金の登記と賃貸人の地位の移転，債務引受と不動産登記，さらにその他の留意すべき改正事項と不動産登記といった観点から，従来の取扱いとその改正点等につき，判例，学説，先例，実例等を踏まえ，体系的に詳しく，丁寧にわかりやすく解説を加え，筆者の見解もお示ししている。後半の改正相続法の解説と合わせて御活用いただければと思う次第である。

　　　令和元年6月

　　　　　　　　　　　　　　　　　　　　藤 原 勇 喜

目　　次
債権法改正と不動産登記

第1　登記請求権の保全と債権者代位権……………………………… 5

　(1)　債権者代位権と債務者の資力……………………………… 5

　(2)　信託登記の代位による登記………………………………… 6

　(3)　転用型の債権者代位による登記…………………………… 6

第2　登記義務者の相続と債権者代位による登記手続請求………… 9

第3　詐害行為取消権と不動産登記…………………………………13

　(1)　詐害行為取消判決の効力の及ぶ範囲……………………13

　(2)　詐害行為取消判決の効力と不動産登記…………………14

　　　①　詐害行為取消権と判例の考え方………………………14

　　　②　詐害行為取消権行使の要件……………………………15

　　　③　詐害行為取消しの効果…………………………………16

　　　④　詐害行為取消判決と不動産登記………………………17

第4　抵当権設定の登記と登記原因証明情報………………………19

　(1)　要物的金銭消費貸借と諾成的金銭消費貸借……………19

　(2)　抵当権設定の登記…………………………………………21

　(3)　登記原因証明情報…………………………………………21

第5　代物弁済契約と登記原因証明情報及び弁済による代位………23

　(1)　代物弁済契約………………………………………………23

　(2)　代物弁済の効果……………………………………………24

　(3)　代物弁済契約（登記原因証明情報）の概要……………24

　(4)　改正民法と代物弁済契約…………………………………25

　(5)　改正民法と弁済による代位………………………………26

第6　賃借権の登記と賃貸人の地位の移転…………………………28

　(1)　賃貸人たる地位の留保……………………………………28

　(2)　不動産の賃貸人たる地位の移転と不動産登記…………30

　(3)　対抗要件……………………………………………………31

目　　次

　　(4)　賃貸人たる地位の留保と信託……………………………32
　　(5)　留保後における賃貸人たる地位の移転…………………33
　　(6)　不動産賃借権の移転と対抗力…………………………34
　　(7)　債権法の改正と敷金…………………………………34
　　　①　敷金の定義……………………………………………34
　　　②　敷金返還債務の発生時期と敷金の充当………………35
　　(8)　賃貸不動産の譲渡と賃貸人の地位……………………36
第7　債務引受と不動産登記………………………………………37
　　(1)　債務引受と判例…………………………………………37
　　(2)　免責的債務引受と担保権の移転………………………38
　　(3)　免責的債務引受と担保権設定者の承諾………………41
　　(4)　免責的債務引受と不動産登記…………………………42
　　(5)　免責的債務引受と抵当権の消滅………………………43
第8　第三者のためにする契約と契約上の地位の移転……………44
　　(1)　第三者のためにする契約………………………………44
　　(2)　契約上の地位の移転……………………………………45
第9　債権法改正と遺贈義務者の担保責任………………………46
　　(1)　遺贈義務者と担保責任…………………………………46
　　(2)　遺贈と民法177条 ………………………………………47
第10　受遺者と相続人の債権者による法定相続分の代位による登
　　記………………………………………………………………47
　　(1)　遺贈と受遺者の権利……………………………………47
　　(2)　遺贈と所有権移転の登記………………………………47
　　(3)　被相続人の生前贈与と遺贈……………………………48
第11　その他の留意すべき改正事項と不動産登記………………50
　　(1)　錯誤の効果と不動産登記………………………………50
　　(2)　買戻特約の登記…………………………………………52
　　(3)　契約の内容に適合しない抵当権の登記と代金の支払拒絶………54
　　(4)　弁済による代位と抵当権移転の登記…………………55

債権法改正と不動産登記

第1　登記請求権の保全と債権者代位権

(1)　債権者代位権と債務者の資力

　民法423条の7は，「登記又は登録をしなければ権利の得喪及び変更を第三者に対抗することができない財産を譲り受けた者は，その譲渡人が第三者に対して有する登記手続又は登録手続をすべきことを請求する権利を行使しないときは，その権利を行使することができる。この場合においては，前三条の規定を準用する。」と規定している。

　この規定は，いわゆる転用型の債権者代位権（責任財産の保全を目的としない債権者代位権）のうち，既に判例（大判明治43年7月6日民録16輯537頁等）の法理，つまり「民法423条の適用を受けるべき債権者の債権は，債務者の権利行使がその債権の保全に適切かつ必要であればよく，債務者の資力の有無に関係するものである必要はなく，また，債務者の資力の有無と関係のない場合には，債務者が無資力であることは代位行使の要件にはならない。不動産の売買において，売主である登記名義人に対する移転登記請求権は，売主の資力の有無にかかわらず，買主の売主に対する移転登記請求権を保全するために適切かつ必要であるから，買主は，売主である登記名義人に対する移転登記請求権を代位行使することができる。」という法理が確立している不動産登記の場合を明文化するとともに，登記または登録が対抗要件とされている場合全てに対応する規律を設けようとするものである^{（注1）}。

－ 5 －

(2) 信託登記の代位による登記

同趣旨の規定は信託法14条の規定があり「登記又は登録をしなければ権利の得喪及び変更を第三者に対抗することができない財産については，信託の登記又は登録をしなければ，当該財産が信託財産に属することを第三者に対抗することができない。」と規定している。第三者に対する信託の対抗が問題となる場面としては，①固有財産に属する債務に係る債権によって信託財産に対し強制執行がされた場合において，受託者または受益者が異議を主張する場合や，委託者の債権者から自己信託に係る信託財産に対し強制執行がされた場合において，受託者（兼委託者）又は受益者が異議を主張する場合（信託法23条5項），②受託者が破産手続開始の決定を受けた場合において，信託財産が受託者の破産財団に属しないことを主張する場合（信託法25条1項），受託者が信託財産のためにした行為がその権限に属しない場合において，受益者が当該行為を取り消す場合（信託法27条1項または2項）等がある[注2]。

なお，民法423条の7の「登記又は登録をしなければ権利の得喪及び変更を第三者に対抗することができない財産」には，登記または登録をしなければ権利の得喪及び変更の効力が生じない，つまり，登記・登録が対抗要件にとどまらず効力要件となっている財産も含まれると解される[注3]。

(3) 転用型の債権者代位による登記

改正民法423条の7は，確立された判例法理のうち，登記または登録の請求権を被保全債権とする債権者代位権につき，「登記又は登録をしなければ権利の得喪及び変更を第三者に対

抗することができない財産を譲り受けた者は，その譲渡人が第三者に対して有する登記手続又は登録手続をすべきことを請求する権利を行使しないときは，その権利（譲渡人に属する当該権利）を行使することができる。」と規定し，確立された判例法理のうち，登記または登録の請求権を被保全債権とする債権者代位権につき規定が新たに設けられた。

　以上の結果，登記・登録手続請求権の代位行使のみが規定される結果となっているが，判例上古くから認められていたことの明文化ということになる。判例としては，登記請求権のように，その保全の必要性が債務者の資力の有無に関係のない権利を代位行使する場合，つまり，「不動産の買主が，売主の現登記名義人に対する移転登記請求権を代位行使すること（大判明治43年7月6日民録16輯537頁）」の明文化ということになるが，登記等が第三者対抗要件である場合を対象とし（その表現ぶりは信託法14条の規定を対象にしたものとされる。），所有権の移転には限定されず，たとえば転抵当権なども含むものと解される。この場合の被保全権利としては，明文では規定されていないものの，当然譲受人が譲渡人に対して登記・登録手続の請求権を有することが前提とされている。言い換えればそのような請求権を有する者のみが「譲り受けた者」に当たると解される(注4)。

　このように，債権者代理権は，基本的には金銭債権を保全することを目的とする制度であると考えられているが，金銭債権以外の債権を保全するために債権者代理権が認められる場合もあり，その場合には責任財産の保全が目的であるとはいえない

ことから，一般に債権者代位権の転用事例といわれている。このことは前述のとおりであるが若干の敷衍をすると，典型的な転用事例は，登記請求権を被保全債権とする場合であり，例えば，不動産がAからB，BからCへと順次売却されたものの，登記がAに残っている場合において，CがBに対する移転登記請求権を被保全債権として，BのAに対する移転登記請求権を代位行使する場面が該当する。現行民法では，債権者代位権の転用事例に関する規定は設けられていないが，判例上，このような場面で移転登記請求権を代位行使することが認められている。改正民法では，債権者代位権の転用事例のうち，代位行使が認められることが確立した解釈になっているといえる登記・登録請求権を被保全債権とする代位行使の場面について，明文化がなされていることは前述のとおりである。具体的には登記・登録手続をしなければ権利の得喪・変更を第三者に対抗することができない財産を譲り受けた者は，譲渡人が第三者に対して有する登記・登録手続をすべきことを請求する権利を行使しないときは，譲渡人に属する当該権利を行使することができると定められている（改正民法423条の7）。改正民法では，登記・登録請求権を被保全債権とする代位行使の場面に限って明文化されているが，それ以外の場面での債権者代位権の転用を否定する趣旨ではないと解される。したがって，そのような場面での代位行使の可否は，現行民法と同様に解釈に委ねられていると考えられる[注5]。

　なお，本来型であっても無資力要件が要求されていない場合もある。最判昭和50年3月6日（民集29巻3号203頁）は，不動産

－ 8 －

の売主Aを共同相続したXYのうち，Yが買主BCに対する登記義務を履行しないために，Xは買主BCに対して代金の請求ができない。そこで，Xは売買代金を保全するためにBCに代位してYに移転登記を求めた事例であるが，前記昭和50年の最高裁判例は，被相続人が生前に土地を売却したが相続人の1人が買主に対する移転登記に協力しないときに，他の相続人が買主に代位して右の相続人に対し移転登記請求権を行使することを認め，このような場合には，買主BCの資力は問題にならないと判示している[注6]。

(注1) 不動産の買主が売主の現登記名義人に対する移転登記請求権を代位行使すること，つまり，「自己の登記請求権に基づいて債務者の登記請求権を代位行使する場合である」大村敦志「新基本民法4 債権編」145頁。

(注2) 寺本昌広「逐条解説・新しい信託法」70～71頁。

(注3) 潮見佳男「民法（債権関係）改正法案の概要」68頁。東京司法書士会民法改正対策委員会編「民法改正と登記実務」86頁。

(注4) 山本和彦「債権者代位権」NBL1047号12頁。

(注5) 有吉尚哉「民法改正の要点がわかる本」79頁。

(注6) 大村敦志「新基本民法4 債権編」147頁。

第2 登記義務者の相続と債権者代位による登記手続請求

1 「被相続人が生前に土地を売却し，数人の共同相続人が買主に対する所有権移転登記義務を相続した場合に，共同相続人の1人がその登記義務の履行を拒絶しているときは，買主は，登記義務の履行を提供する他の相続人に対しても代金支払

を拒絶することができるが，これに対して，相続人は，買主の
同時履行の抗弁権を失わせて自己の代金債権を保全するため，
債務者たる買主の資力の有無を問わず，民法423条1項本文に
より，買主に代位して，登記に応じない相続人に対する買主の
所有権移転登記手続請求権を行使することができる。」（最判昭
和50年3月6日民集29巻3号203頁）とする。

　被相続人が所有地を売却してその履行がなされないまま死亡
した場合には，売買契約は有効であり，相続人らがその売買契
約上の債務を包括的に承継していることになる。したがって，
相続人らは，買主に対して，土地の引渡しと所有権移転登記を
するのと引換えに代金を支払うように請求することができる。
しかし，相続人の中に所有権移転登記手続をして代金を請求す
ることを拒否している者がいる場合は，そのような権利行使が
できないことになる。そのような場合には，債権者代位権の転
用例の一つとして，買主を代位して履行を拒否している相続人
に所有権移転登記手続を代位行使し，所有権移転登記手続を行
うのと引換えに買主に代金を支払うよう請求することができ
る。

　被相続人が生前に締結していた売買契約が有効に成立してい
れば，その効力は相続人らが包括承継することになる。そうな
ると，当該土地の買主は，相続人らに対して，当該土地を引き
渡して移転登記手続をするように請求することができ，相続人
らは当該土地の売主として買主に対して，当該土地の引渡し及
び所有権移転登記をするのと引換えに売買代金を支払うよう請
求することができる。

しかし，相続人の中に被相続人のした売買契約の効力を否定し，相続人らの債務の履行を拒否する者がいる場合には，当該土地の買主に対して売買代金を請求することができなくなる。

そこで，債権者代位権に基づいて，契約の履行を拒否している相続人を除く相続人らが土地の買主を代位して拒否している相続人に所有権移転登記手続を請求し，代金の支払と引換にすることを求めることができるとしている。

そこで，前述のごとく最高裁は，「被相続人が生前に土地を売却し，買主に対する所有権移転登記義務を負担していた場合に，数人の共同相続人がその義務を相続したときは，買主は，共同相続人の全員が登記義務の履行を提供しないかぎり，代金全額の支払を拒絶することができるものと解すべく，したがって，共同相続人の1人が右登記義務の履行を拒絶しているときは，買主は，登記義務の履行を提供して自己の相続した代金債権の弁済を求める他の相続人に対しても代金支払を拒絶することができるものと解すべきである。そして，この場合，相続人は，右同時履行の抗弁権を失わせて買主に対する自己の代金債権を保全するため，債務者たる買主の資力の有無を問わず，民法423条1項本文により，買主に代位して，登記に応じない相続人に対する買主の所有権移転登記手続請求権を行使することができるものと解するのが相当である。」（前掲最判昭和50年3月6日民集29巻3号203頁）と判示していること前述のとおりである。

2 債権者代位権の転用と被保全債権

債権者代位権に関しては，「本来型の債権者代位権」と「転

用型の債権者代位権」とに分けて判例が形成されている。

「本来型の債権者代位権」というのは，金銭債権を被保全債権として債務者の責任財産を保全するため債務者の権利行使に介入して責任財産を形成させるものである。したがって，保全の必要性としては，債務者の無資力という要件を備えるべきであるとされている。最判昭和40年10月12日（民集19巻7号1777頁）は「金銭債権を有する債権者が，債務者の権利を代位行使できるのは，債務者の資力が債務を弁済するのに十分でないことを要し，この点について立証責任は債権者が負う。」旨判示している。

これに対して，「転用型の債権者代位権」というのは，登記請求権などの特定債権を被保全債権として債務者の権利行使に介入することによって特定債権の実現を図るものである。したがって，保全の必要性としては，無資力要件ではなく，むしろ他に適当な方法がないという補充性の要件を備えるべきであるとされてきた。

今回取り上げた事例は，自己の有する金銭債権を被保全債権としているが，債務者が無資力であるかどうかは関係なく，他に適当な方法がないという補充性の要件を肯定して債権者代位権の行使を認めている。そういう意味では，本来型と転用型の中間的な形態であるということができる。ただ，強制執行の準備として債権者代位権を行使するわけではないので，やはり特殊な転用型の一つとして理解することができる。

なお，債権法改正では，債権者代位権の転用について明文規定を設けている（民法423条の7）。同条は，「登記又は登録をし

なければ権利の得喪及び変更を第三者に対抗することができない財産を譲り受けた者は，その譲渡人が第三者に対して有する登記手続又は登録手続をすべきことを請求する権利を行使しないときは，その権利を行使することができる。この場合においては前3条の規定を準用する」と規定している。

これに対して「転用型の債権者代位権」は，登記請求権などの特定債権を被保全債権として債務者の権利行使に介入することによって特定債権の実現を図るものである。したがって，保全の必要性としては，無資力要件ではなく，むしろ他に適当な方法がないという補充性の要件が必要となること前述のとおりである。

この事例の場合も，自己の有する金銭債権を被保全債権としているが，債務者が無資力かどうかは関係なく，他に適当な方法がないという補充性の要件を肯定して債権者代位権の行使を認めることができると考えられる。

なお，債権法改正では，債権者代位権の転用については明文規定を設けている（民法423条の7）が，それは登記又は登録の請求権を被保全債権とする転用に関するものであるから，金銭債権を被保全債権とする転用が認められるかについては，依然として解釈に委ねられていると考えられる（平田厚「相続財産をめぐる第三者対抗要件」88頁）。

第3　詐害行為取消権と不動産登記

(1)　詐害行為取消判決の効力の及ぶ範囲

改正民法425条は，「詐害行為取消請求を認容する確定判決

は，債務者及びその全ての債権者に対してもその効力を有する。」と規定し，債務者に取消判決の効力が及ぶことを明確にしている。このことから，当該不動産が詐害行為取消しにより債務者の責任財産になることが理論的により明確になったが，従前の判例法理においては，詐害行為取消判決の効力について債権者と受益者又は転得者との間で相対的に生ずるにすぎないという見解をとっていた。この考え方によれば，詐害行為取消訴訟において取消債権者が返還を求めていた逸出財産が不動産である場合において，勝訴した債権者が何らかの事情により債務者の登記名義を実現する代位登記の単独申請（不登法59条7号，63条1項）を行わないときは，債務者が当該判決を利用して自ら登記を申請することはできないこととなる。これが従来の登記実務の取扱いである[注1]。つまり，従前の判例法理においては，受益者等の下にある不動産の登記名義を債務者に戻すべく抹消登記手続請求等をすることが認められ，債務者の登記名義となった不動産について，取消債権者および債務者に対するその他の債権者が，これを強制執行の対象とすることが認められてきたが，改正民法においては，債務者に取消判決の効力が及ぶことが明確となり，当該不動産が詐害行為取消しにより債務者の責任財産を構成することとなることが理論的により明確となっている[注2]。

(2) 詐害行為取消判決の効力と不動産登記

① 詐害行為取消権と判例の考え方

詐害行為取消権についての判例の考え方は，大判明治44年3月24日（民録17巻117頁）において示されている。その考え方の

— 14 —

基本は,「相対的取消し」理論と言われており, その内容は, 以下の3点にまとめることができる。

その①は, 現行民法424条の「取消権」は, 債務者のした法律行為を取り消して, 債務者の財産状態を当該行為以前の状況に戻すものである。⑪現行民法424条の取消権は, 一般の取消権と異なり, その取消権の効果は相対的であり, 当該行為は訴訟の相手方に対しては無効であるが, 訴訟に関与しない者に対しては有効のままである。⑪訴えの相手方は受益者または転得者であり, 債務者の財産が転得者のもとにある場合, 転得者に現物返還を求めても受益者に価額賠償を求めてもよいとされる。いずれの場合にも債務者は被告とならない。

② 詐害行為取消権行使の要件

詐害行為時に, 債権者Xの債権が成立していることが必要である(最判昭和33年2月21日民集12巻2号341頁は,「取り消されるべき詐害行為は, 取消権を行使する債権者の債権発生の後になされたものであることが必要である。」旨判示している。)。改正民法424条3項は,「債権者は, その債権が第1項に規定する行為の前の原因に基づいて生じたものである場合に限り, 同項の規定による請求(以下「詐害行為取消請求」という。)をすることができる」旨規定してそのことを明らかにしている。また, 債権者Xの債権が金銭債権であることを要するかという点については, 判例は, 詐害行為時に金銭債権である必要はないとしている(最判昭和36年7月19日民集15巻7号1875頁は,「特定物引渡請求権者も, 債務者が目的物処分により無資力となった場合には, 右処分行為を詐害行為として取り消しうる。」旨判示している。)。改正民法は, 424条4項

において，債権が強制執行により実現可能でなければ詐害行為取消請求はできない旨規定し，また，詐害行為取消権は訴えによって行使しなければならないと規定している（改正民法424条1項）。取消権の行使は第三者の利害に影響を及ぼすので訴訟によって一挙に判断する必要があり（改正民法425条），取消権の行使を債務者に対し，訴訟告知をする必要がある（改正民法424条の7第2項）。そのほか債務者によって詐害行為がなされたことが必要である（改正民法424条1項）。

　詐害行為になりうるのは法律行為に限らず，弁済や債務の承認等も含まれる。勿論法律行為でも「財産権を目的としない法律行為」は取消権の対象とならない（改正民法424条2項）が，判例は，遺産分割協議も取消しの対象になりうるとし（最判平成11年6月11日民集53巻5号898頁），他方で，財産分与は，原則として取消しの対象とはならないが，不相当に過大で財産分与に仮託した財産処分であると認められる場合は例外的に詐害行為にあたるとしている（最判平成12年3月9日民集54巻3号1013頁）。そして，主観的要件としては詐害の意思が必要であるとされる[注3]。そして，受益者または転得者は詐害行為または転得の当時悪意であったことが必要である（改正民法424条1項ただし書，424条の5）。

③　詐害行為取消しの効果

　要件が満たされれば，取消債権者Xは，受益者Y_2または転得者Y_3に対して詐害行為によって移転した財産の返還を求めることができる（改正民法424条の6第1項前段。第2項前段）。

　取消債権者は直接自己に引渡しをすることを求めることもで

きる（大判大正10年6月18日民録27巻1168頁）。従来は，判決の効力は債務者に及ばないので債務者は引渡しを受ける地位にないとされてきたが，改正民法424条の6第1項は，受益者に移転した財産の返還を請求することができると規定し，同424条の9第1項は，債権者は自らに金銭等の支払を求めることができると規定している。

④　詐害行為取消判決と不動産登記

不動産登記については，債務者にではなく取消債権者自身に登記を移転せよと請求することはできない（最判昭和53年10月5日民集32巻7号1332頁）とされていた。上記昭和53年の最高裁判例は，「目的物が不動産の場合には，取消債権者は特定物債権者であっても，受益者に対し，直接自己に所有権移転登記を求めることはできない。」と判示している。したがってY2（受益者）の登記を抹消して，Y1（債権者）名義に戻ったところで改めて執行するしかないということになる。これが従来の登記実務の取扱いであるが，債務者に対する訴訟告知（改正民法424条の7第2項。民訴法53条）を取消債権者がして，債務者にも判決の効力が及ぶことになるので，債務者が取消判決を利用して自ら登記名義を実現することは可能ではないかという意見もあり[注4]，その実現が望まれるところである。

つまり，逸出財産が不動産である場合において，詐害行為取消判決（請求認容判決）が確定したときは，既判力を受ける債務者が当該判決の正本を利用して債務者から受益者若しくは転得者への所有権移転登記の抹消又は受益者若しくは転得者から債務者への所有権移転登記を単独で申請することも可能である

— 17 —

といえるのではないかと考えられる。

　従来の判例は，詐害行為取消判決の効力について，前述のごとく，債権者と受益者又は転得者との間で相対的に生ずるにすぎないという見解（折衷説）を採っており，詐害行為取消訴訟において取消債権者が返還を求めていた逸出財産が不動産である場合において，勝訴した債権者が何らかの事情により債務者の登記名義を実現する代位登記の単独申請（不登法59条7号，63条1項）を行わないとき，債務者が当該判決を利用して自ら登記の申請をすることはできないとされていたこと前述のとおりである[注5]。

　このように従前の判例理論によれば，詐害行為取消しの効力は債務者に及ばないものとされていた（相対的取消し）ので，逸出財産が不動産である場合には，取消しによって当該不動産の登記名義が債務者の下に戻り，債務者の責任財産として強制執行の対象になるものとされていること等が，相対的取消しの理論と整合性を欠いていると批判されてきた。改正民法ではこのような批判を踏まえて，詐害行為取消しを認容する判決の効力を債務者にも及ぼすこととされた（改正民法425条）。

　取消債権者が，詐害行為取消しとともに，不動産の返還を請求する場合については，従前の判例法理においても，受益者等の下にある不動産の登記名義を債務者に戻すべく抹消登記手続請求等をすることが認められ，債務者の登記名義となった不動産について，取消債権者および債務者に対するその他の債権者が，これを強制執行の対象とすることが認められていた。改正民法においては，債務者に取消判決の効力が及ぶこととなった

ことから，当該不動産が詐害行為取消しにより債務者の責任財産を構成することになることが理論的により明確となり，従前と同様の実務が維持されるものと考えられる[注6]。

(注1) 「民法改正と登記実務」110頁。

(注2) 法曹親和会「民法（債権関係）改正法案のポイント解説」60頁，前掲（注1）112頁。

(注3) 大村敦志「新基本民法4債権編」166頁。

(注4) 前掲（注1）112頁。

(注5) 新井克美「判決による不動産登記の理論と実務」132頁。

(注6) 「実務解説・民法改正」134頁。森田和志「改正民法（債権関係）と詐害行為取消権（不動産登記手続への影響）」市民と法116号19頁。

第4 抵当権設定の登記と登記原因証明情報

(1) 要物的金銭消費貸借と諾成的金銭消費貸借

現在の民法587条は，「消費貸借は，当事者の一方が種類，品質及び数量の同じ物をもって返還をすることを約して相手方から金銭その他の物を受け取ることによって，その効力を生ずる。」と規定しており，物（金銭）の引渡しがあって初めて成立する要物契約であるとしている。しかし，実務上は諾成的な消費貸借も行われており，判例上も，無名契約としての諾成的な消費貸借も認められていた（最判昭和48年3月16日金法683号25頁）。また「目的物の交付以前になされた抵当権の設定も，債権成立の客観的可能性が存する以上，消費貸借は有効に成立する。」（大判明治38年12月6日民録11輯1653頁）とされ，「消費貸借契約において，借主がその受け取った目的物と同種同量の物を返

— 19 —

還する旨の合意とその目的物の授受とは，必ずしも同時に行われることを要しない。公正証書上は消費貸借が成立した旨の記載があるが，右証書の作成された後に金銭の授受がなされた場合であっても，その公正証書は無効ではなく，執行力を有するものであり，また金銭が借主以外の第三者（借主の債権者）に交付されたとしても，消費貸借の成立は否定されない（大判昭和11年6月16日民集15巻13号1125頁）としているが，今回の民法改正においては，従来からの要物的な消費貸借に加えて諾成的な消費貸借も明文化され（改正民法587条の2）許容されることになった。

改正民法587条の2第1項は，「前条の規定にかかわらず，書面でする消費貸借は，当事者の一方が金銭その他の物を引き渡すことを約し，相手方がその受け取った物と種類，品質及び数量の同じ物をもって返還することを約することによって，その効力を生ずる。」と規定し，従来からの要物的な消費貸借に加えて，諾成的な消費貸借も明文化され，許容されることになった。

ただし，要物的な消費貸借と諾成的な消費貸借とが併存することになると，仮に，当事者の合意があるが，物の引渡しがない場合に，その合意が，要物的な消費貸借を前提としての合意であるのか，諾成的な消費貸借を成立させる合意であるのか判然としないことになりかねない。そこで，改正民法においては，要物的な消費貸借については，従来どおり，物の引渡しがあったときに，契約が成立するものとし（改正民法587条），諾成的な消費貸借については，書面（または電磁的記録）によらな

－ 20 －

ければならないものとして，書面による契約締結時に，契約が成立するものとしている（改正民法587条の2第1項，第4項）。

(2) 抵当権設定の登記

そこで，諾成的な消費貸借が明文化されたことに伴い，抵当権の設定の登記の登記原因の日付における被担保債権（金銭消費貸借契約に基づき発生する債権）の発生の年月日は，要物的な消費貸借の場合は，金銭の引渡しがあって初めて金銭消費貸借が成立するため，当事者の合意が，例えば平成31年2月1日にあったとしても，金銭引渡しの日が平成31年3月1日であったとすると，3月1日に金銭消費貸借契約が成立することとなる。そして，この場合には，抵当権設定の契約の日は，金銭の引渡しがあった平成31年3月1日以降の日となる。

諾成的な消費貸借の場合は，書面による合意のみによって金銭消費貸借が成立するため，金銭の引渡しの前であっても，当事者の合意があった平成31年2月1日に金銭消費貸借が成立することになる。

この場合には，抵当権設定の契約の日は，当事者の合意があった平成31年2月1日以降であれば，金銭の引渡しのあった平成31年3月1日以前であっても差し支えないことになる。

(3) 登記原因証明情報

ところで，前述したように諾成的な消費貸借が明文化されたことに伴い，抵当権の設定の登記の登記原因証明情報における「登記の原因となる事実または法律行為」の記載がどうなるかということが問題となる。

抵当権の設定の登記を申請する場合には，申請情報と併せ

て，登記原因証明情報を提供しなければならない（不登法61条）が，登記原因証明情報には，登記の原因となる事実または法律行為を記載しなければならない。そうなると，改正後においては，要物的な消費貸借と諾成的な消費貸借が併存することになるため，それぞれの場合において，登記の原因となる事実または法律行為の記載内容が異なることになる。

例えば，当事者の合意の日を平成31年2月1日とし，金銭引渡しの日を平成31年3月1日とする。そして，抵当権設定の契約は，被担保債権発生の日と同日に締結し，抵当権設定の登記の申請は，抵当権設定の契約の日と同日とする。

そうすると，要物的な消費貸借の場合は，金銭の引渡しがあって初めて金銭消費貸借が成立するため，金銭の引渡しに相当する内容を記載することになる。しかし，一方では，諾成的な消費貸借の場合と異なり，必ずしも金銭消費貸借契約を書面によってする必要がないため，書面によって契約を締結した旨を記載する必要はないということになる^(注1)。

諾成的な消費貸借の場合は，金銭の引渡しがなくても金銭消費貸借契約が成立するため，金銭の引渡しに相当する内容を記載する必要はないが，一方では，要物的な消費貸借の場合とは異なり，必ず金銭消費貸借を書面によってしなければならないため，書面によって契約を締結した旨を記載する必要があるということになる^(注2)。

このように，消費貸借は，金銭などの物を引き渡すことによるか（改正民法587条），書面で契約したことにより成立したものとするか（改正民法587条の2）ということになり，登記原因証明

情報は，前者であれば今までどおり「平成31年3月1日，金銭を貸し渡した」でよいが，後者であれば，「平成31年2月1日，金銭を貸すことを書面で約した」ということでも登記申請が受理されることになったと解される。

つまり，今までのように「金銭を貸し渡した」でもよいが「金銭を貸すことを書面で約した」ということでも登記申請が受理されることになるということである。

(注1)　渡邉新矢編「要点解説　民法改正」309頁以下。

(注2)　山野目章夫「不動産登記法入門（第2版）」78頁。

第5　代物弁済契約と登記原因証明情報及び弁済による代位

(1)　代物弁済契約

現行民法482条は，「債務者が，債権者の承諾を得て，その負担した給付に代えて他の給付をしたときは，その給付は，弁済と同一の効力を有する。」と規定している。この代物弁済というのは，債務者が債権者の承諾によりその本来負担していた給付（例えば，お金で債務を弁済すること）に代えて他の給付（例えば，一筆の土地の所有権の移転登記）をすることにより弁済と同一の効力を生じさせることをいう。

代物弁済は，本来の給付（履行）に代える他の給付であるから，債権者の承諾を必要とする（現行民法482条）。債務者と債権者の合意すなわち債務者側での代物弁済の意思と債権者側での代物弁済受領の意思が合致することが必要である。その上で，本来の給付（履行）に代えてなされるから，本来の給付（借金

－ 23 －

している金銭を支払う義務）をすべき義務は消滅する。

(2) 代物弁済の効果

不動産の所有権の譲渡をもって代物弁済をする場合，「債務消滅の効力が生じるには，原則として，単に所有権移転の意思表示をしただけでは足りず，所有権移転登記手続の完了を要する。」（最判昭和40年4月30日民集19巻3号768頁）とされているが，代物弁済における目的物の所有権の移転については，「不動産所有権の譲渡をもってする代物弁済による消滅の効果は，単に当事者がその意思表示をするだけでは足りず，登記その他引渡行為を完了し，第三者に対する対抗要件を具備しなければ生じない。そのことは，代物弁済による所有権移転の効果が，原則として当事者の代物弁済契約の意思表示によって生ずることを妨げるものではない」としている（最判昭和57年6月4日判時1048号97頁）。

(3) 代物弁済契約（登記原因証明情報）の概要

① まず，債務者何某は，何年何月何日債権者何某の承諾を得て，債務者が債権者に対して負担する何年何月何日金銭消費貸借契約に基づく元金何円及び利息金何円合計何円の債務の履行に代え，上記不動産を債権者に給付し，債権者は代物弁済としてその給付を受領した（物件の表示省略）旨の代物弁済契約の内容を明らかにする必要がある。代物弁済は本来の給付に代える他の給付をすることであるから債権者の承諾を必要とし（現行民法482条），給付は現実に行われる必要がある。なお，改正民法482条は，「弁済をすることができる者（以下「弁済者」という。）が，債権者との間で，債務者の負担した給付に代え

て他の給付をすることにより債務を消滅させる旨の契約をした場合において，その弁済者が当該他の給付をしたときは，その給付は，弁済と同一の効力を有する。」（本条の施行は，令和2年4月1日）と規定している。

⑪　次に，債務者は代物弁済の目的物件の所有権を移転し，かつ物件の引渡しをし，債権者はその所有権を取得し，かつ物件の引渡しを受けた旨の内容が明らかにされ，要物契約，つまり契約の成立に当事者の合意のほか，物件の引渡しなどの給付を必要とする契約であることを明らかにする。不動産を対象とする場合について，判例は，代物弁済において債務者のなす他の給付が不動産所有権の移転である場合にはその意思表示がなされただけでは足りず，登記その他の引渡行為が完了していなければ代物弁済契約は成立しないとしている。最判昭和43年11月19日（民集22巻12号2710頁）は，「他の給付が不動産所有権の移転であるときは，単に移転を目的とする意思表示のみでは足らないのであって，登記並びに引渡しを完成しなければ代物弁済は成立しない。」旨判示し，そのことを明確にしている。

(4)　改正民法と代物弁済契約

現在の民法482条は，前述のごとく，「債務者が，債権者の承諾を得て，その負担した給付に代えて他の給付をしたときは，その給付は，弁済と同一の効力を有する。」と規定し，改正民法482条は，前述のごとく，「弁済をすることができる者（以下「弁済者」という。）が，債権者との間で，債務者の負担した給付に代えて他の給付をすることにより債務を消滅させる旨の契約をした場合において，その弁済者が当該他の給付をしたと

きは，その給付は，弁済と同一の効力を有する。」と規定している。

　現在の民法では，代物弁済については，代物弁済による債権の消滅の効果が代物の給付によって生ずることに着目し，要物契約であると言われてきた。しかし一方では，諾成契約（目的物の給付を必要とせず，当事者の合意のみで成立する契約）的な代物弁済の合意は，担保目的で広く利用されており，前述した最高裁昭和57年の判決でも，代物弁済により不動産を給付する事例において，不動産の所有権の移転の効果は，原則として，当事者間において代物弁済契約が成立した時に，その意思表示の効果として生ずることを妨げないとしている。

　そこで，改正民法482条においては，代物弁済の法律関係を明確化するため，前述のように，「……債権者との間で，債務者の負担した給付に代えて他の給付をすることにより債務を消滅させる旨の契約をした場合において……」と規定して（現行民法は「……その負担した給付に代えて他の給付をしたときは……」と規定しており，要物契約であることを明確にしている。），代物弁済が諾成契約であることを明示し，その上で，代物弁済による債権の消滅の効果は，代物の給付をした時点（不動産であればその所有権移転の登記をした時）であることを明確にしている[注]。

　（注）　拙稿「公正証書ア・ラ・カ・ル・ト69」時の法令2020号70頁。

(5)　改正民法と弁済による代位

　改正前民法では，弁済をするについて正当な利益を有しないものの，債務者の意思に反せずに弁済をした者（改正前民法

474条2項は「利害関係を有しない第三者は，債務者の意思に反して弁済をすることができない。」と規定していた。）が債権者に代位するためには，債権者の承諾が必要であった（改正前民法499条1項は「債務者のために弁済をした者は，その弁済と同時に債権者の承諾を得て，債権者に代位することができる。」と規定していた。）が，債権者は，弁済を受領して満足を得た以上，その後の担保や保証等の帰趨について独自の利益を有しているとはいえず，承諾を要するとする規律には合理性があるとはいい難い。そこで，改正民法499条においては，弁済をするについて正当な利益を有する者以外の者が代位をする場合にも，「債務者のために弁済をした者は，債権者に代位する。」と規定して債権者の承諾を不要としている。

　また，改正前民法501条1号は，保証人が担保の設定された債務者の不動産の第三取得者に対して代位するには，あらかじめ付記登記をすることを要するとしていたが，利益状況が類似する抵当権の被担保債権の譲渡による債権者の交替のケースにおいては，債権の譲受人は当該抵当権を実行するために付記登記は要しないこととも整合しないため，改正民法においては，この付記登記を要しないとし，改正前民法501条1号を削除している。もっとも改正民法の下でも，代位の付記登記をし，その登記事項証明書をもって担保権の承継を証明する（民事執行法181条・不動産担保権の実行の開始）ことができると解されている（「民法《債権法》改正の解説」（村松秀樹，脇村真治，前田芳人）民事月報73巻3号28頁）。

　また，一部弁済による代位に関して，判例は一部弁済をした

に過ぎない代位者が単独で担保権を実行することができるとしていたが，そうなると，本来の権利者である債権者が担保権を実行して換価する時期を選択する利益を奪われ，債権者が全額の回収をすることができなくなるおそれを生ずる。そこで，改正民法においては，判例を改めて，一部弁済をした代位者は，債権者の同意を得て，債権者とともにその権利を行使することができるとし（改正民法502条1項は「債権の一部について代位弁済があったときは，代位者は，債権者の同意を得て，その弁済をした価額に応じて，債権者とともにその権利を行使することができる。」と規定している。），かつ，一部弁済をした代位者がいる場合であっても，債権者は，単独でその権利を行使することができるとしている（改正民法502条2項は「前項の場合であっても，債権者は，単独でその権利を行使することができる。」と規定している。）（前掲村松ほか民事月報73巻3号28頁）。

第6　賃借権の登記と賃貸人の地位の移転

(1)　賃貸人たる地位の留保

改正前民法601条は，「賃貸借は，当事者の一方がある物の使用及び収益を相手方にさせることを約し，相手方がこれに対してその賃料を支払うことを約することによって，その効力を生ずる。」と規定して，賃貸借の約定内容として，貸主の使用収益させる義務と借主の賃料支払義務のみを規定していたが，改正民法ではそれに加えて契約終了時における目的物返還義務も約定内容として明文化されている（改正民法601条。本条の施行は

－ 28 －

令和2年4月1日である。）。そのほか，登記事項のうち存続期間が最長20年から50年に変更されている（改正民法604条1項。本条の施行は令和2年4月1日である。）。

不動産の賃貸人たる地位の移転については，賃借権の対抗要件（改正民法605条等）を備えた場合において，その不動産が譲渡されたときは，その不動産の賃貸人たる地位は，その譲受人に移転する（改正民法605条の2第1項）。そして，その賃貸人としての地位の移転は，賃貸物である不動産について所有権移転登記をしなければ，賃借人に対抗できない旨改正民法605条の2第3項に規定されている。

ところで，改正民法においては，例外として，賃貸人たる地位を留保できる場合が新設されている（改正民法605条の2第2項前段）。不動産の譲渡人および譲受人が賃貸人たる地位を譲渡人に留保する旨およびその不動産を譲受人が譲渡人に賃貸する旨の合意をしたときは，賃貸人たる地位は，譲受人に移転しない。この場合に譲渡人と譲受人またはその承継人との間の賃貸借が終了したときは，譲渡人に留保されていた賃貸人たる地位は，譲受人またはその承継人に移転する（改正民法605条の2第2項後段）。

なお，賃貸人たる地位の移転を賃借人に対抗するためには，所有権の移転の登記をする必要がある（改正民法605条の2第3項）。同項は，改正民法605条の2第1項又は前項後段の規定による賃貸人たる地位の移転は，賃貸物である不動産について所有権の移転の登記をしなければ，賃借人に対抗することができないと規定している。

賃貸人の地位を旧所有者に留保するニーズは，信託における譲渡を念頭に置けば，受託者が賃借人に対して直接，修繕義務等の賃貸人の責任を負担する必要がない点にあるとされ，また，譲渡当事者のみの合意によって賃貸人の地位を留保できるので，多数に及ぶこともある賃借人から賃貸人の地位の移転留保の合意を個別に得ることが不要になるとされる。

　ただ，この場合，賃借権の登記がされた不動産が譲渡され，所有権移転の登記のみ完了している場合，登記記録をみただけでは賃貸人たる地位が移転しているのか，留保されているのかが判別できない。そうなると，賃借人がその登記記録をみて，その記録だけでは賃料支払いを譲渡当事者のいずれにすべきかの判断をどうするか。賃貸人の地位が留保されていることが判明すれば，賃借人は従前通り譲渡人に支払うということになると考えられる（日本司法書士会連合会編「民法（債権関係）改正と司法書士実務」95頁）。

(2)　不動産の賃貸人たる地位の移転と不動産登記

　不動産の賃貸人たる地位の移転に関する規定は，契約上の地位の移転の特則として，改正民法605条の2，605条の3として規定されている。

　改正民法605条の2第1項は，「前条，借地借家法（平成3年法律第90号）第10条又は第31条その他の法令の規定による賃貸借の対抗要件を備えた場合において，その不動産が譲渡されたときは，その不動産の賃貸人たる地位は，その譲受人に移転する。」と規定している。この改正民法605条の2第1項は，いわゆる賃貸人たる地位の当然承継を定めたものである。不動産賃

－ 30 －

借権の対抗要件（改正民法605条，借地借家法10条，31条）を備えた場合，その不動産が譲渡されたときは，賃貸人たる地位を移転させる旨の合意や賃借人の承諾がなくても，賃貸人たる地位は譲受人に移転する。契約上の地位を譲渡する旨の合意及び契約の相手方の承諾を要件とする改正民法539条の２が契約上の地位の移転全般に関する総則規定であるのに対して，この605条の２第１項は賃貸人である地位の移転に関する特則としての意義を有している。

　不動産の賃貸人たる地位の譲渡については，最判昭和46年４月23日（民集25巻３号388頁）は，「賃貸借の目的となっている土地の所有者がその所有権とともに賃貸人たる地位を他に譲渡することは，賃貸人の義務の移転を伴うが，特段の事情のない限り，賃借人の承諾を必要とせず，新旧所有者間の契約ですることができる。」と判示し，不動産の賃貸人たる地位の譲渡が目的物の所有権とともに行われる限りにおいては，賃借人の承諾は不要である。なぜなら，賃貸人の主な債務は賃貸物を使用収益させることであり，賃貸物の所有権を有していれば履行できるため，その地位の移転を受ける者が目的物の所有権を譲り受けていれば，賃貸人の地位の移転によって賃借人が不利益を被ることはないと考えられるからである。

(3) **対抗要件**

　賃貸人たる地位の移転は，賃貸物である不動産について所有権の移転の登記をしなければ，賃借人に対抗することができない（改正民法605条の２第３項)。このことも，最判昭和49年３月19日（民集28巻２号325頁）により「他人に賃貸中の土地の譲受人

は，その所有権の移転につきその登記を経由しなければ，賃借人に対抗し得ず，賃貸人たる地位を取得したことを主張できない。」と判示しているところである。

　このように賃貸人の地位が譲受人またはその承継人に移転したときは，賃借人に対する費用償還債務（民法608条）及び敷金返還債務（改正民法622条の2第1項）は，その全額について，譲受人またはその承継人に承継される。改正民法605条の2第4項は，「第1項又は第2項後段の規定により賃貸人たる地位が譲受人又はその承継人に移転したときは，第608条の規定による費用の償還に係る債務及び第622条の2第1項の規定による同項に規定する敷金の返還に係る債務は，譲受人又はその承継人が承継する。」と規定してそのことを明らかにしている。

⑷　賃貸人たる地位の留保と信託

　改正民法605条の2第2項は，「前項の規定にかかわらず，不動産の譲渡人及び譲受人が，賃貸人たる地位を譲渡人に留保する旨及びその不動産を譲受人が譲渡人に賃貸する旨の合意をしたときは，賃貸人たる地位は，譲受人に移転しない。この場合において，譲渡人と譲受人又はその承継人との間の賃貸借が終了したときは，譲渡人に留保されていた賃貸人たる地位は，譲受人又はその承継人に移転する。」と規定している。この規定は，賃貸不動産の譲渡人及び譲受人の合意により，賃貸人たる地位を譲渡人に留保する仕組みについて規定している。これは実務の要請に応えるためであるといわれ，例えば，賃貸不動産の信託による譲渡等の場面においては，新所有者（信託の受託者）が不動産賃貸業のノウハウを持たない等の理由から，修繕

－ 32 －

義務や費用償還義務等の賃貸人としての義務を負わないことを
前提とするスキームを構築するニーズがあり，そのニーズは賃
貸人たる地位を承継した新所有者の旧所有者に対する賃貸管理
委託契約等によって賄うことができないといわれ，譲渡後も引
き続き賃貸人たる地位を譲渡人にとどめておく仕組みが必要と
なる。

　最判平成11年３月25日（判時1674号61頁）は，「自己の所有建
物を他に賃貸して引き渡した者が右建物を第三者に譲渡して所
有権を移転した場合には，特段の事情のない限り，賃貸人の地
位もこれに伴って当然に右第三者に移転し，賃借人から交付さ
れていた敷金に関する権利義務関係も右第三者に承継される。
新旧所有者間において，従前からの賃貸借契約における賃貸人
の地位を旧所有者に留保する旨を合意したとしても，これをも
って直ちに前記特段の事情があるものということはできない。」
と判示しており，特段の事情がない限り，賃貸人たる地位は新
所有者に当然に承継されることを前提とした上で旧所有者と新
所有者との間に賃貸人たる地位を留保する旨の合意があるだけ
では，特段の事情があるとはいえないとしている。

　前述した改正民法605条の２第２項は，前記の判例理論を踏
まえて，賃貸人たる地位を譲渡人に留保するためには，譲渡人
及び譲受人の間で賃貸人たる地位を譲渡人に留保する旨の合意
をすることに加え，その不動産を譲受人が譲渡人に賃貸する旨
の合意をする必要があると規定している。

(5)　留保後における賃貸人たる地位の移転

　賃貸人である地位を譲渡人に留保するための要件として合意

した譲受人と譲受人またはその承継人との間の賃貸借が終了したときは，賃貸人たる地位は譲受人またはその承継人に移転する（改正民法605条の２第２項後段）。この場合，譲受人またはその承継人は賃貸物である不動産について所有権移転の登記をしなければ，賃貸人としての地位の移転を賃借人に対抗することができない（改正民法605条の２第３項）。

(6) 不動産賃借権の移転と対抗力

不動産の譲渡人が賃貸人であるときは，その賃貸人たる地位は，賃借人の承諾を要しないで，譲渡人と譲受人の合意により，譲受人に移転させることができる（改正民法605条の３）。そして，合意による不動産の賃貸人たる地位の移転を賃借人に対抗するためには賃貸不動産について所有権移転の登記をしなければならない（改正民法605条の２第３項）。

(7) 債権法の改正と敷金

① 敷金の定義

改正前民法には，敷金に関する規定（改正前民法316条，319条２項）はあるものの，敷金の定義や敷金に関する法律関係について定める規定がなかった。そこで，改正民法では，敷金の定義その他の基本的な規定が設けられた。

改正民法では，判例（大判大正15年７月12日民集５巻616頁）等を踏まえ，敷金とは，「いかなる名目によるかを問わず，賃料債務その他の賃貸借に基づいて生ずる賃借人の賃貸人に対する金銭の給付を目的とする債務を担保する目的で，賃借人が賃貸人に交付する金銭をいう。」と定義している（改正民法622条の２第１項）。

第6 賃借権の登記と賃貸人の地位の移転

② 敷金返還債務の発生時期と敷金の充当

改正民法では，敷金返還債務の発生時期について，判例法理に従い，①賃貸借が終了し，かつ，賃貸人が賃貸物の返還を受けたとき（最判昭和48年2月2日民集27巻1号80頁），または，ⅱ賃借人が適法に賃借権を譲渡したとき（最判昭和53年12月22日民集32巻9号1768頁）に敷金返還債務が発生することを規定している（改正民法622条の2第1項）。

また，敷金の充当については，敷金の充当についての判例法理（前掲最判昭和48年2月2日）に従い，賃貸物の返還時または賃借権の適法な譲渡時において，その受け取った敷金の額から賃貸借に基づく賃借人の賃貸人に対する金銭債務（未払い賃料など）の額を控除した残額を返還しなければならない旨を規定している（改正民法622条の2第1項）。

また，敷金返還債務が生ずる前に，賃借人の賃貸人に対する債務の不履行が生じた場合において，賃貸人の意思表示によって敷金をその債務の弁済に充てることができるとする規定も設けられている（改正民法622条の2第2項）。なお，このような場合でも，賃借人の意思表示によって敷金を当該債務の弁済に充当することはできない。つまり，賃借人は，賃貸人に対し，敷金をその債務の弁済に充てることを請求することができない。

このように，賃貸借に関しては，敷金をやりとりするという実務が広く形成されているが，民法には基本的なルールを定めた規定がなかった。そこで，改正債権法においては，賃貸借が終了して賃貸物の返還を受けたときに，貸主は賃料などの債務の未払分を差し引いた残額を返還しなければならないことを明

確にしている（民法622条の2）。

(8) 賃貸不動産の譲渡と賃貸人の地位

① 賃貸人の地位の移転における敷金返還債務の移転については，改正前民法には明文規定がなかった。この点につき判例（最判昭和44年7月17日民集23巻8号1610頁）は，「建物賃貸借契約存続中に，該建物の所有権が移転し，新所有者が賃貸人の地位を承継した場合には，旧賃貸人に差し入れられた敷金は，未払賃料債務があればこれに当然に充当され，残額があればそれについての権利義務が新賃貸人に承継される。」旨判示しているが，実務では，そのような充当をしないで全額の返還債務を新所有者に移転させることも多いといわれ，改正民法では，前述した判例法理のうち，敷金返還債務が新所有者に当然に移転するという点のみを明文化し，充当の関係では，解釈・運用に委ねている。

② 以上のとおり，改正民法においては，敷金の性質を有しているものであれば，「いかなる名目によるかを問わず」敷金として扱われることになるため（改正民法622条の2第1項），名目が保証金等であったとしても，敷金として登記しなければならないようなケースが生じ得ることになると考えられる。このように考えると，賃貸借契約書や登記原因証明情報には，「敷金」と明記し，賃貸借契約書には「敷金」の内容を明確に記載する必要があるということになる（東京司法書士会民法改正政策委員会編「改正民法と登記実務」306頁）。

第7 債務引受と不動産登記

(1) 債務引受と判例

　現行法は債務引受に関する規定を欠いていたが，最判昭和41年12月20日（民集20巻10号2139頁）は，「重畳的債務引受があった場合，特段の事情のない限り，原債務者と債務引受人との間には連帯債務関係が生ずる。」旨判示し，また，最判昭和34年6月19日（民集13巻6号757頁）は，「連帯債務者の1人が死亡し，その者に相続人が数人ある場合は，相続人は被相続人の債務を分割して承継し，各自その承継した範囲において本来の債務者と共に連帯債務者となる。」旨判示している。また，「債権者は，連帯債務者のうちある者に対する債権を，他の連帯債務者に対する債権と分離して譲渡することができる。」（大判昭和13年12月22日民集17巻2522頁）旨判示し，「連帯債務者の1人に対して債権者が有する債権が，転付命令によって第三者に移転したとしても，その他の連帯債務者に対して債権者が有する債権の帰属には変更がないから，その他の連帯債務者は，なお債権者に対して債務を履行しなければならない。」（最判平成3年5月10日判時1387号59頁）旨判示するなど債務引受が可能であることは判例，学説とも異論はなく，実務上も重要な機能と役割を果していた。改正法では，これらの併存的債務引受，免責的債務引受について規定が設けられており，不動産登記にも影響を及ぼすことになる。

　債務引受は，債務者が負っていた債務の同一性を保ったまま，新たな債務の引受人に当該債務を移転することをいうが，

債務引受には債務者が債務を負ったまま引受人が同一の債務を引き受けることになる併存的債務引受と，債務者が債務を免れることになる免責的債務引受の2種類がある。前述のごとくいずれも判例法理によって解釈論として形成されていたところであるが，今回の改正によってその要件及び効果が明文化されている。

　債権者，債務者及び引受人の三者間の合意による場合のほか，債権者と引受人のみの合意による場合や債務者と引受人のみの合意による場合にも債務引受が可能であることが明文によって規定されている。

(2) 免責的債務引受と担保権の移転

　① 免責的債務引受の場合，債務者が負担する債務のために設定されていた担保権を引受人が負担する債務を担保するものとして移転することができる。改正民法472条の4第1項は，「債権者は，第472条第1項の規定により債務者が免れる債務の担保として設定された担保権を引受人が負担する債務に移すことができる。」と規定しているが，この「移すことができる」という文言は，後順位担保権者の承諾がなくても順位を維持したまま移転させることができるという趣旨であり，債務者の交替による更改に関する改正民法518条1項と平仄を合わせたものである。

　ただし，引受人以外の者（債務者を含む）がこれを設定した場合には，「その承諾を得なければならない。」旨規定している。この担保権の移転は，免責的債務引受契約とは別個の担保権移転の意思表示によってしなければならないが，担保権者の

一方的な意思表示（単独行為）によってすることができる。これは債権者が免責的債務引受によって従前の地位より不利益にならないようにする趣旨であると解される。担保権の目的物が債務者以外の第三者の物である場合（物上保証の場合）には，当該第三者の承諾が必要である（改正民法472条の4第1項ただし書）。従来の判例では，免責的債務引受がなされた場合，債務者以外の第三者が設定した担保権については，特段の事情がない限り，消滅するものとされていた（最判昭和46年3月18日判時623号71頁）。同判例は「免責的債務引受契約がされた場合は，元の債務の担保のため第三者の設定した質権は特段の事情のない限り消滅する。」旨判示していた。しかし，他方で，免責的債務引受の場合に担保権の順位を維持したまま債務を移転したいという債権者の意思も考慮すべきであるという見解もあり，債権者と担保を供している者との利益を考量し，前記のような要件が明文化されたといわれる。そして，担保権を設定している者が引受人以外の第三者の場合はその承諾が必要であるとされている（改正民法472条の4第1項ただし書）。例えば，これは，免責的債務引受による債務者の交替が，担保設定の前提とされる債務者の資力や債務者との人的関係等に変動を生じさせるなど担保設定者に重大な影響を及ぼすため，引受人以外の者が担保権を設定した場合には，担保設定者の承諾がなければ担保は移転しないとしたものである。この結果，債務者自身が担保を設定している場合でも，担保の移転に関する債務者の承諾が別途必要であり，その担保を引受人が負担する債務に移転させることができないこともあり得る点に留意する必要がある。

②　免責的債務引受による担保の移転は，債権者があらかじめまたは同時に引受人に対してする単独の意思表示によってしなければならない（改正民法472条の4第2項）。債権者Aから引受人Cに対する担保移転の意思表示は，免責的債務引受の成立よりも前に行われている。また，不動産は債務者Bの所有であるから，引受人Cの債務の担保として移転させるためには設定者Bの承諾が必要となる（改正民法472条の4第1項ただし書）。免責的債務引受は債権者Aと引受人Cの契約によるものであるから，債権者から債務者に対して契約をした旨の通知をした時にその効力が生じ（改正民法472条2項），免責的債務引受による抵当権の債務者変更の登記を申請することになる。登記権利者は抵当権者A，登記義務者は設定者Bである。登記原因は免責的債務引受となる。

　改正民法472条1項は，「免責的債務引受の引受人は債務者が債権者に対して負担する債務と同一の内容の債務を負担し，債務者は自己の債務を免れる。」と規定し，その2項は，「免責的債務引受は，債権者と引受人となる者との契約によってすることができる。この場合において，免責的債務引受は，債権者が債務者に対してその契約をした旨を通知した時に，その効力を生ずる。」と規定している。そして，その3項は，「免責的債務引受は，債務者と引受人となる者が契約をし，債権者が引受人となる者に対して承諾をすることによってもすることができる。」と規定している。

　このように免責的債務引受は，債権者と引受人との契約によってすることができること（改正民法472条2項），この場合は債

— 40 —

権者が債務者に対してその契約をした旨を通知したときに効力が生ずること（同項），また，免責的債務引受は，債務者と引受人との契約によってすることができること（改正民法472条3項），そして，この場合には，債権者から引受人となる者に対する承諾を効力要件としている（同項）。

(3) 免責的債務引受と担保権設定者の承諾

　免責的債務引受による担保の移転につき，改正民法472条の4は，前述のごとく，その1項において，「債権者は，第472条第1項の規定により債務者が免れる債務の担保として設定された担保権を引受人が負担する債務に移すことができる。ただし，引受人以外の者がこれを設定した場合には，その承諾を得なければならない。」と規定し，その2項において，「前項の規定による担保権の移転は，あらかじめ又は同時に引受人に対してする意思表示によってしなければならない。」と規定している。

　そして，その3項は，「前2項の規定は，第472条第1項の規定により債務者が免れる債務の保証をした者があるときについて準用する。」としている。保証人の承諾は，書面でしなければその効力を生じない（同条4項）。保証人の承諾がその内容を記録した電磁的記録によってされたときは，書面によってされたものとみなされる（同条5項）。

　ここで，担保権設定者の承諾が問題となるが，まず，物上保証人が設定した担保権については，免責的債務引受によって債務者が免れる債務の抵当権等の物的担保が債務者以外の第三者によって設定されたものである場合においては，その設定者が

引受人であるときは担保の移転について設定者の承諾は不要であるが，設定者以外の者が引受人であるときは設定者の承諾が必要である（改正民法472条の4第1項ただし書）。例えば，免責的債務引受がされた債務について物上保証人や担保財産の第三取得者がいる場合において，当該物上保証人・第三取得者が引受人でないときは，この者のもとでの担保を引受け後の債務を担保するものとして移すためには，この者の承諾が必要である。

　抵当権等の物的担保が債務者によって設定されたものである場合には，常に債務者の承諾が必要となる（改正民法472条の4第1項ただし書）。債務者が免責的債務引受契約の当事者となっている場合（三面契約または債務者と引受人との二面契約）か，あるいは当事者となっていない場合（債権者と引受人との二面契約）かによって異なることはないとされる。債務者は，「引受人以外の者」にあたるからであり，債務者が免責的債務引受の当事者となっている場合であっても，免責的債務引受の合意とは別に担保移転の承諾の意思表示を要求することで，意図せず担保が移転する事態の発生を防止するということである。

(4)　免責的債務引受と不動産登記

　免責的債務引受による担保の移転は，債権者があらかじめ又は同時に引受人に対してする単独の意思表示によってしなければならない（改正民法472条の4第2項）。例えば，甲不動産が債務者Bの所有物である場合，引受人Cの債務の担保として移転させるためにはBの承諾が必要である（改正民法472条の4第1項ただし書）。この免責的債務引受は債権者Aと引受人Cとの契約によるものであるため，債権者Aから債務者Bに対して契約を

第7 債務引受と不動産登記

した旨を通知した時に効力が生じ（改正民法472条2項），この日が免責的債務引受の効力発生日となる。そこで，この場合の甲不動産についての免責的債務引受による抵当権の債務者変更の登記申請は，登記権利者は抵当権者A，登記義務者は設定者B，登記原因は「免責的債務引受」，変更後の事項として債務者Cの住所氏名と登記原因の日付を申請書に記載することになると解される。

(5) 免責的債務引受と抵当権の消滅

甲の乙に対する金銭債権を担保するため丙所有の不動産に抵当権が設定されている場合において，その乙の債務を丁が免責的に引き受けた。しかし，丙が引受後の丁の債務の担保に供することを同意しない。

このように，抵当権によって担保されている債務について債務引受が免責的にされた場合，その抵当権の目的不動産の所有者が新旧いずれかの債務者の所有ではなく，第三者の所有のものであるときには，その第三者丙が依然として引受後の債務の担保として抵当権を存続させることを承諾しない限り，当該抵当権をして引受債務を担保しないことになり，従ってその抵当権は消滅することになる。抵当権の目的不動産の所有者丙が債務引受による債務者の変更の登記の申請を拒否する趣旨が，承諾をしない趣旨であるとすれば，抵当権は消滅したものと解される。

ただ，丙が引受後の債務を担保することを承諾しながら，その債務者の変更の登記の申請（抵当権の債務者を丁とする抵当権の変更の登記の申請）に協力しないときは，その登記申請を

－ 43 －

命ずる判決を得て，抵当権者甲が単独で登記を申請することができると解される（登記研究211号52頁）。

　なお，改正民法472条1項は，「免責的債務引受の引受人は債務者が債権者に対して負担する債務と同一の内容の債務を負担し，債務者は自己の債務を免れる。」と規定し，同法472条の4第1項は，「債権者は，第472条第1項の規定により債務者が免れる債務の担保として設定された担保権を引受人が負担する債務に移すことができる。ただし，引受人以外の者がこれを設定した場合には，その承諾を得なければならない。」と規定している。まさに，その抵当権の目的不動産の所有者が新旧いずれの債務者（乙，丁）の所有ではなく，第三者の所有（丙）のものであるときには，その第三者（丙）が依然として引受後の担保として抵当権を存続させることを承諾しない限り，当該抵当権をして引受債務を担保しないことになり，従ってその抵当権は消滅することになる（登記研究211号52頁）。

第8　第三者のためにする契約と契約上の地位の移転

(1)　第三者のためにする契約

　第三者のためにする契約は現行法においても規定がある（現行民法537条）が，改正民法においては，受益者である第三者が契約時点において現存していない，もしくは特定していない場合であっても有効であるという実務の取扱いが明文化されている（改正民法537条2項）。まず，改正民法537条1項は，「契約により当事者の一方が第三者に対してある給付をすることを約したときは，その第三者は，債務者に対して直接にその給付を請

求する権利を有する。」と規定し，その2項は，「前掲の契約
は，その成立の時に第三者が現に存しない場合又は第三者が特
定していない場合であっても，そのためにその効力を妨げられ
ない。」と規定し，受益者である第三者が契約時点において現
存していない（最判昭和37年6月26日民集16巻7号1397頁は，「第三者
のためにする契約において，その第三者である受益者は，受益の意思表
示をすべき時に現存し，特定していることを要するが，契約締結時には，
現存・特定している必要はない」旨判示している。）場合であっても
有効であるという，現行の実務の取扱いが明文化されている。

(2) 契約上の地位の移転

また契約上の地位の移転（以下「地位譲渡」という。）について
は，現行法においては規定が設けられていないが，その有効性
が広く認められており（最判昭和30年9月29日民集9巻10号1472頁は
「契約上の地位の譲渡は，相手方の承諾がない限り，これに対してその
効力を生じない。」旨判示していた。），改正法においては，これま
での実務で集積された内容が明文化されている（改正民法539条
の2）。

改正民法539条の2は，「契約の当事者の一方が第三者との間
で契約上の地位を譲渡する旨の合意をした場合において，その
契約の相手方がその譲渡を承諾したときは，契約上の地位は，
その第三者に移転する。」と規定している。

第9　債権法改正と遺贈義務者の担保責任

(1)　遺贈義務者と担保責任

　これまでの民法998条1項は,「不特定物を遺贈の目的とした場合において,受遺者がこれにつき第三者から追奪を受けたときは,遺贈義務者は,これに対して,売主と同じく,担保の責任を負う。」と規定し,不特定物の遺贈義務者の担保責任の規定が置かれていたが,債権法改正に伴って改正されている。

　贈与者の引渡義務については,これまでの民法551条1項は,「贈与者は,贈与の目的である者又は権利の瑕疵又は不存在について,その責任を負わない。ただし,贈与者がその瑕疵又は不存在を知りながら受贈者に告げなかったときは,この限りでない。」と規定し,物又は権利の瑕疵や不存在の担保責任を負わないと規定していたが,債権法改正によって,現在の民法551条1項は,「贈与者は,贈与の目的である物又は権利を,贈与の目的として特定した時の状態で引き渡し,又は移転することを約したものと推定する。」と改正されている。

　そこで,相続法改正により,民法998条における遺贈の場合にも,これと同趣旨の規定として,「遺贈義務者は,遺贈の目的である物又は権利を,相続開始の時(その後に当該物又は権利について遺贈の目的として特定した場合にあっては,その特定した時)の状態で引き渡し,又は移転する義務を負う。ただし,遺言者がその遺言に別段の意思を表示したときは,その意思に従う。」と改正されている。

(2) 遺贈と民法177条

結局，遺贈と第三者との関係においては，基本的に民法177条の適用対象になるものと考えられ，全部包括遺贈の場合には目的物全部の権利について，割合的包括遺贈の場合には目的物の持分割合についてそれぞれ受遺者は登記なくして権利主張はできないということになると考えられる（前掲平田151頁）。

第10 受遺者と相続人の債権者による法定相続分の代位による登記

(1) 遺贈と受遺者の権利

遺贈がなされたにもかかわらず，相続人の債権者によって相続人の法定相続分の登記が代位によってなされ，相続人の債権者がその法定相続分を差し押さえた場合，遺贈によってその相続財産である不動産を取得した受遺者の権利はどうなるかが問題となる。

遺贈がなされた場合，被相続人の死亡によって，遺贈の効力が発生する。この場合の法律関係につき，判例は，登記手続が完了しない間は排他性のある権利変動は生じないものとして，民法177条に基づき，登記を先に備えた方が優先するとしている。そうなると先に相続人の債権者が差し押さえて登記をした場合には，その債権者が背信的悪意者でない限り，受遺者は自己の優先することを主張し得ないことになる。

(2) 遺贈と所有者移転の登記

このような事案に対して，最高裁は，不動産の所有者が不動産を他人に贈与しても，その旨の登記手続をしない間は完全に

排他性ある権利変動は生ぜず，所有者は全くの無権利者とはならないと解すべきであるから（最判昭和33年10月14日民集12巻14号3111頁は，第三者に当たる譲受人として，「被相続人が不動産を贈与したが，その旨の登記がされていなかった場合に，その相続人からその不動産を買い受け，その旨の登記を得た者」と判示している），「遺贈は遺言によって受遺者に財産権を与える遺言者の意思表示にほかならず，遺言者の死亡を不確定期限とするものではあるが，意思表示によって物権変動の効果を生ずる点においては贈与と異なるところはないのであるから，遺贈が効力を生じた場合においても，遺贈を原因とする所有権移転登記のなされない間は，完全に排他的な権利変動を生じないものと解すべきである。

そして，民法177条が広く物権の得喪変更について登記をもって対抗要件としているところから見れば，遺贈をもってその例外とする理由はないから，遺贈の場合においても不動産の二重譲渡等における場合と同様，登記をもって物権変動の対抗要件とするものと解すべきである。」旨判示している（最判昭和39年3月6日民集18巻3号437頁）。

やはり登記できるのにそれをしなかった者は不利益を被ってもやむを得ないという考え方を示していると考えられる（前掲平田154頁）。

(3) 被相続人の生前贈与と遺贈

被相続人によって生前贈与がなされていたにもかかわらず，その登記がされないうちに受贈者が死亡し，その所有権移転登記がされない間に，被相続人が遺言書を作成して別の者に遺贈した場合，生前贈与を受けた者と遺贈を受けた受遺者との関係

はどうなるかが問題となる。

　このような事例に対して，最判昭和46年11月16日（民集25巻8号1182頁）は，「思うに，被相続人が，生前，その所有にかかる不動産を推定相続人の1人に贈与したが，その登記未了の間に，他の推定相続人に右不動産の特定遺贈をし，その後相続の開始があった場合，右贈与および遺贈による物権変動の優劣は，対抗要件たる登記の具備をもって決すると解するのが相当であり，この場合，受贈者および受遺者が，相続人として，被相続人の権利義務を包括的に承継し，受贈者が遺贈の履行義務を，受遺者が贈与契約上の履行義務を承継することがあっても，そのことは右の理を左右するに足りない。」旨判示している。

　ここで問題になっているのは，被相続人の生前贈与という行為と被相続人が遺言をもって遺贈したという行為がその内容において相対立する場合にどう考えるかということである。最高裁の判決は，登記できるのにしなかった者は不利益を被ってもやむを得ないという考え方であるように思われる。ただし，生前贈与と遺贈の場合には，同一人が矛盾した行為をしているのであるから，まさに二重譲渡のケースで，民法177条（「不動産に関する物権の得喪及び変更は，不動産登記法（平成16年法律第123号）その他の登記に関する法律の定めるところに従いその登記をしなければ，第三者に対抗することができない。」）が適用されることになり，論理的に一貫していると考えられる（前掲平田158頁）。

第11　その他の留意すべき改正事項と不動産登記

(1)　錯誤の効果と不動産登記

①　改正前の民法95条では，法律行為の要素に錯誤があった場合の効果として，その意思表示を無効としていたが，改正民法ではこれを取消しに改めている。改正民法95条1項は，「意思表示は，次に掲げる錯誤に基づくものであって，その錯誤が法律行為の目的及び取引上の社会通念に照らして重要なものであるときは，取り消すことができる。」と規定している。その理由としては，ⅰ判例（最判昭和40年9月10日民集19巻6号1512頁）が「民法95条の法意は，瑕疵ある意思表示をした当事者を保護しようとすることにあるから，表意者自身において，その意思表示に何らの瑕疵を認めず，錯誤を理由として意思表示の無効を主張する意思がないにもかかわらず，第三者が錯誤に基づく意思表示の無効を主張することは，原則として許されない。」旨判示し，原則として表意者以外の第三者からの錯誤無効の主張を認めていないため，相手方から効力を否定することができないという点で取消しに近いとされていること，ⅱ無効は主張期間に制限がないため，取消しよりも有利になるが，錯誤によって意思表示した者を，詐欺によって意思表示をした者以上に保護する合理的な理由がないというようなことなどが挙げられていた。

そこで，改正民法は上記判例等を踏まえ，錯誤による意思表示の取消しは，「その事情が法律行為の基礎とされていることが表示されていたとき，つまり，意思表示の動機となった事情

が契約の当然の前提となるなど法律行為の基礎とされ，その旨が表示されたといえる場合に限り，することができる。」旨規定している（改正民法95条2項）。この「表示されていたとき」には，黙示の表示が含まれる場合があると考えられている。そして，錯誤による取消しは，善意無過失の第三者に対抗することはできない旨規定している（同95条4項）。

② 不動産登記手続としては，所有権移転登記後にその原因である売買等が制限行為能力や詐欺・強迫を理由として取り消されたような場合等に準じて，例えば，Aが売主，Bが買主，Cが抵当権者とした場合，Aは，Cが抹消について承諾したことを証する情報又はCに対抗することができる判決があったことを証する情報を提供して，所有権移転登記を抹消するか，あるいはBからAへの復帰的な所有権移転登記をすることができるのではないかと考えられる。現行法は，錯誤に基づく意思表示は無効とされているので，売買を原因とする所有権の移転の登記を経た後，意思表示の錯誤を理由に所有権移転の登記を抹消する場合，その登記原因は「売買無効」，「無効」，「錯誤」等混在していたようである[注1]。改正法の下における登記原因は，法務省先例等に明らかにされると考えられるが，「錯誤」「年月日取消」といった原因が考えられる。

登記原因証明情報は，売買による所有権移転があり，その登記がなされていること，その売買契約において，売主Aの意思表示に錯誤があり，本件売買契約は取り消され，本件売買は初めから無効であったことになり，本件不動産の所有権はAに帰属していること，よって，B名義の登記は実体との原始的不一

致により抹消すべきものであるという趣旨の登記原因証明情報
の提供が必要であると解される[注2]。

(2) 買戻特約の登記

　売買代金と契約費用を返還しないと買い戻すことができない
と規定する改正前の民法579条の規定が改正され，「不動産の売
主は，売買契約と同時にした買戻しの特約により，買主が支払
った代金（別段の合意をした場合にあっては，その合意により
定めた金額。第583条第1項において同じ。）及び契約の費用を
返還して，売買の解除をすることができる。この場合におい
て，当事者が別段の意思を表示しなかったときは，不動産の果
実と代金の利息とは相殺したものとみなす。」と規定し，返還
しなければならない金銭の範囲については，任意規定とし，当
事者の合意で定めることができるとしている。

　これに伴い，不動産登記法96条は，「買戻しの特約の登記の
登記事項は，第59条各号に掲げるもののほか，買主が支払った
代金（民法第579条の別段の合意をした場合にあっては，その
合意により定めた金額）及び契約の費用並びに買戻しの期間の
定めがあるときはその定めとする。」と改められる[注3]。

　買戻しの特約の登記に関する改正前の民法579条は，「不動産
の売主は，売買契約と同時にした買戻しの特約により，買主が
支払った代金及び契約の費用を返還して，売買の解除をするこ
とができる。この場合において，当事者が別段の意思を表示し
なかったときは，不動産の果実と代金の利息とは相殺したもの
とみなす。」と規定している。そして，この買戻しのために売
主が買主へ返還すべき金額に関する規定である「買主が支払っ

た代金及び契約の費用」は，強行規定と解されている。この強行規定のために，実務は，買戻しの制度を利用せず，売主から買主への返還金額を自由に決めることができる再売買の予約を利用していたといわれる。このような実務の実態を考慮し，また買戻しのための返還金額を強行規定として定める合理性はないことを考慮して，改正民法579条は，「不動産の売主は，売買契約と同時にした買戻しの特約により，買主が支払った代金（別段の合意をした場合にあっては，その合意により定めた金額。第583条第1項において同じ。）及び契約の費用を返還して，売買の解除をすることができる。この場合において，当事者が別段の意思を表示しなかったときは，不動産の果実と代金の利息とは相殺したものとみなす。」と規定し，返還金額を両当事者の合意により決めることができることとし，任意規定としている。この改正規定は，返還金額についての規律を任意規定とすることにより，買戻しの制度を利用しやすくするものである^(注4)。

　そして，改正前の民法581条1項は，「売買契約と同時に買戻しの特約を登記したときは，買戻しは，第三者に対しても，その効力を生ずる。」と規定している。しかし，買戻しの制度を使いやすくするという観点から，売買契約に基づく所有権移転登記の後であっても，買戻しの特約の登記をすることができるよう，「売買契約と同時に」ということではなく，その後に登記することができるよう検討されたということであるが，結果的には従前と同様買戻しの特約の登記は売買による所有権移転登記と同時に申請する必要がある^(注5)。

なお，改正前の民法579条は，売主が買戻権を行使する際に，売主が返還しなければならない金銭の範囲を「買主が支払った代金及び契約の費用」と定めており，同条が強行規定であることが買戻特約が利用されない理由の1つになっていたといわれる。そこで，前述のごとく，改正民法579条では，「買主が支払った代金（別段の合意をした場合にあっては，その合意により定めた金額。第583条第1項において同じ。）及び契約の費用」とカッコ書を挿入することでこの部分を任意法規化している。

ちなみに，担保目的の買戻特約付売買契約は，譲渡担保契約であって，579条以下は適用されないとされており，この点については変更はないとされている（注6）。

改正民法581条1項は，「売買契約と同時に買戻しの特約を登記したときは，買戻しは，第三者に対抗することができる。」と規定しており，目的不動産の転売（所有権移転）の場合には，買戻権者はその転得者に対しても買戻しをすることができる。最判昭和36年5月30日（民集15巻5号1459頁）は，「買戻約款付売買により不動産を取得した者が，これを第三者に転売しその登記を経由した場合には，最初の売主は，転得者に対して買戻権を行使すべきである。」旨判示している（注7）。

(3) 契約の内容に適合しない抵当権の登記と代金の支払拒絶

改正民法577条は，改正前の民法577条について異論のない解釈とされていた内容を明示したものである。

抵当権の登記等の存在を考慮して代金額を決定していたときは，抵当権消滅請求の機会を与える必要がないため問題とならないのであるが，買い受けた不動産について契約の内容に適合

しない抵当権（抵当権の登記等の存在を考慮していない）の登記があるときは，買主は，抵当権消滅請求の手続が終わるまで，その代金の支払を拒むことができると規定している。

つまり，改正前の民法577条は，買い受けた不動産に抵当権，先取特権，質権の登記がある場合に，買主が代金の支払を拒絶できる旨の規定であったが，これらの存在を前提として契約を締結したような場合には，この規定は適用されないと解するのが通説的な見解であったので，この趣旨を明確にするため，「契約の内容に適合しない」という文言が付加されている [注8]。

(4) 弁済による代位と抵当権移転の登記

改正前の民法501条1号（これを準用する同条6号）では，保証人が不動産の第三取得者に代位するにはあらかじめ付記登記を要するということであったが，改正民法501条により付記登記は，第三取得者等の第三者に対して債権者に代位することを対抗するための要件ではなく，担保権の実行における承継を証する公文書（民執法181条3項）として位置づけられている。すなわち，付記登記がなくとも，弁済による代位によって担保権の移転を第三者に対抗できるとともに，代位をする者が，他に承継を証する公文書を提出できれば付記登記がなくても担保権を実行できる。

ところで，抵当権の被担保債権につき，保証人が代位弁済する場合の抵当権移転の登記を考えると，改正前においては，保証人Xが債権者Aに代位弁済した場合，AからXへの抵当権移転登記の申請ができるが，代位弁済時と抵当権移転の登記申請時の間に第三取得者Y名義に所有権移転登記があると保証人X

は代位できなくなる。改正法を適用した場合は，保証人Ｘが債権者Ａに代位弁済した場合，ＡからＸへの抵当権移転登記を申請できる。抵当権移転の登記申請時よりも前に，第三取得者Ｙ名義への所有権移転の登記がされたとしても，保証人Ｘは依然として代位できる。保証人Ｘは競売申立てなど求償債権の回収局面までに抵当権移転の登記を完了すればよいことになる[注9]。

　以上，債権法改正と不動産登記について考察を加えてきたが，改正法の内容は，判例や学説が示してきた内容とほとんど同じであり，改正は，変更ではなく明確化であるといわれる。改正によってまったく新しい法制度が実現するというわけではなく[注10]，社会経済の変化への対応を図り，国民一般に分かりやすいものとする観点から改正がなされており[注11]，不動産登記法の改正についてもそのような観点からの改正がなされる（あるいはなされると考えられる）ことは解説のとおりである。

（注１）　担当者解説「民法（債権法）改正の要点(1)」筒井健夫ほか・金融法務事情2072号49頁，日本司法書士会連合会編「民法（債権関係）改正と司法書士実務」（民事法研究会，2017年）95頁。
（注２）　東京司法書士会民法改正対策委員会編「Ｑ＆Ａでマスターする民法改正と登記実務」（日本加除出版，2016年）6頁。
（注３）　前掲（注２）286頁。
（注４）　渡邉新矢編著「要点解説民法改正」（清文社，2014年）305頁
（注５）　前掲（注２）287頁。
（注６）　大阪弁護士会民法改正問題特別委員会編「実務解説・民法改正」（民事法研究会，2017年）280頁。
（注７）　柚木馨編「注釈民法(14)債権(5)」（有斐閣，1966年）314頁。

（注8）　第一東京弁護士会・司法制度調査委員会「新旧対照でわかる
改正債権法の逐条解説」（新日本法規出版，2017年）287頁。

（注9）　前掲（注1）筒井ほか84〜85頁。

（注10）　道垣内弘人「民法入門（第2版）」（日本経済新聞社，2017
年）1頁。

（注11）　内田貴「改正民法の話（その1）改正の思想」民事法務376
号12頁。

はしがき

　相続法の見直しを内容とする「民法及び家事事件手続法の一部を改正する法律（平成30年法律第72号）」が，平成30年7月6日に成立し，同月13日に公布された。

　民法のうち第5編「相続」の規定は，昭和55年に配偶者の相続分の引き上げ等がされて以来，ほとんど実質的な見直しがされてこなかったが，少子高齢化の進展に伴い，配偶者と子を相対的に比較すると配偶者の保護の必要性が高まっていることを踏まえ，今回の改正では，配偶者居住権とその登記という新たな権利とその公示制度を創設し，また相続人以外の者の貢献を考慮するための方策として，新たに特別の寄与の制度を設けたほか，実質的公平の実現という観点から遺産分割制度，また，遺言者の意思の尊重，遺言の利用の促進，さらには遺言執行者の権限の明確化や自筆証書遺言の保管制度の創設等，遺言制度における遺言者の意思の尊重と遺言の利用の促進といった観点からの見直し，さらには相続についてもいわゆる「相続させる」旨の遺言がされた場合における対抗要件主義の適用等不動産登記の活用による公示制度の充実が図られ，さらには，遺留分制度等既存の制度についても見直しをしており，その改正内容は多岐にわたっている。そこで，これらの事項について詳しく考察を加えるとともに，このような民法の改正が不動産登記制度にどのようにかかわり，どのように影響してくるかという観点からも詳しく体系的かつ詳細に解説を加えている。特に不動産登記法の観点からは「相続させる」旨の遺言についての考

— 59 —

はしがき

え方が大きく変更されており，事例を多く活用して，その変更
内容を明確にするとともに，遺言執行者の権限についてもその
中味は大きく変更され，明確になっているので多くの事例を活
用して，その変更内容を明確にしている。前半の「債権法改正
と不動産登記」と合わせて御活用いただければと思う次第であ
る。

　　令和元年6月

　　　　　　　　　　　　　　　　　　　　　　　藤　原　勇　喜

目　　次
相続法改正と不動産登記

第1　相続法改正の概要…………………………………………71
　(1)　はじめに………………………………………………71
　(2)　相続法改正法案の国会提出………………………………71
　(3)　相続法制改正法の成立……………………………………72
　(4)　相続法制改正法の概要……………………………………73
　(5)　相続法改正のポイント……………………………………74
第2　配偶者の居住権を保護するための方策……………………76
　(1)　配偶者居住権………………………………………………76
　(2)　配偶者短期居住権…………………………………………77
　(3)　配偶者居住権の消滅………………………………………79
　(4)　配偶者居住権と遺贈………………………………………79
　(5)　配偶者居住権の内容………………………………………80
　　①　発生原因…………………………………………………80
　　②　無償性……………………………………………………80
　　③　存続期間…………………………………………………81
　　④　第三者対抗要件…………………………………………81
　　⑤　登記請求権………………………………………………82
　　⑥　譲渡性……………………………………………………82
　　⑦　相続性……………………………………………………82
　(6)　配偶者居住権の存続………………………………………82
　(7)　配偶者居住権の存続期間…………………………………83
　　①　存続期間…………………………………………………83
　　②　配偶者居住権の更新……………………………………84
第3　配偶者居住権と不動産登記等……………………………84
　(1)　配偶者居住権の登記………………………………………84

— 61 —

目　　次

- (2)　登記請求権･･86
- (3)　第三者対抗要件･･･････････････････････････････････････88
- (4)　配偶者居住権の概要･･･････････････････････････････････89
  - ①　登記請求権と単独申請･･･････････････････････････････89
  - ②　第三者対抗要件としての登記･･･････････････････････････90
  - ③　建物所有者・敷地所有者・抵当権者との関係････････････････91
  - ④　妨害停止の請求･･･････････････････････････････････92
  - ⑤　配偶者による使用・収益･･････････････････････････････93
  - ⑥　居住建物の返還･･･････････････････････････････････94
- (5)　配偶者居住権の終了･･･････････････････････････････････95
- (6)　運用関係･･95
- 第4　配偶者短期居住権の概要･･････････････････････････････････96
- (1)　最高裁平成8年12月17日判決･････････････････････････････96
- (2)　配偶者短期居住権の成立要件･････････････････････････････97
- (3)　配偶者短期居住権の内容････････････････････････････････97
- (4)　使用収益権能･･98
- (5)　配偶者居住権の成立と配偶者の相続分に及ぼす影響･･･････････101
- (6)　存続期間･･102
- (7)　配偶者居住権の取得による配偶者短期居住権の消滅･････････････105
- (8)　居住建物の返還･･･････････････････････････････････････105
- (9)　配偶者短期居住権の終了･･････････････････････････････････106
- 第5　遺産分割に関する見直し等･･････････････････････････････108
- 1　概　要･･108
  - (1)　配偶者保護のための方策（持戻し免除の意思表示の推定
    規定)･･108
  - (2)　仮払い制度等の創設・要件明確化･･･････････････････････108
    - ①　家事事件手続法の保全処分の要件を緩和する方策････････108
    - ②　家庭裁判所の判断を経ないで，預貯金の払戻しを認め
      る方策･･108

－ 62 －

目　　次

(3)　一部分割 ……………………………………………………109

(4)　遺産の分割前に遺産に属する財産を処分した場合の遺産
　　の範囲 ………………………………………………………110

2　持戻し免除の意思表示の推定規定 ………………………………110

(1)　持戻し免除の意思表示の推定規定 ………………………110

(2)　相続人の具体的相続分の算定 ………………………………112

(3)　改正の趣旨 …………………………………………………113

(4)　改正民法903条4項の要件…………………………………115

①　婚姻期間が20年以上であること ………………………115

②　居住用不動産である土地・建物であること …………115

③　遺贈または贈与によること …………………………115

3　一部分割 …………………………………………………………116

(1)　改正の趣旨 …………………………………………………116

(2)　一部分割の請求 ……………………………………………116

4　遺産の分割前に遺産に属する財産を処分した場合の遺産の
　範囲 …………………………………………………………………118

(1)　改正の趣旨 …………………………………………………118

(2)　現行の実務の明文化 ………………………………………119

(3)　遺産分割による調整を容易にする方策 …………………120

(4)　全員の同意 …………………………………………………122

(5)　適用対象 ……………………………………………………123

(6)　遺産分割前における預貯金の払戻し制度の創設等 ………124

第6　遺言制度に関する見直し ………………………………………126

1　はじめに …………………………………………………………126

2　自筆証書遺言の方式緩和 ………………………………………127

3　自筆証書遺言に係る遺言書の保管制度の創設 ………………130

4　遺言者と遺言書保管官に関する事項等 ………………………130

5　関係相続人等に関する事項について …………………………132

(1)　関係相続人等 ………………………………………………132

— 63 —

目　　次

　　(2)　遺言書の閲覧請求 ………………………………………133

　　(3)　遺言書情報証明書 ………………………………………133

　　(4)　遺言書保管事実証明書 …………………………………133

　　(5)　遺言書情報証明書の交付請求 …………………………133

　　(6)　遺言書情報の取扱い ……………………………………134

　　(7)　検　認 ……………………………………………………134

　　(8)　外国語で作成された自筆証書遺言 ……………………134

　第7　遺贈の担保責任 ……………………………………………135

　　1　はじめに …………………………………………………135

　　2　遺贈義務者 ………………………………………………137

　　3　相続財産に属しない財産の遺贈 ………………………138

　　4　適用関係 …………………………………………………139

　　5　撤回された遺言の効力 …………………………………139

　　6　遺贈義務者の引渡義務 …………………………………140

　第8　遺言執行者の権限の明確化等 ……………………………141

　　1　改正の趣旨 ………………………………………………141

　　2　改正民法と遺言執行者の権限 …………………………143

　　3　遺言の執行 ………………………………………………144

　　4　遺言執行者の権限とその役割 …………………………146

　　5　相続人による処分の効果 ………………………………146

　　6　「相続させる」旨の遺言と遺言執行者の権限 ………147

　　7　特定財産承継遺言と遺言執行者の対抗要件具備の権限 ………150

　　8　相続法の改正と遺言執行の妨害 ………………………152

　　(1)　遺言執行妨害行為とその効力 …………………………152

　　(2)　遺贈に遺言執行者がある場合と相続人の処分 ………152

　第9　遺留分制度に関する見直し ………………………………153

　　1　遺留分減殺請求権の効力及び法的性質の見直し ……153

　　(1)　遺留分侵害額請求権の行使と金銭債権化（現物返還原則

　　　　から金銭債権への一本化) ……………………………153

— 64 —

目　　次

　　(2)　受遺者または受贈者の負担額 ……………………………154

　2　遺留分の算定方法の見直し ……………………………………155

　　(1)　改正の趣旨 …………………………………………………155

　　(2)　遺留分を算定するための財産の価額に関する規律 ………156

　　(3)　遺産分割の対象となる財産がある場合に関する規律 ………156

　3　遺留分減殺請求権の効力と法的性質の見直し ………………157

　4　遺留分侵害額の計算方法 ………………………………………158

　5　受遺者または受贈者の負担額（遺留分算定方法の見直し）……158

第10　遺留分減殺請求権の効力及び法的性質の見直し ……………160

　1　見直しの趣旨 ……………………………………………………160

　2　見直しの内容 ……………………………………………………161

第11　相続の効力等（権利及び義務の承継等）に関する見直し ……161

　1　相続による権利の承継に関する規律（対抗要件主義の採用）…161

　2　対抗要件が不要とされる場合 …………………………………162

　3　義務の承継に関する規律 ………………………………………163

　4　遺言執行者がある場合における相続人の行為の効力等（原
　　則無効）……………………………………………………………163

　5　相続による権利の承継と不動産登記 …………………………164

　6　相続による自主占有と不動産の取得時効 ……………………165

　　(1)　取得時効の要件 ……………………………………………165

　　(2)　他主占有から自主占有への転換 …………………………167

　7　共同相続人の一部の者からの保存行為としての相続登記の
　　申請 ………………………………………………………………168

　8　相続における権利の承継と対抗要件 …………………………170

　　(1)　改正民法899条の2と対抗要件……………………………170

　　(2)　「相続させる」旨の遺言……………………………………170

　　(3)　相続分の指定と不動産登記 ………………………………172

　9　義務の承継に関する規律 ………………………………………172

　　(1)　相続分の指定と債権者の権利行使 ………………………172

－ 65 －

目　　次

　　　(2)　遺言執行者がある場合と相続人の行為の効果 …………………173

　　　(3)　改正前民法と対抗要件 ……………………………………………174

　　　(4)　善意の第三者の保護 ………………………………………………175

　　　(5)　相続人の債権者との関係 …………………………………………175

　　10　相続人に対する特定遺贈・遺産分割方法の指定と登録免許

　　　税等 ………………………………………………………………………176

第12　被相続人による特別の寄与とその内容 ………………………………177

　(1)　寄与の内容 ……………………………………………………………177

　(2)　特別寄与の上限 ………………………………………………………178

第13　相続人以外の者の貢献を考慮するための方策 ………………………178

　　1　特別の寄与 ……………………………………………………………178

　　2　特別寄与者と遺産分割 ………………………………………………179

第14　相続法改正と不動産登記 ………………………………………………180

　序　沿革的考察 ……………………………………………………………180

　　1　相続による物権変動と登記 …………………………………………180

　　2　共同相続と登記 ………………………………………………………181

　　3　遺贈と登記 ……………………………………………………………181

　　4　相続放棄と登記 ………………………………………………………182

　　5　遺産分割と登記 ………………………………………………………182

　　6　遺贈による物権変動 …………………………………………………184

　　　(1)　問題の所在 …………………………………………………………184

　　　(2)　遺贈による物権変動とその時期 …………………………………185

　　　　①　包括遺贈 …………………………………………………………186

　　　　②　特定遺贈 …………………………………………………………186

　　　　③　相続人からの取得者との関係 …………………………………187

　　7　特定財産承継遺言と不動産登記 ……………………………………189

　　　(1)　対抗要件具備の権限 ………………………………………………189

　　　(2)　対抗要件具備の効果 ………………………………………………190

　　8　相続財産承継と対抗要件 ……………………………………………191

目　　次

(1) 遺産分割 ………………………………………………………191

(2) 遺贈（遺言） …………………………………………………192

(3) 相続分の指定（遺言），遺産分割方法の指定（遺言）………192

(4) 改正相続法 ……………………………………………………192

9　対抗要件主義と遺言執行者の権限 ……………………………192

10　遺言執行者の権限の明確化 ……………………………………194

(1) 遺言内容の通知 ………………………………………………194

(2) 遺言執行者の権利義務 ………………………………………195

(3) 遺言執行者がある場合における相続人の行為の効果 ………195

(4) 特定財産に関する遺言の執行 ………………………………196

(5) 遺言執行者の行為の効果 ……………………………………197

(6) 遺言執行者の復任権 …………………………………………197

(7) 遺言執行者の職務 ……………………………………………198

① 財産目録の調整（原則）………………………………………198

② 管理・執行 ……………………………………………………198

③ 遺言執行者が数人ある場合 …………………………………199

④ 遺言の執行を妨げる行為と善意の第三者 …………………200

11　遺言執行者がいる場合における相続人の行為の効果 ………201

(1) 善意の第三者 …………………………………………………202

(2) 対抗要件の要否 ………………………………………………203

(3) 債権者との関係 ………………………………………………203

(4) 譲受人の善意・悪意 …………………………………………205

12　相続の効力と対抗要件等 ………………………………………206

(1) 権利の承継に関する規律 ……………………………………206

(2) 相続による不動産の承継と対抗要件等 ……………………207

① 意　義 …………………………………………………………207

② 改正前の法律関係 ……………………………………………207

③ 改正後の法律関係 ……………………………………………208

(3) 共同相続における権利の承継と対抗要件 …………………210

目　　次

　　(4)　「相続させる」旨の遺言の基本構造と不動産登記‥‥‥‥‥‥212

　　　①　「相続させる」旨の遺言とその基本構造‥‥‥‥‥‥‥‥‥212

　　　②　「相続させる」旨の遺言と遺産分割方法の指定‥‥‥‥‥214

　　(5)　「相続させる」旨の遺言の法的性質‥‥‥‥‥‥‥‥‥‥‥‥214

　　(6)　「相続させる」旨の遺言とその効力‥‥‥‥‥‥‥‥‥‥‥‥216

　　　①　遺贈との関係‥‥‥‥‥‥‥‥‥‥‥‥‥‥‥‥‥‥‥‥‥216

　　　②　「相続させる」旨の遺言と無権利の法理‥‥‥‥‥‥‥‥216

　　　③　「相続させる」旨の遺言と判例‥‥‥‥‥‥‥‥‥‥‥‥217

　　(7)　「相続させる」旨の遺言と遺留分減殺‥‥‥‥‥‥‥‥‥‥219

　　(8)　「相続させる」旨の遺言と代襲相続‥‥‥‥‥‥‥‥‥‥‥220

　　(9)　「相続させる」旨の遺言と不動産登記‥‥‥‥‥‥‥‥‥‥221

　　　①　「相続させる」旨の遺言と登記実務‥‥‥‥‥‥‥‥‥‥221

　　　②　「相続させる」旨の遺言と債権者による差押‥‥‥‥‥222

　　　③　その後の判例の動向と不動産登記‥‥‥‥‥‥‥‥‥‥224

　　　④　「相続させる」旨の遺言と相続債務‥‥‥‥‥‥‥‥‥‥226

　　　⑤　「相続させる」旨の遺言と推定相続人の先死亡による

　　　　　代襲相続‥‥‥‥‥‥‥‥‥‥‥‥‥‥‥‥‥‥‥‥‥‥227

　　　⑥　「相続させる」旨の遺言とその特色‥‥‥‥‥‥‥‥‥‥228

　　　⑦　特定財産承継遺言と遺言執行者の登記申請権限‥‥‥‥240

　　　⑧　遺言執行者の権限‥‥‥‥‥‥‥‥‥‥‥‥‥‥‥‥‥‥243

　　　⑨　遺言執行者がいる場合の遺贈の履行‥‥‥‥‥‥‥‥‥245

　13　まとめ（要点解説）‥‥‥‥‥‥‥‥‥‥‥‥‥‥‥‥‥‥‥‥246

　　(1)　配偶者の居住の権利を保護するための方策‥‥‥‥‥‥‥246

　　　①　配偶者居住権‥‥‥‥‥‥‥‥‥‥‥‥‥‥‥‥‥‥‥‥246

　　　②　配偶者短期居住権‥‥‥‥‥‥‥‥‥‥‥‥‥‥‥‥‥‥248

　　(2)　配偶者居住権の登記の創設と不動産登記法の改正‥‥‥250

　　(3)　配偶者居住権と不動産登記‥‥‥‥‥‥‥‥‥‥‥‥‥‥251

　　　①　配偶者居住権の設定の登記‥‥‥‥‥‥‥‥‥‥‥‥‥251

　　　②　配偶者居住権の設定登記の申請人‥‥‥‥‥‥‥‥‥‥251

目　　次

(4)　遺産分割に関する見直し等 ………………………………252

　①　持戻し免除の意思表示の推定規定の創設 ………………252

　②　遺産分割前に遺産に属する財産の処分がされた場合 ……253

(5)　遺言制度に関する見直し ……………………………………254

　①　自筆証書遺言の方式緩和 …………………………………254

　②　自筆証書遺言に係る遺言書の保管制度の創設 …………255

　③　遺贈の担保責任（遺贈義務者の引渡義務）……………255

(6)　遺言執行者の権限の明確化等 ………………………………257

　①　特定財産承継遺言がされた場合の遺言執行者の権限 ……257

　②　遺言執行者の権限の明確化 ………………………………259

(7)　遺留分制度に関する見直し …………………………………266

　①　遺留分に関する権利の行使によって生ずる権利の金銭

　　債権化（現物返還原則から金銭債権への一本化）…………266

　②　遺留分の算定方法の見直し ………………………………267

　③　遺留分侵害額の算定における債務の取扱いに関する見

　　直し ………………………………………………………268

(8)　相続の効力等に関する見直し ………………………………268

　①　相続による権利の承継に関する規律 ……………………268

　②　義務の承継に関する規律 …………………………………270

　③　遺言執行者がある場合における相続人の行為の効果等 …270

　④　遺言執行者による遺言執行と相続人の執行妨害 ………272

　⑤　相続法改正と遺言執行者の権限 …………………………274

　⑥　遺言執行者の権限の明確化 ………………………………276

　⑦　「相続させる」旨の遺言と遺言執行者………………………277

(9)　相続による物権変動とその登記 ……………………………277

　①　改正民法と対抗要件 ………………………………………277

　②　法定相続分と移転登記 ……………………………………278

　③　法定相続分を超える処分行為と無権利の法理 …………282

　④　相続法改正と遺産分割による対抗要件 …………………284

－ 69 －

目　　次

⑤　遺産分割の法的性質と不動産登記 ……………………285

⑥　指定相続分と対抗要件 …………………………………287

⑦　相続放棄と法定相続分の登記 …………………………288

⑧　民法177条と遺産分割前による権利の承継………………292

⑽　相続人以外の者の貢献を考慮するための方策 ……………293

⑾　施行期日等 ………………………………………………294

相続法改正と不動産登記

第1　相続法改正の概要

(1)　はじめに

　相続法については，昭和55年に配偶者の法定相続分の引き上げや寄与分制度の新設等の見直しがされて以来，ほとんど実質的な見直しはされていない状況にあったが，その間にも，社会の少子高齢化が進展するなど，社会経済情勢にも大きな変化が見られた。このような高齢化が進展したことに伴い，相続の場面でも，相続開始時における配偶者の年齢も相対的に高くなって，その生活の保護を図る必要性が高まる一方で，子については経済的に独立している場合も多く，また，少子化により相続人がある子の人数が相対的に減ることから，遺産分割における1人の子の取得割合も相対的に増加することになるなどの変化が生じている。このように，配偶者と子が相続人になる場合を想定すると，相対的には，配偶者の保護を図るべき必要性が高まっていると考えられ，このような社会経済情勢の変化に対応する観点から，相続法制を見直す必要性があると考えられる。

(2)　相続法改正法案の国会提出

　相続法制の見直しを検討するに至った直接のきっかけは，平成25年9月4日に最高裁大法廷において，嫡出でない子の相続分を嫡出子の2分の1としていた当時の民法の規定が法の下の平等を定める憲法14条1項に違反するとの判断が示されたことにあると考えられる。その後，当該規定を削除する内容の法律案が臨時国会に提出され，その過程で，今回の相続法改正の要

因として，社会経済情勢の変化に対する対応があげられ，特に日本社会の高齢化の進展で，相続開始時における配偶者の年齢も相対的に高齢化しているため，配偶者保護の観点から相続法制を見直す必要性が問題提起され，また，子については経済的に独立している場合も多く，相続人である子の人数が相対的に減少し，遺産分割における1人の子の取得割合も相対的に増加していると考えられ，子の生活保障の必要性よりも，配偶者の生活保障の必要性が相対的に高まってきていると考えられる。

　相続法の見直しは，このような社会経済情勢の変化に対応するものであり，残された配偶者の生活に配慮する等の観点から，配偶者の居住の権利を保護するための方策等を盛り込むとともに，遺言の利用を促進し，相続をめぐる紛争を防止する等の観点から，自筆証書遺言の方式を緩和するなど，多岐にわたる改正がなされている。

　このような観点から，法制審議会民法部会（相続関係）が設置され，平成30年1月16日同審議会は，法務大臣に対し，「民法（相続関係）等の改正に関する要綱」を答申した。

(3)　相続法制改正法の成立

　前記要綱に基づいて，「民法及び家事事件手続法の一部を改正する法律案」及び「法務局における遺言書の保管等に関する法律案」が立案され，いずれも平成30年3月13日に閣議決定され，同日国会に提出し，同年7月6日に成立している。

　そして，「民法及び家事事件手続法の一部を改正する法律」（平成30年7月13日法律第72号）は，原則として公布の日である平成30年7月13日から起算して1年を超えない範囲内において政

令で定める日（ただし，自筆証書遺言の方式緩和については平成31年1月13日，配偶者の居住に関する権利については前記公布日から2年を超えない範囲内において政令で定める日）から，「法務局における遺言書の保管等に関する法律」（平成30年7月13日法律第73号）は，公布の日から起算して2年を超えない範囲内において政令で定める日から各施行されることになっている。

(4) 相続法制改正法の概要

配偶者の生活保障の観点から，①残された配偶者の居住建物における居住権（配偶者居住権，配偶者短期居住権）の保障，②配偶者保護のための方策（持戻し免除の意思表示の推定規定）が新設された。

また，③自筆証書遺言を一般市民に使いやすいようにするため，その方式を緩和し（財産目録における自筆の不要化），その遺言書の保管制度を創設すること，④遺留分制度について現代化すること（「家産の取戻し」から「遺留分権利者の生活保障」へと変更，遺留分侵害請求の金銭支払請求化等），⑤相続人以外の近親者が被相続人に対して療養看護や介護をした場合の特別寄与料の支払請求を認めること，⑥相続登記の促進の観点から，特定の不動産を特定の相続人に相続させる旨の遺言（特定財産承継遺言）についても，登記を対抗要件とすることが新設されている。

さらに，⑦最高裁平成28年12月19日大法廷決定（民集70巻8号2121頁）により，共同相続された普通預金債権等が遺産分割の対象となったことから，預貯金債権の仮払い制度等の創設等が

新設されている。

(5) 相続法改正のポイント

1つ目は，配偶者保護のための方策が複数含まれていることである。

少子高齢化の進展に伴い，配偶者と子を比較すると，相対的に配偶者の保護の必要性がより高まっており，特に高齢の配偶者にとってはその居住権の保護を図ることが重要であること等を踏まえ，配偶者居住権や配偶者短期居住権という新たな権利が設けられているほか，被相続人が配偶者に対して居住用不動産の遺贈や生前贈与をした場合に，いわゆる持戻し免除の意思表示があったものと法律上推定する旨の規定を設けるなどしている。

2つ目は，遺言の利用を促進するための方策が多数含まれている。

家族のあり方が多様化していることに伴い，法定相続のルールをそのまま当てはめると実質的に不公平が生ずる場合があり，そのような場合には，被相続人の意思によってこれを修正することが考えられるが，その意味では，遺言制度が今後ますますその重要性を増してくるものといえる。改正法では，自筆証書遺言の方式を緩和する方策を設け，また，遺言の円滑な実行を図るために遺言執行者の権限が明確化されているが，遺言書保管法に基づく保管制度の創設も自筆証書遺言の利用を促進するための方策になるものと考えられる。

また，改正民法では，遺留分権利者の権利行使によって生ずる権利を金銭債権とする改正も行われているが，これにより，

－ 74 －

遺留分権利者がその権利を行使した場合にも遺贈や贈与の効力自体は否定されないことになるため，遺言者の意思をより尊重することにつながり，法律関係をより簡明にする点で，間接的に遺言の利用を促進することにつながるものと考えられる。

3つ目は，相続人を含む利害関係人の実質的公平を図るための見直しがなされ，たとえば，現行法の下では，相続人が被相続人に対する介護等の貢献を行った場合には，寄与分制度によってその貢献が考慮されるのに対し，相続人に当たらない親族が介護等の貢献を行った場合には，遺産の分配に与れないとの指摘がされていること等を踏まえ，特別の寄与の制度を新たに設けたほか，多額の特別受益を有する共同相続人の1人が遺産分割前に遺産に属する財産の共有持分等を処分した場合に，その処分をした共同相続人の最終的な取得額が，それがなかった場合よりも増えるという不公平が生ずることがないよう，遺産分割の中でそれを調整する規律を新たに設けている。

4つ目は，改正民法では，預貯金債権について各共同相続人に遺産分割前の払戻し請求を認める制度を創設している。

5つ目は，いわゆる相続させる旨の遺言や相続分の指定がされた場合についても対抗要件主義を適用するなどの見直しをしている。

以上のように相続法の改正は，幅広い観点からの改正がなされているが，本書はそれらの視点を踏まえ，それらの改正が不動産登記制度にどのように反映され，どのような影響を及ぼすか，今回の改正は相続法全体にかかわる大きな改正であり，不動産登記についても配偶者居住権に関する登記のように新たな

登記が創設されるとともに,「相続させる」旨の遺言等による物権変動論の基本構造についても大きな質的変更をもたらし,さらには遺言執行者の権限等と不動産登記についても極めて大きな変更をもたらしている。

　本書は今回の相続法全体の改正点にも詳細かつ丁寧な解説を加えるとともに,影響の大きい不動産登記制度についても視点をあて,詳細かつ丁寧に解説を加えている。ご活用いただければと思う次第である。

第2　配偶者の居住権を保護するための方策

(1)　配偶者居住権

　配偶者が被相続人の財産に属した建物を相続開始の時に居住の用に供していた場合において,遺産分割等によって終身又は一定期間という比較的長期の間,無償でその建物（居住建物）の全部の使用及び収益をする権利を取得する（改正民法1028条〜1036条）。

　近年の社会の高齢化の進展および平均寿命の伸長に伴い,被相続人の死亡後にもその配偶者が長期間にわたり生活を継続することが少なくない。そして,配偶者は,住み慣れた居住環境での生活を継続するために居住権を確保しつつ,その後の生活資金として預貯金等の財産についても一定程度確保したいと希望する場合も多いと考えられる。

　現行法の下でそのようなニーズに応えるためには,遺産分割において配偶者が居住建物の所有権を取得することが考えられるが,居住建物の評価額が高額となる場合には,配偶者がそれ

以外の遺産を十分に取得することができなくなるおそれがある。

　配偶者居住権の制度は，配偶者に居住建物の使用収益権限のみを認め，処分権限のない権利を創設することによって，遺産分割の際に，配偶者が居住建物の所有権を取得する場合よりも低廉な価額で居住権を確保することができるようにすること等を目的として創設したものである。

　また，配偶者居住権の活用場面は遺産分割の場合に限られるものではなく，被相続人が遺言によって配偶者に配偶者居住権を取得させることもできるとしている。これによって，たとえば，それぞれ子がいる高齢者同士が再婚した場合にも，自宅建物を所有する者は，遺言によって，その配偶者に配偶者居住権を取得させてその居住権を確保しつつ，自宅建物の所有権については自分の子に取得させることができることとなる。

(2)　配偶者短期居住権

　配偶者が被相続人の財産に属した建物を相続開始の時に無償で居住の用に供していた場合は，遺産の分割によりその建物の帰属が確定するなどの比較的短期の間，その建物（居住建物）を無償で使用する権利を有する（改正民法1037条～1041条）。

　配偶者が被相続人所有の建物に居住していた場合に，被相続人の死亡によりただちに住み慣れた居住建物を退去しなければならないとすると，精神的にも肉体的にも大きな負担となり，とりわけ配偶者が高齢者である場合にはその負担が大きいと考えられる。しかし，相続開始の前に，配偶者が被相続人との間で使用貸借契約を締結するなどして法律上の占有権限を明示的

に取得していることは稀であり，多くの場合は，被相続人の占有補助者として居住建物を使用していると考えられる。そのような場合には，配偶者は，相続開始により被相続人の占有補助者としての資格を失うことになるため，他の占有権限を新たに取得しない限り，居住建物を無償で使用する法的根拠を失うことになる。

　この点に関し，判例（最判平成8年12月17日民集50巻10号2778頁）は，「共同相続人の1人が相続開始前から被相続人の許諾を得て遺産である建物において被相続人と同居してきたときは，相続開始後も遺産分割までは，無償で使用させる旨の被相続人の同意があったものと推認され，被相続人の地位を承継した他の相続人等が貸主となり同居相続人を借主とする使用貸借が存在する。」旨判示し，相続人の1人が被相続人の許諾を得て被相続人所有の建物に同居していた場合には，特段の事情のない限り，被相続人とその相続人との間で，相続開始時を始期とし，遺産分割時を終期とする使用貸借契約が成立していたものと推認されるとしている。このため，相続人である配偶者は，この要件を満たす限り，遺産分割が終了するまでの間は，被相続人の建物に無償で居住することができることになる。しかし，平成8年の判例による許諾は，あくまでも当事者の意思の合理的解釈に基づくものであるため，被相続人が明確にこれとは異なる意思を表示していた場合等には，配偶者の居住権は，短期的にも保護されないことになる。

　そこで，本法律では，平成8年の判例では許諾されない場合も含め，被相続人の意思にかかわらず，配偶者の短期的な居住

権を保護するため，配偶者が従前居住していた建物に被相続人の死亡後も引き続き無償で居住することができる権利（配偶者短期居住権）を新たに創設している。

なお，配偶者短期居住権については，配偶者居住権とは異なり，遺産分割において，配偶者の具体的相続分からその価値相当額を控除する必要はない（堂薗幹一郎・笹井朋昭・神吉康二・宇野直紀・倉重龍輔・満田悟・秋田純「相続法改正の概要(1)」NBL1133号10頁）。

(3) 配偶者居住権の消滅

居住建物が配偶者の財産に属することとなった場合であっても，他の者がその共有持分を有するときは，配偶者居住権は，消滅しない。

また，配偶者居住権は，「被相続人の財産に属した建物」に関して成立するため，建物が賃借物件であるような場合には成立しない。配偶者が相続開始の時に居住建物の一部しか使用していなかったような場合でも，配偶者短期居住権とは異なり，居住建物の全部について配偶者居住権が成立する。

(4) 配偶者居住権と遺贈

配偶者居住権が遺贈の目的とされている配偶者が配偶者居住権を取得した場合，持戻し免除の意思表示が認められる場合を除き，配偶者は配偶者居住権の財産的価値に相当する金額を相続したものと扱われ，その結果，配偶者は，自己の具体的相続分から配偶者居住権の財産的価値を控除した残額についてしか遺産を取得できない。

例えば，配偶者居住権を配偶者に相続させる旨の遺言をした

場合には，配偶者は相続そのものを放棄しない限り，配偶者居住権を放棄することができない。他方で，配偶者居住権を配偶者に遺贈するという遺言をした場合には，配偶者は遺贈の放棄をすることで配偶者居住権のみを放棄することができることになる（民法986条1項）。

(5) 配偶者居住権の内容

配偶者居住権の内容としては，配偶者が相続開始の時に居住建物の一部しか使用していないような場合においても，配偶者短期居住権と異なり，居住建物の全部について無償で，従前の用法に従い使用及び収益することができる。また，配偶者居住権については，従前の使用及び収益の状況に応じた財産評価が行われることから，被相続人の生前に被相続人または配偶者が居住建物をもって収益していた場合には，相続開始後においても配偶者が収益権限を承継することができると考えられる（米倉裕樹「民法［相続法制］」23頁）。

配偶者居住権は，賃借権類似の法定債権とされるがその相違点は何かということになると以下のような点が相違点となると考えられる。

① 発生原因

配偶者居住権の発生事由は，遺産分割又は遺贈である（改正民法1028条1項，1029条）。賃借権の場合は居住建物の所有者との間の設定契約を必要とする（民法601条）。

② 無償性

配偶者居住権は，配偶者の居住権を保護しつつ将来の生活のために一定の財産を確保させるために創設されたものであるこ

－ 80 －

とから，無償で居住建物の使用収益をすることができる権利と
されている（改正民法1028条1項）。賃借権は，賃借人が賃料支払
義務を負うことを本質的要素としている（改正民法601条）。

ただ，配偶者が配偶者居住権を取得した場合には，その財産
的価値に相当する価額を相続したものとして相続分の算定が行
われる。つまり，配偶者居住権の評価額分だけ他の遺産につい
て配偶者の取り分が減少することになるので，この取り分の減
少は実質的には配偶者が配偶者居住権を取得するための対価で
あると解すると，改正民法1028条1項において規定する「無
償」というのは居住建物所有者に対する賃料支払義務がないこ
とを意味するにとどまり，配偶者短期居住権に関する改正民法
1037条1項の無償が文字どおり対価を伴わないということを意
味するのとは異なることになる（東京司法書士会民法改正対策委員
会編「相続法改正と司法書士実務」29頁）。

　③　存続期間

配偶者居住権の存続期間は原則として配偶者の終身の間であ
り，例外的に遺産分割等で別段の定めをしたときは，その定め
るところによる（改正民法1030条）。これに対して，賃借権の存
続期間は50年を超えることはできない（改正民法604条1項）。

　④　第三者対抗要件

配偶者居住権は第三者対抗要件が認められる点において賃借
権に類似するが，建物賃借権の対抗要件は登記（民法605条）又
は建物の引渡し（借地借家法31条）とされているのに対し，配偶
者居住権の対抗要件は登記に限られる（改正民法1031条）。

— 81 —

⑤　登記請求権

配偶者は居住建物の所有者に対して配偶者居住権設定登記の
登記請求権を有する（改正民法1031条1項）。なお，賃借人の賃貸
人に対する登記請求権については判例により否定されている
（大判大正10年7月11日民録27輯1378頁）。同判例は，「賃借権の登
記をする旨の特約がない場合には，賃借人は賃貸人に対して賃
借権の登記を請求する権利はない。」と判示している。

⑥　譲渡性

配偶者居住権は譲渡することができないとされており（改正
民法1032条2項），債権の譲渡性の原則（民法466条1項本文）に対
する例外となっている。これに対して，賃借人は賃貸人の承諾
を得なければ賃借権を譲渡することができないものとされてお
り（民法612条1項），限定的ではあるが譲渡性が認められてい
る。

⑦　相続性

配偶者が死亡したときは，存続期間の満了前であっても，配
偶者居住権は消滅する（改正民法1036条，民法597条3項）。配偶者
居住権には相続性がなく，一身専属的な権利である（民法896条
ただし書）。これに対して，賃借人が死亡したときは，賃借権は
相続等により承継される（借地借家法36条1項）（以上前掲東京司法
書士会民法改正対策委員会編30頁）。

(6)　配偶者居住権の存続

配偶者居住権が成立した後，配偶者が居住建物の共有持分を
有することになった場合であっても，配偶者居住権を存続させ
る必要があることから，借地借家法15条2項類似の規定（借地

権が借地権設定者に帰した場合であっても，他の者と共に借地権を有するときは，その借地権は，消滅しない）（改正民法1028条2項）を設け配偶者居住権が消滅しないこととしている（前掲米倉24頁）。

(7) 配偶者居住権の存続期間

改正民法1030条は，「配偶者居住権の存続期間は，配偶者の終身の間とする。ただし，遺産の分割の協議若しくは遺言に別段の定めがあるとき，又は家庭裁判所が遺産の分割の審判において別段の定めをしたときは，その定めるところによる。」と規定している。

① 存続期間

配偶者居住権の存続期間は配偶者の終身の間とし，遺産分割協議もしくは遺言に別段の定めがあるとき，または家庭裁判所が遺産の分割の審判において別段の定めをしたときは，その定めによるとしている。

配偶者居住権は，配偶者が無償で建物を使用することができるにもかかわらず，第三者対抗力がある点にその存在意義があるわけであるが，存続期間が「当分の間」等とされているとそのような権利の登記は認められないと解される（不登法81条2号）。

そのため，共同相続人間で，「当分の間」，または「別途改めて協議する」までの間，配偶者を居住させるとの合意がなされたとしても配偶者居住権を登記できないということになると考えられる（前掲米倉26頁）。

— 83 —

② 配偶者居住権の更新

　配偶者居住権については，存続期間の満了によって消滅することとし，期間の更新は予定されていないと解される（前掲米倉26頁）。

　なお，存続期間満了後，配偶者と居住建物の所有者との間で合意による配偶者居住権の存続が認められるか否かについては，配偶者が配偶者居住権を取得する際に存続期間に見合った財産的価値を取得したものとしてその具体的相続分が考慮されているにもかかわらず，存続期間満了後の合意により，以後も対価なく存続するとすれば，過去に評価された配偶者居住権の財産的価値やそれを前提とした遺産配分，遺留分等に影響を与えることになり，事後的な修正も困難であると考えられるので消極的に解される。

　もっとも，配偶者居住権を存続させるための合意ではなく，別途，当事者間において新たな使用貸借や賃貸借契約を締結すること自体は許されるものと考えられる（前掲米倉26頁）。

第3　配偶者居住権と不動産登記等

(1) 配偶者居住権の登記

　改正民法1031条は，その1項において，「居住建物の所有者は，配偶者（配偶者居住権を取得した配偶者に限る。）に対し，配偶者居住権の設定の登記を備えさせる義務を負う。」と規定し，その2項において「第605条の規定（不動産賃貸借の対抗力）は配偶者居住権について，第605条の4の規定（不動産の賃借人による妨害の停止の請求等）は配偶者居住権の設定の登

記を備えた場合について準用する。」と規定している。

改正民法605条は，「不動産の賃貸借は，これを登記したとき
は，その不動産について物権を取得した者その他の第三者に対
抗することができる。」と規定している。ただ，「賃借権の登記
をする旨の特約がない場合には，賃借人は賃貸人に対して賃借
権の登記を請求する権利はない。」とする判例（大判大正10年7
月11日民録27巻1378頁）があることに留意する必要がある。

なお，不動産賃借権の対抗力等に関する重要な判例として
は，①不動産賃借権の対抗力の内容につき，「旧所有者と賃借
人との間に存在した賃貸借関係が法律上当然に新所有者と賃借
人との間に移転し，旧所有者は，その関係から離脱する。」（大
判大正10年5月30日民録27巻1013頁），②賃貸人の地位の移転の賃
借人に対する対抗要件につき，「賃貸中の土地を譲り受けた者
は，その所有権の移転につき登記を経由しなければ，これを賃
借人に対抗することができず，賃貸人であるという地位の取得
を賃借人に対抗することができない。」（最判昭和49年3月19日民
集28巻2号325頁），③敷金返還債務の承継につき，「賃貸借存続
中に目的不動産の所有権が移転し，新所有者が賃貸人の地位を
承継した場合には，旧賃貸人に差し入れられていた敷金は，同
人のもとに未払賃料があればこれに当然充当され，残額があれ
ばそれについての権利義務が新賃貸人に承継される。」（最判昭
和44年7月17日民集23巻8号1610頁），④「賃貸借終了後明渡前に，
目的不動産の所有権が移転した場合，敷金に関する権利義務
は，旧所有者と新所有者の合意のみでは新所有者に承継されな
い。」（最判昭和48年2月2日民集27巻1号80頁）と判示している。

つまり，敷金は，賃貸借存続中の賃料債権のみならず，賃貸借終了後家屋明渡までに生ずる賃料相当損害金その他賃貸借契約により賃貸人が賃借人に対して取得することのあるべき一切の債権を担保し，賃貸借終了後，家屋明渡がなされた時において，それまでに生じた一切の債権を控除しなお残額があることを条件として，その残額につき敷金返還請求権が発生する。また，賃貸借終了後に家屋の所有権が移転し，よって賃貸借契約は新所有者に承継されない場合，敷金に関する権利義務は，旧所有者と新所有者との間の特別の合意によっても，これのみによっては新所有者に承継されないということになる。

(2)　登記請求権

　配偶者居住権については，配偶者による単独申請は認められず，配偶者には登記請求権が認められる。

　登記義務の履行を命ずる審判は，執行力のある債務名義と同一の効力を有するものとされている（家事事件手続法75条は，「金銭の支払，物の引渡し，登記義務の履行その他の給付を命ずる審判は，執行力のある債務名義と同一の効力を有する。」と規定している。）。したがって，一方の当事者に対し，特定の登記義務の履行を命ずる審判が確定したときは，その者の登記申請の意思表示が擬制され（民事執行法174条1項本文），他方の当事者は単独で当該登記の申請をすることができると解される（前掲米倉28頁）。

　民事執行法174条1項は「意思表示をすべきことを債務者に命ずる判決その他の裁判が確定し，又は和解，認諾，調停若しくは労働審判に係る債務名義が成立したときは，債務者は，そ

－ 86 －

の確定又は成立の時に意思表示をしたものとみなす。ただし，債務者の意思表示が，債権者の証明すべき事実の到来に係るときは第27条第1項の規定により執行文が付与された時に，反対給付との引換え又は債務の履行その他の債務者の証明すべき事実のないことに係るときは次項又は第3項の規定により執行文が付与された時に意思表示をしたものとみなす。」と規定している。

　民事執行法174条2項は，「債務者の意思表示が反対給付との引換えに係る場合においては，執行文は，債権者が反対給付又はその提供があつたことを証する文書を提出したときに限り，付与することができる。」と規定し，第3項は，「債務者の意思表示が債務者の証明すべき事実のないことに係る場合において，執行文の付与の申立てがあつたときは，裁判所書記官は，債務者に対し一定の期間を定めてその事実を証明する文書を提出すべき旨を催告し，債務者がその期間内にその文書を提出しないときに限り，執行文を付与することができる。」と規定している。

　不動産登記の抹消登記手続を求める請求は意思表示を求める請求であって，その勝訴判決が確定すれば被告がその意思表示をしたものとみなされ，執行が完了する（最判昭和41年3月18日民集20巻3号464頁）。

　居住建物の所有権の移転の登記が未了である場合には，配偶者居住権を取得した配偶者は，その設定の登記の前提として，保存行為（民法252条）により，相続を原因とする所有権の移転の登記等を申請する必要がある。

なお，配偶者居住権の設定を命じる遺産分割審判において
は，次のような登記手続を併せて命じることになるものと考え
られる（家事事件手続法196条）。

　「被相続人の遺産を次のとおり分割する。

　　　①　配偶者Ａに対し，別紙物件目録記載の建物（以下
　　　「本件建物」という。）につき存続期間を配偶者Ａの終身
　　　の間とする長期居住権を設定する。

　　　②　相続人Ｂは，本件建物の所有権を取得する。

　　　③　相続人Ｂは，配偶者Ａに対し，本件建物につき，第
　　　１項記載の長期居住権を設定する旨の登記手続をする
　　　こと」（前掲米倉28頁）

(3)　第三者対抗要件

　配偶者居住権の法的性質については，賃借権類似の法定の債
権と位置づけられている。ただし，賃借権とは異なり，対抗要
件を登記のみとし（改正民法1031条２項，605条），建物の占有は対
抗要件とされていない。

　これは，①配偶者居住権は，相続開始時に配偶者がその建物
に居住していたことがその成立要件とされており，占有を対抗
要件として認めると，ほぼ全ての事案で配偶者居住権の成立と
同時に対抗要件を取得することになること，②そのため，占有
を対抗要件として認めると，被相続人の債権者が相続開始前に
差押え等の債権保全手段を講ずるなどしてかえって配偶者の居
住権が保護されない事態が生じること，③賃借権の場合には，
その目的建物の所有権を取得した者が賃借権の存在を知らなか
った場合でも，その後の賃料を取得することができるのに対

し，配偶者居住権の場合には，その存続期間中の賃料収入すら得られないことになるため，第三者に権利の内容を適切に公示すべき必要性が高いと考えられること等を考慮したものと思われる（前掲米倉29頁）。

(4) 配偶者居住権の概要

改正民法1031条１項は，「居住建物の所有者は，配偶者（配偶者居住権を取得した配偶者に限る。）に対し，配偶者居住権の設定の登記を備えさせる義務を負う。」と規定し，その２項は，「第605条（不動産賃貸借の対抗力）の規定は配偶者居住権について，第605条の４（不動産の賃借人による妨害の停止の請求等）の規定は配偶者居住権の設定の登記を備えた場合について準用する。」と規定している。

① 登記請求権と単独申請

配偶者に登記請求権はあるが，配偶者による単独申請は認められていない。もっとも，登記義務の履行を命ずる審判は，執行力のある債務名義と同一の効力を有するものとされているため（家事事件手続法75条），一方の当事者に対し，特定の登記義務の履行を命ずる審判が確定したときは，その者の登記申請の意思表示が擬制され（民事執行法174条１項本文），他方の当事者は，単独で当該登記の申請をすることができると考えられる（前掲米倉27頁）。

なお，居住建物の所有権の移転の登記が未了である場合には，配偶者居住権を取得した配偶者は，その設定の登記の前提として，保存行為として，相続を原因とする所有権の移転の登記等を申請する必要があると解される。

② 第三者対抗要件としての登記

　配偶者居住権の法的性質については，賃借権類似の法定の債権と位置づけられている。もっとも，賃借権と異なり，対抗要件を登記のみとし（民法1031条2項，605条），建物の占有は対抗要件とはされていない。改正民法1031条は，その1項において，「居住建物の所有者は，配偶者（配偶者居住権を取得した配偶者に限る。）に対し，配偶者居住権の設定の登記を備えさせる義務を負う。」と規定し，その2項において，「第605条（不動産賃貸借の対抗力）の規定は配偶者居住権について，第605条の4（不動産の賃借人による妨害の停止の請求等）の規定は配偶者居住権の設定の登記を備えた場合について準用する。」と規定している。この改正民法1031条の規定は，今回の相続法の改正によって新設された規定である。もっとも，賃借権と異なり，対抗要件は登記のみとし（改正民法1031条2項，同605条），建物の占有は対抗要件とはされていない。

　これは，前述のごとく，①配偶者居住権においては，相続開始時に配偶者がその建物に居住していたことがその成立要件とされており，占有を対抗要件として認めると，ほぼすべての事案で配偶者居住権の成立と同時に対抗要件を取得することになること，⑪そのため，占有を対抗要件として認めると，被相続人の債権者が相続開始前に差押え等の債権保全手段を講ずるなどして，かえって配偶者の居住権が保護されない事態が生じかねないこと，⑬賃借権の場合には，その目的建物の所有権を取得した者が賃借権の存在を知らなかった場合でも，その後の賃料を取得することができるのに対し，配偶者居住権の場合に

は，その存続期間中の賃料収入すら得られないことになるため，第三者に権利の内容を適切に公示すべき必要性がより高いと考えられること等が考慮されたのではないかと考えられる（前掲米倉29頁）。

③　建物所有者・敷地所有者・抵当権者との関係

例えば，配偶者は，遺産分割により建物所有権を取得した他の相続人に対し，配偶者居住権を主張することができ，他の相続人から建物所有権を譲り受けた第三者に対しても，配偶者居住権登記を具備している限り，これを対抗することができる。

また，敷地所有者との関係においても，例えば，被相続人が建物とその敷地を所有しており，遺産分割において，配偶者が配偶者居住権を，他の相続人がその建物とその敷地の所有権を取得した場合に，他の相続人がその後，第三者にその敷地を譲渡したときでも，その譲渡の際に建物のために敷地利用権（地上権，賃借権等）が設定されていれば，配偶者は，当該第三者に対し，建物所有者が有する敷地利用権を援用することができ，第三者からの建物退去請求を拒むことができる。

これに対し，例えば，遺産分割により建物とその敷地の所有権を取得した他の相続人が，その建物のための敷地利用権を設定せずにその敷地を第三者に売却した場合には，配偶者は，その第三者に対し，敷地の占有権限を主張することができない結果，第三者からの建物退去請求を拒むことができないと考えられる。

さらに，建物の抵当権者との関係では，抵当権者が相続開始前に対抗要件を具備していた場合には，配偶者居住権は当該抵

— 91 —

当権に劣後するため，当該抵当権の実行により建物を買い受けた者による明渡しを配偶者は拒むことはできないと考えられる。

これに対し，配偶者が配偶者居住権を取得し，対抗要件（登記）を備えた後に抵当権者が当該建物の抵当権設定登記をしたような場合には，配偶者は当該抵当権者に対し，配偶者居住権を対抗することができる。配偶者が配偶者居住権の対抗要件を備えた後に相続債権者が当該建物を差し押さえた場合も同様である（前掲米倉30頁）。

④　妨害停止の請求

配偶者居住権については，基本的に賃借権と同様の性質を有するものとして構成されている。

賃貸借については，民法の一部を改正する法律（債権法改正）において，第三者に対して妨害排除請求をすることができることとされ（改正民法605条の4），配偶者居住権についてもその趣旨が妥当すると考えられることから，民法605条の4と同様の規律が本条2項（改正民法1031条2項）において，「第605条の規定は配偶者居住権について，第605条の4の規定は配偶者居住権の設定の登記を備えた場合について準用する。」と規定している。そのため，配偶者居住権の設定の登記を備えた場合に，居住建物の占有を第三者が妨害しているときは，その第三者に対する妨害の停止を請求でき，第三者が居住建物を占有しているときは，その第三者に対して返還の請求をすることができる。

最判昭和28年12月18日（民集7巻12号1515頁）は，「対抗力ある

土地賃借権を有する者は，その土地につき二重に賃借権を得た第三者に対し妨害排除を請求できる。」と判示し，また最判昭和30年4月5日（民集9巻4号431頁）は，「対抗力ある借地権者は不法占拠者に対して直接に建物の収去・土地明渡しを請求できる。」と判示している。

⑤　配偶者による使用・収益

改正民法1032条は，その1項において「配偶者は，従前の用法に従い，善良な管理者の注意をもって，居住建物の使用及び収益をしなければならない。ただし，従前居住の用に供していなかった部分について，これを居住の用に供することを妨げない。」と規定している。

配偶者居住権は，配偶者が相続開始の時に建物の少なくとも一部を居住の用に供していたことを要件として，建物の全部に成立するので，例えば，相続開始前から，当該建物の一部を店舗として使用していたり，第三者に建物の一部を転貸していたりするような場合も考えられる。このような場合，相続開始後に店舗の営業をやめ，転借人との転貸借が終了したときでも，配偶者は，全体について配偶者居住権を有している以上，居住建物の所有者の承諾がなかったとしても，善良な管理者の注意をもって，元々店舗として使っていた部分や転貸の目的となっていた部分を居住の用に供することを認めるものであるとされる（前掲米倉31頁）。

この配偶者居住権は配偶者自身の居住環境の継続性を保護するためのものであるから，第三者に対して配偶者居住権の譲渡を認めることは，制度趣旨との関係で必ずしも整合的であると

－ 93 －

はいえず，配偶者居住権の譲渡は認められていない。

配偶者居住権については，基本的に賃借権と同様の性質を有するものとして構成されており，居住建物の所有者の承諾を得なければ，居住建物の改築もしくは増築をし，または第三者に居住建物の使用または収益をさせることはできない。配偶者が改正民法1032条１項の用法遵守義務に違反したり，第三者への使用・収益制限に違反した場合であっても，配偶者居住権保護の重要性に鑑み，直ちに配偶者居住権の消滅を請求できることとせず，居住建物の所有者は，相当の期間を定めてその是正の催告をし，その期間内に是正がされないときに，当該配偶者に対する意思表示によって配偶者居住権を消滅させることとしている（前掲米倉32頁）。

⑥　居住建物の返還

改正民法1035条１項は，「配偶者は，配偶者居住権が消滅したときは，居住建物の返還をしなければならない。ただし，配偶者が居住建物について共有持分を有する場合は，居住建物の所有者は，配偶者居住権が消滅したことを理由としては，居住建物の返還を求めることができない。」と規定している。

改正民法1035条は，生存配偶者の保護として，相続開始後，それまで被相続人と同居していた配偶者の居住権を保護するための配偶者の短期居住権，配偶者居住権が新たに創設され（ただし書は共有の場合），また，婚姻期間が20年以上の夫婦の一方配偶者が，他方配偶者に対し，居住用不動産等を贈与等した場合には，持戻し免除の意思表示があったものと推定する規定が置かれている。改正民法903条４項は，「婚姻期間が20年以上

の夫婦の一方である被相続人が，他の一方に対し，その居住の用に供する建物又はその敷地について遺贈又は贈与をしたときは，当該被相続人は，その遺贈又は贈与について第1項の規定を適用しない旨の意思を表示したものと推定する。」と規定し，持戻し免除の意思表示があったものと推定すると規定している。

(5) 配偶者居住権の終了

　配偶者居住権は，存続期間の満了または配偶者が死亡した場合にそれぞれ終了する（改正民法597条1項）。配偶者の死亡により配偶者居住権が終了した場合には，配偶者の相続人が配偶者の義務（原状回復義務等）を相続する。

　また，配偶者居住権は配偶者の居住建物を目的とする権利であるから，居住建物の全部が滅失その他の事由により使用することができなくなった場合にも，配偶者居住権は終了する（改正民法616条の2）。

(6) 運用関係

　配偶者居住権は，民法等改正法公布の日から起算して2年を超えない範囲内において政令で定める日以降に開始した相続について適用され，それ以前に開始した相続については適用はない（民法等改正法附則10条1項《附則1条4号》）。

　また，民法等改正法公布の日から起算して2年を超えない範囲内において政令で定める日以後に，配偶者居住権が遺贈の目的とされた場合に適用され，それ以前に遺贈の目的としても適用されない（民法等改正法附則10条2項）（前掲米倉36頁）。

— 95 —

第4　配偶者短期居住権の概要

(1)　最高裁平成8年12月17日判決

　同判決は，相続人の1人が被相続人の許諾を得て被相続人所有の建物に居住していた場合には，通常，被相続人の占有補助者としてその建物に居住していると考えられるから，被相続人の死亡によって，その占有補助者としての資格を失い，居住権限がなくなってしまうという不都合を回避するため，「相続人の1人が被相続人の許諾を得て被相続人所有の建物に同居していた場合には，特段の事情がない限り，被相続人とその相続人との間で，相続開始時を始期として，遺産分割時を終期とする使用貸借契約が成立していると推認される。」旨判示している（最判平成8年12月17日民集50巻10号2778頁）。同判例は，「共同相続人の1人が相続開始前から被相続人の許諾を得て遺産である建物に被相続人と同居してきた場合は，特段の事情のない限り，被相続人死亡時から少なくとも遺産分割終了までの間は，被相続人の地位を承継した他の相続人を貸主，同居相続人を借主とする建物の使用貸借契約が存続する。」旨判示している。

　しかし，前記判例はあくまでも当事者間の合理的意思解釈に基づくものであるから，被相続人が明確にこれと異なる意思を表示していた場合等には，配偶者の居住権が短期的にも保護されない事態が生じ得ることになる。例えば，被相続人が配偶者の第三者に遺贈した場合には，被相続人の死亡によって建物の所有権を取得した当該第三者からの退去請求を拒むことはできないことになる。

第4　配偶者短期居住権の概要

そこで，今回，配偶者の短期的な居住権を保護するための配偶者の短期居住権に関する方策が創設されている（改正民法1037条）。

(2)　配偶者短期居住権の成立要件

被相続人の配偶者が被相続人の財産に属した建物に相続開始の時に無償で居住していた場合に成立する。被相続人の許諾を得ていたことや，被相続人と同居していたことまでは必要とされていない。そのため，例えば，被相続人が相続開始の時点で同居していなかったような場合でも配偶者短期居住権は成立すると解される。もっとも，「被相続人の財産に属した建物」に関して成立するので，建物が賃借物件であるような場合には成立しない。また内縁の配偶者は被相続人の配偶者には含まれないと考えられる。

(3)　配偶者短期居住権の内容

配偶者は，相続開始の時に居住していた建物を存続期間中引き続き無償で使用でき，また，配偶者居住権とは異なり，配偶者短期居住権によって受けた利益については，配偶者の具体的相続分からその価額を控除する必要はないとされる。

居住建物の一部のみを無償で使用していた場合には，その部分についてのみ無償で使用することができる。配偶者短期居住権はあくまでも配偶者が相続開始時に享受していた居住利益を，その後も一定期間保護することを目的とするため，従前と同様の形態で居住できるにとどまり，それ以上の利益を配偶者に付与することは相当でないということである。

また，配偶者の短期居住権を取得した場合であっても，相続

－ 97 －

開始前から配偶者と同居していた他の相続人に対して当該建物からの退去を求めることまでは想定されていないといわれる。当該建物は遺産分割終了時まで共同相続人間での共有に属し，他の相続人も各自の持分に応じて当該建物を使用できるほか（民法898条，同249条），最判平成8年12月17日判決に従い他の相続人に使用借権が認められるケースでは，他の相続人も，これを占有権限として主張できると考えられるからである。前記最判平成8年12月17日（民集50巻10号2778頁）は「共同相続人の1人が相続開始前から被相続人の許諾を得て遺産である建物において被相続人と同居してきたときは，相続開始後も遺産分割までは，無償で使用させる旨の被相続人の同意があったものと推認され，被相続人の地位を承継した他の相続人等が貸主となり同居相続人を借主とする使用貸借関係が存続する」旨判示している。このように他の相続人に使用借権が認められる事案では，他の相続人はこれを占有権限として主張することもできるということである（前掲米倉6頁）。

(4)　使用収益権能

　配偶者短期居住権は，権利内容，つまり使用収益権能において配偶者居住権とどのように相違しているかという点については，配偶者短期居住権の権利内容は居住建物の使用権のみであり，収益権がない点において配偶者居住権と異なっている。

　配偶者居住権は居住建物を無償で「使用」することができる権利であり，配偶者は収益を有しない。

　①　配偶者短期居住権はあくまでも配偶者の短期的な居住権を保護するために新設する権利であり，配偶者の収益権限や処

分権限は認められない。

⒤　配偶者短期居住権は，被相続人の生前には被相続人の占有補助者であった配偶者について，相続開始後に独自の占有権限を付与した上で，相続開始前と同一態様の使用を認めることを目的とするものであるが，配偶者が相続開始前に居住建物の一部について収益権限を有していた場合には，通常その部分については被相続人の占有補助者ではなく，相続開始前から，被相続人との間に使用貸借契約等の契約関係が存在する場合が多いと考えられる。そうであるとすれば，その部分については，相続開始後も従前の契約関係が他の相続人との間で継続するものと考えられるから，配偶者短期居住権による保護の対象とする必要はないと考えられる。

⒥　被相続人が自ら相続開始前に居住建物の一部について収益をしていた場合（例えば自宅の上階を賃貸アパートとしていた場合）については，その部分まで配偶者短期居住権の対象とし，それによる収益を配偶者のみに帰属させるのは，配偶者短期居住権による保護の対象を超える。

なお，配偶者短期居住権は居住建物について成立する権利であるから，ここでいう「収益」というのは，第三者に敷地を独占的に使用させることなく，建物自体から利益を上げる形態のものである。建物自体から利益を上げる例としては，いわゆる民泊のように，第三者に独立の占有が移転しない形で，その使用の対価を得る場合等が考えられる。

⒦　以上に対して，配偶者居住権は居住建物について無償で「使用収益」をすることができる権利とされているため，配偶

者は収益権をも有する。ただし，第三者に居住建物を賃貸して使用・収益をさせるためには建物所有者の承諾が必要である（改正民法1032条3項）。改正民法1032条3項は，「配偶者は，居住建物の所有者の承諾を得なければ，居住建物の改築若しくは増築をし，又は第三者に居住建物の使用若しくは収益をさせることはできない」と規定している（前掲東京司法書士会民法改正対策委員会編79頁）。

ⓥ　配偶者短期居住権は，場所的成立範囲において，配偶者居住権とどのように相違しているかということについては，この場合の配偶者は必ずしも居住建物の全部を使用することができるわけではないということが異なっている。

配偶者短期居住権は，配偶者が居住建物の全部を無償で使用していた場合には全部について成立し，居住建物の一部のみを無償で使用していた場合はその部分に限って成立する（改正民法1037条1項第3かっこ書）。具体的には，相続開始前に建物の一部を配偶者が居住用として使用し，残部を配偶者自身又は他の者が店舗など事業用として使用していた場合に，短期居住権の成立範囲を当該一部に限定するということである。配偶者が相続開始時に享受していた居住利益をその後も一定期間保護するという短期居住権制度の目的から考えると，配偶者は従前と同様の形態で居住することができるにとどまり，それ以上の利益を享受することになるのは相当でないと考えられることから，建物の一部に限って成立を認めることになったといわれる。

これに対し，配偶者居住権は常に居住建物の全部について成立する（改正民法1028条1項）。また，相続開始前には居住の用に

－100－

供していなかった部分を居住の用に供することができる。例えば，居住建物の一部を店舗として使用していたり，間借人に賃貸したりしていた場合に，店舗の営業をやめたり，間借人との賃貸借が終了したりしたときは，配偶者は，全体について長期居住権を有しているのであるから，居住建物の所有者の承諾がなかったとしても，居住の目的の範囲内であれば，元々店舗として使っていた部分や，間貸しの目的となっていた部分を使用することが認められる（前掲東京司法書士会民法改正対策委員会編82頁）。

　⑥　配偶者短期居住権と配偶者居住権の共通点としては，配偶者短期居住権は，配偶者居住権と同じく，高齢化社会の進展を背景として配偶者相続人の居住権の保護を図るという制度趣旨に基づいており，その両者の間には，①無償の権利であること，②譲渡が禁止されていること，③配偶者が第一次的な建物修繕権を有すること，④通常の必要費を配偶者が負担すること，⑤配偶者の死亡又は居住建物の全部の滅失が権利の消滅事由とされていること等が共通点である（前掲東京司法書士会民法改正対策委員会編77頁）。

(5)　配偶者居住権の成立と配偶者の相続分に及ぼす影響

　配偶者居住権の成立と配偶者の相続分に及ぼす影響という点については，配偶者居住権及び配偶者短期居住権はいずれも，被相続人の配偶者が相続開始時に居住していた被相続人の建物に相続開始後も無償で居住し続けられる権利である。これは高齢化社会の進展に伴い，配偶者の生活保障の必要性が高まっていることを配慮した規定である。

— 101 —

高齢化社会が進展し，相続開始時点での配偶者等の年齢が従前よりも相対的に高くなっていることに伴い，配偶者の生活保障の必要性が高まり，子の生活保障の必要性が相対的に低下しているといわれる状況下において，配偶者の一方が死亡した場合に，他方の配偶者は，それまで居住してきた建物に引き続き居住することを希望するのが通常であり，特にその配偶者が高齢である場合には，住み慣れた居住建物を離れて新たな生活を始めることは精神的にも肉体的にも大きな負担となると考えられ，また，相続開始の時点で，配偶者が高齢のため新たに自ら生活の糧を得ることが困難である場合が多くなってきていることから，配偶者については，その居住権を保護しつつ将来の生活のために一定の財産を確保する必要性が高まっていると考えられる。このような観点から，今回の法改正で配偶者居住権及び配偶者短期居住権が創設されている。

(6)　存続期間

　①　居住建物について配偶者を含む共同相続人間で遺産の分割をすべき場合

　居住建物につき遺言で帰属が定められておらず，配偶者を含めて遺産分割が行われる場合である。この場合において，遺産分割の内容自体は合意に至っており，本来は早期に遺産分割協議が成立し得るにもかかわらず，配偶者が急な転居に対応できないこと等を理由として遺産分割を先延ばしにするような事態を生じさせるのは相当ではない。

　そこで，配偶者短期居住権の存続期間については，⑦遺産の分割により居住建物の帰属が確定した日，または⑦相続開始の

時から6か月を経過する日のいずれか遅い日までの間とし，仮に遺産分割協議が早期に成立するような場合でも，相続開始から6か月間は配偶者短期居住権は認められる。

②　前記①以外の場合，例えば，居住建物を配偶者以外の相続人に相続させる旨の遺言がなされていたり，あるいは第三者に遺贈するとの遺言がなされているような場合には，それによって居住建物の所有者となった者は，いつでも配偶者短期居住権の消滅の申入れをすることができる。配偶者短期居住権は，このような消滅の申入れがされた日から6か月が経過することで消滅する。居住建物の所有権を相続または遺贈により取得する者がいる場合，本来，配偶者は無権利者となるものの，居住建物を取得した者も基本的には無償で取得したことから，一定期間，配偶者の居住を受忍させるものである。

ちなみに，配偶者が相続放棄をした場合にも，居住建物の所有権を相続または遺贈により取得した者が配偶者短期居住権の消滅の申入れをした日から6か月を経過する日までの間，配偶者は配偶者短期居住権を有する。配偶者が相続放棄をした場合だけでなく，相続分の指定により配偶者の相続分がないとされた場合も同様である。

③　居住建物取得者による居住建物の譲渡等の場合，配偶者短期居住権については，配偶者居住権とは異なり，第三者対抗力は付与されていないため，居住建物の所有権を相続または遺贈により取得した者（居住建物取得者）が，さらに第三者に居住建物を譲渡等した場合には，配偶者は当該第三者に対し，配偶者短期居住権を対抗することができない。このような居住建

物取得者の行為は，改正民法1037条2項で定める「居住建物取得者は，第三者に対する居住建物の譲渡その他の方法により配偶者の居住建物の使用を妨げてはならない。」との規定に反するため，配偶者は譲渡を行った居住建物取得者に対し，債務不履行に基づく損害賠償を請求することができる（前掲米倉8頁）。

④　敷地所有者との関係については，相続開始前の敷地所有者が被相続人であった場合には，配偶者は，遺産分割が終了するまでの間は，当該敷地の所有権について法定相続分に応じた持分を有し，その持分に応じて，敷地の全部を使用することができると考えられる。

これに対し，相続開始前の敷地所有者が第三者であった場合には，従前から当該敷地につき借地権や地上権といった利用権が設定されていることが通常であることから，配偶者は，相続により，その居住建物の共有持分を取得することに伴い敷地利用権の共有持分も取得することになると考えられる。したがって，配偶者は，相続開始時の敷地所有者に対しては，その敷地利用権を主張することができ，また，その敷地所有者がその敷地を第三者に譲渡した場合でも，その敷地利用権について対抗要件（民法177条，借地借家法10条）が具備されているときは，譲受人からの土地明渡請求を拒むことができる（前掲米倉9頁）。

⑤　抵当権者等との関係については居住建物の抵当権者との関係では，相続開始後に設定及び登記がされた抵当権にも劣後することになるため，その抵当権が実行されれば，配偶者は買受人からの明渡請求を拒むことができない。被相続人の一般債権者が相続開始後に当該建物を差し押さえた場合も同様であ

る。

(7) 配偶者居住権の取得による配偶者短期居住権の消滅

改正民法1039条は,「配偶者が居住建物に係る配偶者居住権を取得したときは,配偶者短期居住権は,消滅する。」と規定している。

配偶者居住権は,登記請求権や第三者対抗力が認められているなど配偶者短期居住権よりも強力な居住権として構成されており,配偶者短期居住権を有する配偶者が配偶者居住権を取得した場合には,その時点から配偶者短期居住権は消滅する。

(8) 居住建物の返還

改正民法1040条1項は,「配偶者は,前条に規定する場合を除き,配偶者短期居住権が消滅したときは,居住建物の返還をしなければならない。ただし,配偶者が居住建物について共有持分を有する場合は,居住建物取得者は,配偶者短期居住権が消滅したことを理由としては,居住建物の返還を求めることができない。」と規定している。

配偶者が居住建物の共有持分を有する場合には,持分に応じて居住建物の全部を使用することができ（民法249条）,たとえ共有持分の過半数を超える者であっても,配偶者に対し当然に居住建物の明渡しを請求することができるわけではない。

最判昭和41年5月19日（民集20巻5号947頁）は,「共同相続に基づく共有者の1人であって,その持分の価格が共有物の価格の過半数に満たない者（少数持分権者）は,他の共有者の協議を経ないで当然に共有物を単独で占有する権限を有するものではないことは,原判決の説示するとおりであるが,他方,他の

すべての相続人らがその共有持分を合計すると，その価格が共有物の価格の過半数をこえるからといって（以下このような共有持分権者を「多数持分権者」という。)，共有物を現に占有する前記少数持分権者に対し，当然にその明渡しを請求することができるものではない。けだし，このような場合，右の少数持分権者は自己の持分によって，共有物を使用収益する権限を有し，これに基づいて共有物を占有するものと認められるからである。従って，この場合，多数持分権者が少数持分権者に対して共有物の明渡を求めることができるためには，その明渡を求める理由を主張し立証しなければならない。」旨判示している。

(9) 配偶者短期居住権の終了

① 配偶者短期居住権は，配偶者が死亡した場合に終了する（改正民法1041条による改正民法597条3項の準用)。

なお，配偶者の死亡により配偶者短期居住権が終了した場合には，配偶者の相続人が配偶者の義務（原状回復義務等）を相続する。

② 配偶者短期居住権は配偶者の居住建物を目的とする権利であるから，居住建物の全部が滅失その他の事由により使用することができなくなった場合にも，配偶者短期居住権は終了する（改正民法1041条による民法616条の2《賃借物の全部滅失等による賃貸借の終了》の準用)。

③ 配偶者短期居住権は，基本的には，最高裁平成8年12月17日判決（共同相続人の1人が相続開始前から被相続人の許諾を得て遺産である建物において被相続人と同居してきたときは，相続開始後も遺産分割までは，無償で使用させる旨の被相

続人の同意があったものと推認され，被相続人の地位を承継した他の相続人等が貸主となり，同居相続人を借主とする使用貸借関係が存続する）で認められた使用借権と同様の性質を有するものとして構成され，その効力については，おおむね使用貸借と同様の規律が設けられている。

使用貸借については，債権法の改正において損害賠償及び費用の償還の請求権についての期間制限が設けられており（改正民法600条），配偶者短期居住権についてもその趣旨が妥当すると考えられることから同条を準用している（改正民法1041条による600条の準用）。

その結果，配偶者が同法遵守義務に違反することで生じた損害の賠償や，配偶者が支出した費用の償還は，居住建物取得者が居住建物の返還を受けた時から1年以内に請求しなければならず，損害賠償請求権については，居住建物取得者が居住建物の返還を受けた時から1年を経過するまで間は，時効は完成しない（前掲米倉16頁）。

④　配偶者は，配偶者短期居住権を譲渡することはできない（改正民法1041条による1032条2項の準用）。

⑤　適用関係

配偶者短期居住権は，民法等改正法公布の日から起算して2年を超えない範囲内において政令で定める日以降に開始した相続について適用され，それ以前に開始した相続については適用されない（改正民法附則10条1項）。

第5 遺産分割に関する見直し等

1 概 要

(1) 配偶者保護のための方策（持戻し免除の意思表示の推定規定）

婚姻期間が20年以上である夫婦の一方（一方配偶者）が他の一方（他方配偶者）に対し，その居住の用に供する建物・その敷地の全部又は一部を遺贈・贈与したときは，被相続人の持戻し免除の意思表示があったものと推定する（改正民法903条4項）。

(2) 仮払い制度等の創設・要件明確化

① 家事事件手続法の保全処分の要件を緩和する方策

家庭裁判所は，遺産の分割の審判又は調停の申立てがあった場合において，相続財産に属する債務の弁済，相続人の生活費の支弁その他の事情により遺産に属する預貯金債権を行使する必要があるときは，他の共同相続人の利益を害しない限り，当該申立てをした者又は相手方の申立てにより，遺産に属する特定の預貯金債権の全部又は一部を仮に取得させることができる（改正家事事件手続法200条3項）。

② 家庭裁判所の判断を経ないで，預貯金の払戻しを認める方策

各共同相続人は，遺産に属する預貯金債権のうち，その相続開始の時の債権額の3分の1に当該共同相続人の法定相続分を乗じた額（ただし，預貯金債権の債務者ごとに法務省令で定める額を限度とする。）については，単独でその権利を行使する

ことができる（改正民法909条の2）。

(3) 一部分割

　共同相続人は，被相続人が遺言で禁じた場合を除き，いつでも，その協議で，遺産の全部又は一部の分割をすることができる（改正民法909条の2）。

　①　共同相続人は，被相続人が遺言で禁じた場合を除き，いつでもその協議で，遺産の全部又は一部の分割をすることができる（民法907条1項）。

　遺産の分割について，共同相続人間で協議が調わないとき，又は協議をすることができないときは，各共同相続人は，その全部又は一部の分割を家庭裁判所に請求することができる（改正民法907条2項本文）。ただし，遺産の一部を分割することにより，他の共同相続人の利益を害するおそれがある場合には，一部分割を請求することができない（改正民法907条2項ただし書き）。

　②　遺産分割は，共同相続の場合に，相続開始後一応相続人の共有となっている遺産を，相続分に応じて分割し，各相続人の単独相続にすることをいう（民法906条～914条）が，共同相続人はいつでも遺産の分割を請求することができる（民法907条1項）。民法907条1項は，「共同相続人は，次条の規定により被相続人が遺言で禁じた場合を除き，いつでも，その協議で，遺産の全部又は一部の分割をすることができる。」と規定している。

　ただし，被相続人の遺言（民法908条），共同相続人の特約（民法256条），家庭裁判所の審判（民法907条3項）によって，一定期

－109－

間，分割を禁止することができる。

③　遺産分割の方法には，①被相続人が遺言で指定し，又は第三者に指定を委託したときはそれに従う（民法908条），⑪指定がないときは共同相続人全員の協議で分割する（民法907条1項）。通常は，この遺産分割協議による場合が多いといわれている。協議の仕方には，共同相続人のみの話合いによる場合と，家庭裁判所における調停がある。⑪共同相続人の協議が調わないとき，又は協議することができないときは，家庭裁判所が分割内容を定めることになる（民法907条2項）。民法907条2項は，「遺産の分割について，共同相続人間に協議が調わないとき，又は協議をすることができないときは，各共同相続人は，その全部又は一部の分割を家庭裁判所に請求することができる。ただし，遺産の一部を分割することにより他の共同相続人の利益を害するおそれがある場合におけるその一部の分割については，この限りでない。」と規定している（大坪和敏「基礎から分かる改正相続法の実務ポイント解説」13頁，91頁）。

(4)　遺産の分割前に遺産に属する財産を処分した場合の遺産の範囲

遺産の分割前に遺産に属する財産が処分された場合であっても，共同相続人は，その全員の同意により，当該処分された財産が遺産の分割時に遺産として存在するものとみなすことができる（改正民法906条の2）。

2　持戻し免除の意思表示の推定規定

(1)　持戻し免除の意思表示の推定規定（改正民法903条4項）

高齢化の進展等の社会経済情勢の変化に伴い，配偶者の死亡

により残された他方配偶者の生活への配慮すべき必要性が高くなってきていると考えられるが，相続法の見直しという観点からは，①配偶者の生活を保障するためには，生活の拠点となる「住居」を確保することが重要であるという問題意識のもとに，配偶者居住権という新たな権利を創設するとともに，⑪配偶者の長年の貢献をより実質的に評価するために，一定の条件の下で配偶者の相続分を現行法（原則2分の1）よりも引き上げることが考えられた。

　現行法上，各相続人の相続分を算定するに当たっては，原則として，相続人に対する贈与の目的財産を相続財産とみなした上で，相続人が贈与又は遺贈によって取得した財産は特別受益に当たるものとして，当該相続人の相続分の額からその財産の価額を控除することとされている（改正民法903条1項）。同条1項は，「共同相続人中に，被相続人から，遺贈を受け，又は婚姻若しくは養子縁組のため若しくは生計の資本として贈与を受けた者があるときは，被相続人が相続開始の時において有した財産の価額にその贈与の価額を加えたものを相続財産とみなし，第900条から第902条までの規定により算定した相続分の中からその遺贈又は贈与の価額を控除した残額をもってその者の相続分とする。」と規定している。

　このような処理（持戻し計算）を行うと，配偶者の最終的な取得額は，いわゆる超過特別受益が存在する場合を除き，贈与等の有無にかかわらず変わらないが，例外的に被相続人が持戻し免除の意思表示をした場合には，持戻し計算をする必要はなくなる結果，贈与等を受けた配偶者は，最終的により多くの財

産を取得することになる（改正民法903条3項）。

　また，婚姻期間が20年を超える夫婦の一方が他方に対して居住用不動産の贈与等をする場合には，通常それまでの貢献に報いるとともに，老後の生活を保障する趣旨で行われるものと考えられ，遺産分割における配偶者の相続分を算定するに当たり，贈与等がされた居住用不動産の価額を控除して配偶者の相続分を減少させる意図は有していない場合が多いものと考えられる。したがって，このような推定規定を設けることは，一般的な被相続人の意思にも合致するものと考えられる。改正民法903条4項では，これらの点を考慮して，配偶者間の居住用不動産の贈与等が行われた場合について持戻し免除の意思表示を推定する旨の規定を設けている。すなわち，改正民法903条4項は，「婚姻期間が20年以上の夫婦の一方である被相続人が，他の一方に対し，その居住の用に供する建物又はその敷地について遺贈又は贈与をしたときは，当該被相続人は，その遺贈又は贈与について第1項の規定を適用しない旨の意思を表示したものと推定する。」と規定している（堂薗幹一郎・神吉康二「相続法改正の解説(3)」民事月報73巻12号9頁）。

(2) 相続人の具体的相続分の算定

　相続人の具体的相続分を算定する場合は，特別受益に該当する生前贈与等を相続財産に持ち戻した上で，受贈者等の相続分の額から生前贈与等の価格を控除するが，前述したように被相続人による特別受益の持戻し免除の意思表示がなされている場合には，特別受益に該当する生前贈与等を相続財産に持ち戻す必要がなくなる結果，受贈者等はより多くの財産を取得でき

第5　遺産分割に関する見直し等

る。

　そこで，配偶者保護の方策の一環として，婚姻期間が20年以上の夫婦の一方配偶者が，他方配偶者に対し，居住用不動産等を贈与等した場合には，持戻し免除の意思表示があったものと推定する旨の規律（民法903条4項）が設けられた。

　改正民法903条4項は，「婚姻期間が20年以上の夫婦の一方である被相続人が，他の一方に対し，その居住の用に供する建物又はその敷地について遺贈又は贈与をしたときは，当該被相続人は，その遺贈又は贈与について第1項の規定を適用しない旨の意思を表示したものと推定する。」と規定している。第1項の規定は「共同相続人中に，被相続人から，遺贈を受け，又は婚姻若しくは養子縁組のため若しくは生計の資本として贈与を受けた者があるときは，被相続人が相続開始の時において有した財産の価額にその贈与の価額を加えたものを相続財産とみなし，第900条から第902条までの規定により算定した相続分の中からその遺贈又は贈与の価額を控除した残額をもってその者の相続分とする。」と規定している。

(3)　改正の趣旨

　現行法の下では，夫婦の一方が他方に対して居住用不動産の贈与又は遺贈をした場合には，遺産分割においては原則として特別受益として取り扱われ，その目的不動産の価額をすでに取得したものとして具体的相続分が計算されることになるため，その分配偶者の遺産分割における取得額が減少することになる。

　もっとも，現行法の下でも改正民法903条4項の要件に該当

－113－

するような場合，すなわち婚姻期間が20年以上の夫婦の一方が他方に対してその居住用不動産の贈与等をした場合には，被相続人の意思としては，これまでの長年の貢献に報い，その老後の生活を保障する趣旨で贈与等をしたものであり，配偶者の具体的相続分を算定するに当たり，その価額を控除してこれを減少させる意図は有していない場合が多いものと考えられる。

また，現行法上，配偶者に対する贈与に対して特別な配慮をしているものとして相続税法上の贈与税の特例制度がある。これは，婚姻期間が20年以上の夫婦間で，居住用不動産の贈与が行われた場合等に，基礎控除に加え最高2,000万円の控除を認めるという税制上の特例を認めるものであるが（相続税法21条の6），この特例も，居住用不動産は夫婦の協力によって形成された場合が多く，夫婦の一方が他方にこれを贈与する場合にも，一般に贈与という認識が薄いこと，居住用不動産の贈与は配偶者の老後の生活保障を意図してされる場合が多いこと等を考慮したものであるといわれている。この制度は，配偶者の死亡により残された他方配偶者の生活について配慮するものともいえるが，民法上も，配偶者に対して行われた一定の贈与等について，贈与税の特例と同様の観点から一定の措置を講ずることは，贈与税の特例とあいまって配偶者の生活保障をより厚くするものといえる。

改正民法では，これらの点を考慮し，配偶者間の居住用不動産の贈与等が行われた場合については，持戻し免除の意思表示があったものと推定することとしている（前掲堂薗ほか「相続法改正の解説(3)」民事月報73巻12号9頁，同「相続法改正の概要(2)」NBL

第5　遺産分割に関する見直し等

1135号33頁)。

(4)　改正民法903条4項の要件

①　婚姻期間が20年以上であること

　長期間婚姻関係にある夫婦については,通常,一方配偶者が行った財産形成における他方配偶者の貢献,協力の度合いが高いものと考えられ,そのような状況にある夫婦が行った贈与等については,類型的に,当該配偶者の老後の生活保障を考慮して行われる場合が多いと言えるので,婚姻期間20年以上の夫婦による贈与等を要件としている。

②　居住用不動産である土地・建物であること

　居住用不動産の贈与等は,類型的に相手方配偶者の老後の生活保障を考慮して行われる場合が多いと考えられ,且つ老後の生活保障という観点からも重要なものであるということで,対象物は居住用不動産に限定したものと考えられる。

③　遺贈または贈与によること

　遺贈または贈与によることが必要である。贈与には死因贈与を含むと解される。

　「相続させる」旨の遺言はどうかという疑問がある。相続させる旨の遺言は,遺産分割方法の指定と解されており (最判平成3年4月19日民集45巻4号477頁),同判例は,「特定の遺産を特定の相続人に「相続させる」趣旨の遺言は,遺言書の記載から,その趣旨が遺贈であることが明らかであるか,又は遺贈と解すべき特段の事情がない限り,当該遺産を当該相続人をして単独で相続させる遺産分割の方法が指定されたものと解すべきである。」と判示し,本条 (民法908条) にいう遺産の分割の方

— 115 —

法を定めたものであるということで，一般には遺産分割方法の
指定であると解されている。そうなると「相続させる」旨の遺
言がされている場合に持戻しの免除をすることができるかどう
かということになるが，持戻しの免除ができるかどうかという
観点から考えた場合には，「相続させる」旨の遺言が遺産分割
方法の指定であると解される場合であっても遺贈と実質的に大
きな差異はないと考えられ，改正民法903条4項の適用は可能
ではないかと解される（前掲米倉43頁）。

3　一部分割

(1)　改正の趣旨

遺産分割事件を早期に解決するためには，争いのない遺産に
ついて先行して一部分割を行うことが有益な場合があり，ま
た，現在の実務上も，一定の要件の下で一部分割が許されると
する見解が一般的であるが，法文上，一部分割が許容されてい
るか否か，許容されるとしていかなる場合に一部分割をするこ
とができるかが必ずしも明確でないとの指摘もされている（前
掲堂薗ほか「相続法改正の解説(3)」民事月報73巻12号28頁）。そこで，
改正民法では，一部分割の可否及びその要件について明文の規
定を設けていること前述のとおりである。

(2)　一部分割の請求

改正民法第907条はその1項において，「共同相続人は，次条
の規定により被相続人が遺言で禁じた場合を除き，いつでも，
その協議で，遺産の全部又は一部の分割をすることができる。」
と規定し，その2項において，「遺産の分割について，共同相
続人間に協議が調わないとき，又は協議することができないと

－116－

きは，各共同相続人は，その全部又は一部の分割を家庭裁判所に請求することができる。ただし，遺産の一部を分割することにより他の共同相続人の利益を害するおそれがある場合におけるその一部の分割については，この限りではない。」と規定し，その３項においては，「前項本文の場合において特別の事由があるときは，家庭裁判所は，期間を定めて，遺産の全部又は一部について，その分割を禁ずることができる。」と規定している。

　遺産の一部の分割については，前述のごとく907条の１項，２項で成文化された。

　①　現行民法907条は，被相続人は，被相続人が遺言で禁じた場合を除き，いつでも，相続人の協議で遺産分割をすることができる旨規定しており，実務では遺産の一部でも分割することが可能であると解釈されてきたが，今回の改正により，明文でこれを規定する一方，一部分割により他の共同相続人の利益を害するおそれがある場合には，家裁は一部分割を行わないことができる旨規定している（改正民法907条２項）。

　②　遺産の分割前に遺産に属する財産が処分された場合については，改正法906条の２として成文化されている。遺産分割は，相続開始時に存在し，かつ，遺産分割時に存在する財産を相続人間で分配する手続であるため，相続開始後に一部の相続人が無断で遺産を処分すると，当該財産が遺産分割の対象となる遺産の範囲に属さないことになってしまう。勿論，この場合他の相続人は処分した相続人に対して，処分された財産額を不当利得や不法行為を理由に請求できるが，訴訟となるリスク等

が考えられるため，他の相続人があきらめてしまうというようなことも考えられ，処分した相続人が不当に利得することになりかねないといったことも考えられる。

そこで，改正民法906条の2は，相続人間の公平を図るために，遺産分割前に遺産に属する財産が処分された場合であっても，共同相続人は，その全員の同意により，当該処分された財産が遺産分割時に遺産として存在するものとみなすことができるとしている。その際に，財産を処分した相続人の同意を得る必要はないとして，実効性を高める規定を設けている。

4　遺産の分割前に遺産に属する財産を処分した場合の遺産の範囲（遺産分割前に遺産に属する財産が処分された場合の取扱い・改正民法906条の2関係）

(1)　改正の趣旨

共同相続された相続財産については，原則として遺産共有となり（改正民法898条），共有状態の解消については遺産分割の手続によることとされているが（改正民法907条），遺産分割の手続においては，改正民法903条（特別受益）および904条の2（寄与分）の規定によって算定される具体的相続分を基準として各相続人に遺産を分割することとされている。

一方，共同相続人が遺産分割前にその共有持分を処分することは禁じられていないが，現行法の下では，当該処分がされた場合に遺産分割においてどのような処理をすべきかについて明文の規定はなく，また，明確にこれに言及した判例も見当たらない。実務においては，遺産分割は遺産分割時に実際に存在する財産を共同相続人間で分配する手続であるという伝統的な考

－118－

え方に従い，共同相続人の1人が遺産分割の前に遺産の一部を処分した場合には，原則として，その処分された財産は遺産分割の対象とならず，その時点で実際に存在する残余財産を対象として遺産分割を行い，当該処分によって当該共同相続人が得た利益も遺産分割においては特段考慮しないという取扱いがされていたものと考えられる。そうすると，当該処分をした者に多額の特別受益があるような場合には，当該処分をした者の最終的な取得額が当該処分を行わなかった場合よりも多くなり，その反面，他の共同相続人の遺産分割における取得額が少なくなるという不公平が生じ得ることになる。

　そこで，改正法では，遺産分割前に遺産に属する特定の財産を共同相続人の1人が処分した場合に，処分しなかった場合と比べて利得をすることがないようにするため，遺産分割においてこれを調整することを容易にする規律を設けることとしている。

(2) 現行の実務の明文化 (改正民法906条の2第1項)

　遺産分割は，一般に，相続開始時に存在し，かつ，遺産分割時にも現に存在する財産を共同相続人間において分配する手続であるとされており，第三者が相続財産を毀損，滅失させた場合など遺産分割時に存在しない財産については，遺産分割の対象にならないものと考えられている。もっとも，判例および実務（最判昭和54年2月22日裁判集民126号129頁，高松高決平成11年1月8日家月51巻7号44頁，福岡高裁那覇支判平成13年4月26日判時1764号76頁）においては，遺産分割時には存在しない財産であっても，共同相続人の全員がこれを遺産分割の対象に含める旨の合

－119－

意をした場合には，例外的にこれを遺産分割の対象とする取扱いがされている（前掲NBL1135号38頁）。

改正民法906条の2第1項は，「遺産の分割前に遺産に属する財産が処分された場合であっても，共同相続人は，その全員の同意により，当該処分された財産が遺産の分割時に遺産として存在するものとみなすことができる。」と規定して，従来の判例や実務によって承認されてきた考え方を明文化している。

なお，同条の処分には，預貯金の払戻しのように遺産に含まれる財産を法律上消滅させる行為のほか，相続開始により遺産共有となった不動産等に係る共有持分を第三者に対して譲渡する行為，さらには遺産に含まれる動産等を現実に毀損・滅失させる行為などが含まれるものと考えられる（前掲NBL1135号38頁）。

(3) 遺産分割による調整を容易にする方策（改正民法906条の2第2項）

改正民法906条の2第1項は，「遺産の分割前に遺産に属する財産が処分された場合であっても，共同相続人は，その全員の同意により，当該処分された財産が遺産の分割時に遺産として存在するものとみなすことができる。」と規定し，その2項において，「前項の規定にかかわらず，共同相続人の1人又は数人により同項の財産が処分されたときは，当該共同相続人については，同項の同意を得ることを要しない。」と規定している。

前述したように改正民法906条の2第2項では，遺産分割前に，共同相続人の1人が他の共同相続人の同意を得ずに遺産に属する財産の処分をした場合に，処分がなかった場合と比べて

多くの利得を得るという不公平が生じないようにするため，共同相続人の1人が遺産分割前に遺産に属する財産を処分した場合には，当該共同相続人について第1項の同意を得ることを要しないこととしている。これにより，当該処分を行ったのが共同相続人の1人である場合には，遺産分割時に当該処分された財産を遺産に含めることについて他の共同相続人の同意さえあれば，これを遺産分割の対象として含めることができることになり，現行法の規律よりも，遺産分割における調整をすることが容易となっている（前掲 NBL1135号38頁）。

　なお，遺産分割前に遺産に属する財産が処分されたが，共同相続人間で，誰がその処分をしたのか争いがある場合も考えられる。このような場合，すなわち，共同相続人間において，遺産に属する財産の処分者が争われる場合には，遺産分割事件を取り扱う家庭裁判所において，遺産分割の前提問題としてその処分者について事実認定をした上で，遺産分割の審判をすることは可能である。もっとも，家庭裁判所が遺産分割の審判の中でした事実認定については既判力等の拘束力が生じないため，後にその事実認定が既判力のある確定判決等に抵触することとなった場合には，遺産分割の審判の全部または一部の効力が否定されるおそれがある。遺産分割の当事者としては，このような事態が生じないようにするため，遺産分割の前提問題として，当該処分された財産が改正民法906条の2の規律により遺産に含まれることの確認を求める民事訴訟を提起することができるものと考えられる（最判昭和61年3月13日民集40巻2号389頁）。前記最判昭和61年の最高裁判例は，「共同相続人間において特

定の財産が被相続人の遺産に属することの確認を求める訴え
は，適法である。」旨判示している。

　そして，この民事訴訟において，処分された財産が遺産に含
まれるという事実が確認され，その判決が確定した場合には，
その判断に既判力が生ずるため，遺産分割手続を行う家庭裁判
所は，その事実を前提として遺産分割の審判を行うことができ
ることになる。

⑷　全員の同意

　改正民法906条の2第1項は「遺産の分割前に遺産に属する
財産が処分された場合であっても，共同相続人は，その全員の
同意により，当該処分された財産が遺産の分割時に遺産として
存在するものとみなすことができる。」と規定し，その2項は，
「前項の規定にかかわらず，共同相続人の1人又は数人により
同項の財産が処分されたときは，当該共同相続人については，
同項の同意を得ることを要しない。」と規定している。この規
定は，遺産分割が行われる場合に，遺産分割前に遺産に属する
財産が処分された場合においても，各相続人の具体的相続分を
前提とした，公平な遺産分割が行われるようにするため設けら
れたものである。

　本条第1項は，「遺産の分割前に遺産に属する財産が処分さ
れた場合であっても，共同相続人は，その全員の同意により，
当該処分された財産が遺産の分割時に遺産として存在するもの
とみなすことができる。」としている。この場合の同意という
のは，「遺産の分割時に遺産として存在するものとみなすこ
と」，つまり処分された財産を遺産分割の対象に含めることに

－122－

ついての同意を意味している（前掲米倉61頁）。

　したがって，処分された財産が共同相続人のうち誰によって処分されたかについては，同意の対象ではなく，例えば，共同相続人Ａ，Ｂのうち，財産がＡによって処分されたのか，Ｂによって処分されたのかについては争いがあるのものの，遺産の分割時に遺産として存在するものとみなすことについてＡＢ間の同意がある場合については，共同相続人全員の同意があるものとして，処分された財産が遺産分割時に遺産として存在するとみなすことができるとされる（前掲米倉62頁）。

(5)　適用対象

　①　この改正民法906条の２は，あくまでも共同相続人の１人が他の共同相続人の同意を得ずに遺産に属する財産を処分した場合を対象としている。そのため，共同相続人の１人が遺産に含まれていた不動産を売却し，その後，共同相続人全員が代償代金（売却代金）を遺産分割の対象とする旨合意したような場合には，その合意の効果として，遺産分割の対象が当該不動産から売却代金に変更されるものであり，この906条の２に規定する同意によるものではないと解される（前掲米倉62頁）。

　②　遺産から逸出した財産はもはや遺産ではないが，遺産分割時に共同相続人全員の同意がある場合には，当該処分した財産を遺産に含めることができる。そのため，遺産分割がすでに終了している場合は含まれないということになる。また，共同相続人以外の者が遺産を処分した場合については適用がなく，したがって，相続開始後，遺産を誰が処分したか分からないといった場合は適用されず，遺産分割は残余の財産で行うことに

－123－

なると考えられる。

(6) 遺産分割前における預貯金の払戻し制度の創設等

　最大決平成28年12月19日（民集70巻8号2121頁）は，従前の判例を変更し，預貯金債権が遺産分割の対象に含まれるとの判断を示している。

　預貯金債権については，本決定前は，相続開始と同時に各共同相続人の相続分に従って当然に分割され，これにより，各共同相続人は自己に帰属した債権を単独で行使することができることとされていたが，本決定後は，遺産分割までの間に権利行使をするためには，共同相続人全員の同意を得る必要があることになった。これにより，共同相続人において被相続人が負っていた債務の弁済をする必要がある。あるいは，被相続人から扶養を受けていた共同相続人の当面の生活費を支出する必要があるなどの事情により，被相続人が有していた預貯金を遺産分割前に払い戻す必要がある場合であっても，共同相続人全員の同意を得ることができない場合には払い戻すことができないという不便，不都合が生ずることとなった。

　そこで，改正民法では，共同相続人の各種の資金需要に迅速に対応することを可能とするため，各共同相続人が，遺産分割前に，裁判所の判断を経ることなく，一定の範囲で遺産に含まれる預貯金債権を行使することができる制度を設けることとしている（改正民法909条の2）。改正民法909条の2は，「各共同相続人は，遺産に属する預貯金債権のうち相続開始の時の債権額の3分の1に第900条及び第901条の規定により算定した当該共同相続人の相続分を乗じた額（標準的な当面の必要生計費，平

均的な葬式の費用の額その他の事情を勘案して預貯金債権の債務者ごとに法務省令で定める額を限度とする。）については，単独でその権利を行使することができる。この場合において，当該権利の行使をした預貯金債権については，当該共同相続人が遺産の一部の分割によりこれを取得したものとみなす。」と規定している。

　もっとも，この制度は，遺産の分割前であるにもかかわらず，裁判所の個別的判断を経ずに当然に預貯金の払戻しを認める制度であるため，相続人間の公平な遺産分割の実現を阻害しないように，権利行使可能な範囲について一定の限度を設けている。そうすると，この制度では対応することができない資金需要については，家事事件手続法200条2項の仮分割の仮処分を活用することが考えられるが，同項では，共同相続人の急迫の危険を防止する必要があるという厳格な要件が設けられているため，前記の資金需要に柔軟に対応することは困難であると考えられる。

　そこで，改正民法では，当然の払戻し請求を認める制度に加え，預貯金債権の仮分割の仮処分については同項の要件を緩和することとし，相続開始後の資金需要に柔軟に対応できるようにしている（家事事件手続法200条3項）。

　家事事件手続法200条3項は，「前項に規定するもののほか，家庭裁判所は，遺産の分割の審判又は調停の申立てがあった場合において，相続財産に属する債務の弁済，相続人の生活費の支弁その他の事情により遺産に属する預貯金債権（民法第466条の5第1項に規定する預貯金債権をいう。以下この項におい

て同じ。）を当該申立てをした者又は相手方が行使する必要が
あると認めるときは，その申立てにより，遺産に属する特定の
預貯金債権の全部又は一部をその者に仮に取得させることがで
きる。ただし，他の共同相続人の利益を害するときは，この限
りでない。」と規定している。

第6　遺言制度に関する見直し

1　はじめに

　現行法の下では，自筆証書遺言は，その全文を自書しなけれ
ばならないものとされているが（民法968条1項），そうなると，
とりわけ高齢者等にとって遺言書の全文を自書することはかな
りの労力を伴うものであり，このような厳格な方式が遺言者の
負担となって自筆証書遺言の利用が阻害されているとの指摘が
されている。特に，遺言者が多数の不動産や預金口座等を有し
ており，それらを遺贈等の対象として遺言書に記載しようとす
る場合には，その負担は相当重くなるものと考えられる。

　他方で，現行の民法968条1項において，自筆証書遺言につ
いて全文の自書が要件とされているのは，偽造，変造を防止
し，遺言が遺言者の真意によるものであることを担保するため
であると考えられるが，遺産目録は対象財産を特定するだけの
形式的な事項であるため，この部分については，自書を要求す
る必要性が必ずしも高くないと考えられる。

　そこで，今回の改正民法では，自筆証書遺言をより使いやす
いものとすることによってその利用を促進する観点から，自筆
証書に相続財産等の目録を添付する場合には，その目録につい

－126－

ては自書を要しないこととして，自筆証書遺言の方式を緩和す
ることとしている。

　もっとも，偽造・変造を防止する観点から，遺言者は，自書
によらない目録の各頁に署名押印をしなければならないことと
している（改正民法968条2項）。

　改正民法968条は，その1項において「自筆証書によって遺
言をするには，遺言者が，その全文，日付及び氏名を自書し，
これに印を押さなければならない。」と規定し，その2項にお
いて「前項の規定にかかわらず，自筆証書にこれと一体のもの
として相続財産（第997条第1項に規定する場合における同項
に規定する権利を含む。）の全部又は一部の目録を添付する場
合には，その目録については，自書することを要しない。この
場合において，遺言者は，その目録の毎葉（自書によらない記
載がその両面にある場合にあっては，その両面）に署名し，印
を押さなければならない。」と規定している。そして，その3
項は，「自筆証書（前項の目録を含む。）中の加除その他の変更
は，遺言者が，その場所を指示し，これを変更した旨を付記し
て特にこれに署名し，かつ，その変更の場所に印を押さなけれ
ば，その効力を生じない。」と規定している。

　この968条3項は，改正前の民法968条2項と同様の規定であ
るが，自書によらない財産目録中の加除その他の変更について
も，自書部分の変更と同様の方式によらなければ，変更の効力
を生じないこととしている。

2　自筆証書遺言の方式緩和

　民法968条1項の規定（自筆証書遺言の規定）にかかわらず，

自筆証書に相続財産（遺贈の目的である権利が相続財産に属さない場合にあっては，その権利を含む）の全部又は一部の目録を添付する場合には，その目録については自書することを要しない。この場合において，遺言者は，その目録の毎葉（自書によらない記載がその両面にある場合にあっては，その両面）に署名し，印を押さなければならない（改正民法968条1項）。

このように自筆証書遺言は，「全文，日付及び氏名」をすべて自書しなければならないとされている（民法968条1項）が，高齢者等にとって全文を自書することはかなりの労力を伴うものであり，この点が自筆証書遺言の利用を妨げる要因になっているのではないかと言われていた。

特に，財産目録に記載すべき事項をすべて自書とすることは，大きな負担となると同時に誤りがあった場合には，遺言内容の加除訂正に関する厳格な方式ともあいまって遺言の有効性にも影響を及ぼす可能性がある。そこで，自筆証書遺言の方式を緩和する方策が設けられている（改正民法968条2項・3項）。

同条2項は，前述したところではあるが，「前項の規定にかかわらず，自筆証書にこれと一体のものとして相続財産（第997条第1項に規定する場合における同項に規定する権利を含む。）の全部又は一部の目録を添付する場合には，その目録については，自書することを要しない。この場合において，遺言者は，その目録の毎葉（自書によらない記載がその両面にある場合にあっては，その両面）に署名し，印を押さなければならない。」と規定し，同条3項は，「自筆証書（前項の目録を含む。）中の加除その他の変更は，遺言者が，その場所を指示し，

－128－

これを変更した旨を付記して特にこれに署名し，かつ，その変更の場所に印を押さなければ，その効力を生じない。」と規定している。

前述した改正民法968条２項は，全文自書が要求されている自筆証書遺言の方式を緩和し，例外的に，遺贈等の対象となる財産の特定に関する事項については自書でなくてもよいとするものである。「財産の特定に関する事項」には，対象財産が不動産である場合にはその地番，面積等が，対象財産が預貯金債権である場合には金融機関名，口座番号等がこれに当たる。これらの記載事項は，すべて自書することが煩雑であり，しかも，対象を特定するための形式的な事項であることから，自書でなくてもよいとされたものであると考えられる。また，財産目録に関する部分については，加除訂正についても，自筆によらない方法が認められると考えられ，捺印を求める印は印鑑登録されたものに限定されず，同一の印による捺印も求められていないと解される（前掲米倉71頁）。

なお，上記に関する改正法の適用（968条２項・３項）については，民法等改正法公布の日から起算して６か月を経過した日から施行される（民法等改正法附則１条２号）が，その施行日前にされた自筆証書遺言については，改正民法968条２項・３項の適用はないとされる（民法等改正法附則６条）。そのため，自筆によらない財産目録を用いる方法で自筆証書遺言を作成する場合には，民法等改正法公布の日から起算して６か月を経過した日以降でないと方式として有効とはならないこととなる（前掲米倉71頁）。

— 129 —

自筆証書遺言作成後に遺言書が紛失し，あるいは相続人によって隠匿，変造されるおそれがある等，自筆証書遺言をめぐるトラブルは多数存在するといわれる。

　相続人は，自己のために相続の開始があったことを知った時から３か月以内に相続を承認するか，放棄するかを決めなければならない（民法915条１項）が，相続開始後速やかに遺言の有無及び内容を確認することができなければ，その判断を適切に行うことは難しいといえる。

　また，複数の遺言書が発見された場合や，一部の相続人が遺言書の偽造または変造を主張した場合には，遺言書をめぐる深刻な紛争になりかねない。

　そこで，これらの問題が生じる一因として自筆証書遺言を確実に保管し，相続人がその存在を把握できる仕組みを確立する必要があるということで，今般，自筆証書遺言を公的に保管する制度が創設されることになった。

3　自筆証書遺言に係る遺言書の保管制度の創設

　遺言者は，法務局に，民法968条に定める方式による遺言書（無封のものに限る。）の保管を申請することができる旨の「法務局における遺言書の保管等に関する法律（全18条）」が制定された。

4　遺言者と遺言書保管官に関する事項等

　①　遺言者は，遺言書保管官（遺言書保管所である法務局に勤務する法務事務官）に対し，遺言書の保管の申請ができる。ただし，法務省令で定める様式に従って作成され，かつ封のされていない自筆証書遺言に限る。

② 上記申請は，遺言者の住所地，本籍地，または遺言者が所有する不動産の所在地のいずれかを管轄する遺言書保管所の遺言書保管官に対し，遺言者本人が自ら出頭してする必要がある。

③ 保管申請をするに当たっては，遺言書とともに，以下の事項が記載された申請書も遺言書保管官に提出しなければならない。

  ⅰ 遺言書に記載されている作成の年月日

  ⅱ 遺言者の氏名，生年月日，住所，本籍（外国人の場合は国籍）

  ⅲ 遺言書に受遺者がある場合には受遺者の氏名（名称）及び住所

  ⅳ 遺言書で遺言執行者を指定している場合はその者の氏名（名称）及び住所

  ⅴ その他法務省令で定める事項

④ 申請を受けた遺言書保管官は，遺言者の本人確認を行う。

⑤ 遺言者は，自己の遺言が保管されている遺言書保管官に対し，いつでも自ら出頭して遺言書の閲覧を請求することができる。

⑥ 遺言書は，保管日から，遺言者死亡日から政令で定める一定の期間が経過するまで，遺言書保管所の施設内において保管される。

⑦ 遺言書に関する情報の管理は，磁気ディスク等をもって調製する「遺言書保管ファイル」で行われる。この遺言書保管

ファイルには，以下の事項が記録される。

  ⅰ 遺言書の画像情報

  ⅱ 遺言書に記載されている作成の年月日

  ⅲ 遺言者の氏名，生年月日，住所，本籍（外国人の場合
  は国籍）

  ⅳ 遺言書に受遺者がある場合には受遺者の氏名（名称）
  及び住所

  ⅴ 遺言書で遺言執行者を指定している場合はその者の氏
  名（名称）及び住所

  ⅵ 遺言の保管を開始した年月日

  ⅶ 遺言書が保管されている遺言書保管所の名称及び保管
  番号

この遺言書保管ファイルも，調製時から，遺言者死亡日から政令で定める一定の期間が経過するまで保管される。

遺言者は，遺言書の保管を申請した後，いつでも，その保管されている遺言書保管所に自ら出頭して，その申請を撤回することができる。遺言者が撤回を行ったときは，遺言書保管官は，遺言書を遺言者に返還するとともに，遺言書保管ファイルを消去する。

5 関係相続人等に関する事項について

(1) 関係相続人等

遺言者の相続人，遺言書に受遺者として記載がある者，遺言書で遺言執行者に指定された者等を「関係相続人等」といい，この関係相続人等は，遺言者が死亡した後は，遺言書保管ファイルに記録されている事項を証明した書面（遺言書情報証明

書）の交付を請求することができる。

この交付請求は，遺言書が現に保管されている遺言書保管所以外の遺言書保管所の遺言書保管官に対しても行うことができる。

(2) 遺言書の閲覧請求

関係相続人等は，遺言書が保管されている遺言書保管官に対して，遺言書の閲覧を請求できる。

(3) 遺言書情報証明書

遺言書保管官は，関係相続人等に対し，遺言書情報証明書を交付し，または遺言書の閲覧がなされたときは，速やかに，当該遺言書を保管している旨を遺言者の相続人，受遺者，遺言執行者に対して通知する。ただし，すでに保管されていることを知っているこれらの者に対する通知は不要である。

(4) 遺言書保管事実証明書

自己が関係相続人等に該当するかどうかは，当該本人にとって必ずしも明らかでないため（遺言で受遺者，遺言執行者とされている場合など），誰でも，最寄りの遺言書保管所の遺言書保管官に対し，その有無の確認を求めることができ，該当する場合には，遺言書に記載されている作成の年月日，遺言書が保管されている遺言書保管所の名称，及び保管番号が記載された書面（遺言書保管事実証明書）の交付を申請することができる。

(5) 遺言書情報証明書の交付請求

遺言書の返還及び閲覧を認めることにより遺言者の保護は十分である等の理由から，遺言者には，遺言書の閲覧請求と遺言

書保管申請の撤回による遺言書の返還のみが認められ，遺言者が，遺言書保管ファイルに記録されている事項を証明した書面（遺言書情報証明書）の交付請求を行うことは認められていない。

(6) 遺言書情報の取扱い

関係相続人等に対しては，遺言者が死亡した後であっても，遺言書の交付が行われることはなく，遺言書自体は一定期間が経過するまで遺言書保管所の施設内において保管される。そのため，相続人や遺言執行者が遺言に基づいて登記等をすることができるよう，遺言書の情報を提供する仕組みが設けられるものと考えられる。

(7) 検 認

現在，家庭裁判所による検認手続が行われているのは，遺言の現状の記録，発見時の状況や保管状況の聴取，相続人への通知が中心であるが，この保管制度の対象となる遺言については，これらの機能がすべてカバーされると考えられる。そのため，検認手続は，遺言所に保管される遺言書については行う必要がないということになる。

なお，この保管制度を利用しない自筆証書遺言を作成することも可能であり，また，公正証書遺言を，この保管制度を利用した自筆証書遺言で撤回することも可能であると考えられる。

(8) 外国語で作成された自筆証書遺言

外国語で作成された遺言書については，遺言書の内容を遺言書保管官が判断できない場合があるとしても，遺言書保管官は保管に係る遺言書が民法968条の方式で作成された遺言である

かどうかを確認することができれば、その他の適法性・有効性まで確認すべき義務を負わないと考えられ、日本語で書かれた申請書によって、保管を申し出ている書面が日本法に基づく遺言であることが確認でき、かつ、遺言者や通知すべき相続人等を把握することができる場合であれば、必ずしも外国語による遺言を遺言書保管制度の対象から除外する必要はないと考えられる（前掲米倉82頁）。

なお、自筆証書遺言にかかる遺言書の保管制度については、法務局における遺言書の保管等に関する法律の公布の日から起算して2年を超えない範囲内において政令で定める日から施行される（法務局における遺言書の保管等に関する法律附則）。

第7　遺贈の担保責任

1　はじめに

現行法では、遺贈の担保責任について、特定物と不特定物とを区別した上でそれぞれ異なる規律を設けている。すなわち、民法998条は、不特定物の遺贈義務者の担保責任として、その1項において、「不特定物を遺贈の目的とした場合において、受遺者がこれにつき第三者から追奪を受けたときは、遺贈義務者は、これに対して、売主と同じく、担保の責任を負う。」と規定し、その2項において、「不特定物を遺贈の目的とした場合において、物に瑕疵があったときは、遺贈義務者は、瑕疵のない物をもってこれに代えなければならない。」と規定し、民法1000条は、第三者の権利の目的である財産の遺贈について「遺贈の目的である物又は権利が遺言者の死亡の時において第

— 135 —

三者の権利の目的であるときは，受遺者は，遺贈義務者に対しその権利を消滅させるべき旨を請求することができない。ただし，遺言者がその遺言に反対の意思を表示したときは，この限りでない。」と規定していたが，平成29年5月に成立した民法の一部を改正する法律（平成29年法律第44号。いわゆる債権法改正）では，贈与の担保責任に関する規律の見直しが行われ，贈与者は，特定物と不特定物とを問わず，契約内容に適合する物または権利を引き渡し，または移転する義務を負うことを前提とした上で，その無償性に鑑み，贈与の目的として特定した時の状態で引き渡し，または移転することを約したものと推定するとの規定が設けられた（改正民法551条1項）。改正民法551条1項は，「贈与者は，贈与の目的である物又は権利を，贈与の目的として特定した時の状態で引き渡し，又は移転することを約したものと推定する。」と規定している。

　改正法では，贈与と同じく無償行為である遺贈についても，贈与に関する規定の内容を踏まえ，「遺贈義務者は，遺贈の目的である物または権利を，相続開始の時（その後に当該物または権利について遺贈の目的として特定した場合にあっては，その特定した時）の状態で引き渡し，または移転する義務を負う。」としている（改正民法998条本文。改正前の民法1000条は削除）。

　なお，998条ただし書では，「遺言者がその遺言に別段の意思を表示したときは」，同条本文の規定を適用しないこととしている。贈与の場合とは異なり，別段の意思を表示する方法を遺言に限定したのは，遺贈の場合には，その効力が生ずる時点ではすでに遺言者が死亡していることから，死者の意思をめぐる

－136－

第7　遺贈の担保責任

紛争を可及的に防止するためである。

2　遺贈義務者

遺贈義務者は，遺贈の物若しくは権利を，相続が開始した時（その後に遺贈の目的である物又は権利を特定すべきであった場合にあっては，その特定の時）の状態で，引き渡し，または移転する義務を負う。ただし，遺言者がその遺言に別段の意思を表示したときは，その意思に従う（改正民法998条）。

旧民法998条は，不特定物を遺贈の対象とした場合において，それが相続財産に属しない場合の遺贈義務者の担保責任を定めている。しかし，相続財産に属しない財産の遺贈は不特定物に限られるものではなく特定物の場合もあること，また債権法改正により，売買等において特定物か，不特定物かを区別することなく追完請求等ができるとされたこと等に鑑み，不特定物であるか，特定物であるかにかかわらず，遺贈義務者の引渡義務に関する規律を設けている（前掲米倉83頁）。

つまり，債権法改正における贈与の引渡義務に関する民法551条に関する規定を参照し遺贈の無償性を考慮して，遺贈の目的となる物または権利については，遺贈義務者は，原則としてその物または権利を相続開始の時（その後に当該物または権利について遺贈の目的として特定した場合）にあっては，その特定した時の状態で引き渡し，または移転する義務を負うこととしている。

改正民法551条1項は，「贈与者の担保責任」と規定していた改正前の民法551条1項を全面的に改正し贈与契約の贈与者の負う引渡義務の内容を推定する規定（いわゆる意思推定の規

－137－

定）を置いている。

改正民法551条1項は,「贈与者は,贈与の目的である物又は権利を,贈与の目的として特定した時の状態で引き渡し,又は移転することを約したものと推定する。」と規定し,贈与者の担保責任の法的性格を契約責任であると理解した上で,贈与の無償性に鑑み,贈与者が「贈与の目的として特定した時の状態で引き渡し,または移転したことを約したものと推定する。」として,債務内容確定のための解釈準則（いわゆる意思推定）を規定するものである。改正民法551条1項は,いわゆる意思推定の規定であるから,約定等により当事者の合意内容が明確な場合には本条項による推定は覆される（佐藤久文「贈与,死因贈与と相続」〔鎌野邦樹（論点解説）「民法（債権法）改正と不動産取引の実務」368頁〕）。

3 相続財産に属しない財産の遺贈

相続財産に属しない財産の遺贈（他人物遺贈）がされた場合には,特定物・不特定物を問わず原則として無効である（民法996条本文）が,例外的にその権利が相続財産に属するかどうかにかかわらず,これを遺贈の目的としたときは有効となり（民法996条ただし書）,遺贈義務者はその権利を取得して,受遺者に移転する義務を負うことになる（改正民法997条1項）。

そして,遺贈義務者は,遺贈の目的である物又は権利を,相続開始の時（その後に当該物又は権利について遺贈の目的として特定した場合にあっては,その特定した時）の状態で引き渡し又は移転する義務を負う。ただし,遺言者がその遺言に別段の意思を表示したときは,その意思に従う（改正民法998条）と

している。

つまり，民法996条，997条1項は，遺贈義務者の取得義務を定めたものであり，998条は，遺贈義務者の引渡義務（現状のまま引き渡せば足りるのか，それとも物の瑕疵について追完義務を負うのか）について定めている。

4　適用関係

民法998条（遺贈義務者の引渡義務）は，民法の一部を改正する法律（債権法改正）の施行日とともに施行される（民法等改正法附則第1条3項）が，同施行日前になされた遺贈に係る遺贈義務者の引渡義務については旧民法が適用されることになる（民法等改正附則7条1項）。また，削除される民法1000条（遺贈の目的である物又は権利が遺言者の死亡の時において第三者の権利の目的であるときは，受遺者は遺贈義務者に対してその権利を消滅させるべき旨を請求することはできない。ただし，遺言者がその遺言に反対の意思を表示したときは，この限りでない。）の規定は，第3号施行日前にされた第三者の権利の目的である財産の遺贈については，なおその効力を有する。

5　撤回された遺言の効力

改正民法1025条は，「前三条の規定により撤回された遺言は，その撤回の行為が，撤回され，取り消され，又は効力を生じなくなるに至ったときであっても，その効力を回復しない。ただし，その行為が錯誤，詐欺又は強迫による場合は，この限りでない。」と規定している。

つまり，①遺言がなされ，ⅱその後にその遺言を撤回してしまえば，たとえ，ⅲその撤回自体を撤回したり，取り消したり

－139－

したとしても，①の遺言の効力は復活しないと定めている。た
だし，撤回が錯誤，詐欺，強迫によってなされた場合には，遺
言者の真意に基づいてなされたものではないことになるので，
遺言の効力は復活することになる（前掲米倉86頁）。

　原遺言を遺言で撤回した遺言者が，さらに右撤回遺言を遺言
で撤回した場合，遺言書の記載に照らし遺言者の意思が原遺言
の復活を希望することが明らかなときは，本条（改正民法1025
条）ただし書の法意に鑑み，原遺言の効力の復活を認めている
（最判平成9年11月13日民集51巻10号4144頁）。

6　遺贈義務者の引渡義務

　遺贈義務者は，遺贈の物若しくは権利を，相続が開始した時
（その後に遺贈の目的である物又は権利を特定すべき場合にあ
っては，その特定の時）の状態で，引渡し，又は移転する義務
を負う。ただし，遺言者がその遺言に別段の意思を表示したと
きは，その意志に従う（改正民法998条）。

　旧民法998条は，不特定物を遺贈の対象とした場合において，
それが相続財産に属しない場合の遺贈義務者の担保責任を定め
ていたが，相続財産に属しない財産の遺贈は不特定物に限られ
るものではなく特定物の場合もあり，債権法改正により売買等
において特定物，不特定物を区別することなく追完請求等がで
きるとされたこと等も考慮し，不特定物，特定物であるかどう
かにかかわらず，遺贈義務者の引渡義務に関する規律を設けて
いる。

　すなわち，改正民法998条は，「遺贈義務者は，遺贈の目的で
ある物又は権利を，相続開始の時（その後に当該物又は権利に

－140－

ついて遺贈の目的として特定した場合にあっては，その特定した時）の状態で引き渡し，又は移転する義務を負う。ただし，遺言者がその遺言に別段の意思を表示したときは，その意思に従う。」と規定している。したがって，遺言者が遺言において，これと異なる意思を表示していた場合は，遺贈義務者はその意思に従って履行すべき義務を負うということになる。贈与の場合については，民法551条において，「贈与者は，贈与の目的である物又は権利を，贈与の目的として特定した時の状態で引き渡し，又は移転することを約したものと推定する。」と規定しており，遺贈の無償性を考慮して，遺贈の目的となる物または権利については，遺贈義務者は，原則として，その物または権利を相続開始の時（その後に当該物または権利について遺贈の目的として特定した場合にあっては，その特定した時）の状態で引き渡し，または移転する義務を負うこととしている。もっともこのことは，あくまでも遺言者の通常の意思を前提としているので，遺言において，遺言者がこれと異なる意思を表示していた場合には，遺贈義務者はその意思に従った履行をすべき義務を負う。このことは，遺贈の目的となる物が特定物であるか不適物であるかにかかわらず適用される。

第8　遺言執行者の権限の明確化等

1　改正の趣旨

現行法の下では，遺言執行者の権利義務等に関する一般的・抽象的な規定はあるものの（改正前の民法1012条1項は「遺言執行者は，相続財産の管理その他遺言の執行に必要な一切の行

－141－

為をする権利義務を有する。」と規定している。），遺言執行者は誰の利益のために職務を遂行すべきであるかといった点や，たとえば，いわゆる相続させる旨の遺言（特定財産承継遺言）や遺贈がされた場合に遺言執行者が具体的にどのような権限を有するかといった点など，規定上必ずしも明確でない部分が多く，判例等によってその規律の明確化が図られてきた。

　近年，遺言の件数が増加しており，改正民法でも遺言の利用の促進を目的とする見直しをしているが，遺言を円滑に執行し，相続をめぐる紛争をできる限り防止するためには，遺言執行者の果たす役割がさらに重要になるものと考えられる。

　そこで，改正法では，遺言執行者の権限の内容をめぐる紛争をできる限り防止し，円滑な遺言の執行を促進する観点から，その法的地位を明確にするとともに，遺言執行者の権限と遺贈の履行義務との関係や相続させる旨の遺言がされた場合の具体的な権限の内容について新たな規定を設け，さらには，遺言執行者の復任権に関する規律の見直しをしている。

　　①　遺言執行者の一般的な権限等

　遺言執行者は，遺言の内容を実現するために，相続財産の管理その他遺言の執行に必要な一切の行為をする権利義務を有する（改正民法1012条1項）。

　　②　個別の類型における権限の内容

　　　①　遺贈がされた場合

　遺言執行者がある場合には，遺贈の履行は，遺言執行者のみが行うことができる（改正民法1012条2項）。

第8　遺言執行者の権限の明確化等

　　ⅱ　特定財産承継遺言がされた場合

　遺言者が特定財産承継遺言（例えば，特定の不動産を特定の相続人に相続させる旨の遺言）をした場合において，遺言執行者があるときは，遺言執行者は，その相続人が対抗要件を備えるために必要な行為をする権限を有する（改正民法1014条2項）。

　　③　遺言執行者の復任権

　遺言執行者は，自己の責任で第三者にその任務を行わせることができる。ただし，遺言者がその遺言に別段の意思表示をしたときは，その意思に従う（改正民法1016条1項）。

2　改正民法と遺言執行者の権限

　遺言の場合には，遺言の効力が生じた場合に，遺言者本人が死亡しているという問題がある。

　遺言は，遺言の執行という問題があるが，一般の法律行為と同様，遺言もまたその内容通りの効力が生ずるのが原則である。したがって，遺言はその内容通りに履行されなければならない。しかし，遺言の場合には，その遺言が効力を生じた時には遺言者本人が死亡している，つまり遺言者の死亡によって効力が生ずるという問題がある。

　そうなるとまず第一に，遺言が効力を生じた時には，その存否自体が必ずしも公になっていないという問題があり，また同時に，内容に改変が加えられないように常に注意する必要がある。

　第二に，遺言によって義務を負うのは，遺言をした本人ではないという事情である。遺言者の死亡後，遺言に従う義務を負うのは相続人であるのが原則である。しかし，遺言をした本人

－143－

でない相続人は遺言執行に協力的であるとは限らない。そこ
で，遺言者は，遺言執行の実効性を確保するために，遺言執行
者を指定する，あるいは指定を誰かに任せるということができ
る（民法1006条１項）。遺言執行者は財産目録を作成し（民法1011
条１項），相続財産の管理をはじめとして遺言執行に必要な行為
をする権限を有する（改正民法1012条）。改正民法1012条１項は，
「遺言執行者は，遺言の内容を実現するため，相続財産の管理
その他遺言の執行に必要な一切の行為をする権利義務を有す
る。」と規定している。その結果，相続人は相続財産の処分な
ど遺言執行を妨げるべき行為をすることができない（民法1013
条）ということになる。判例も「遺言者の意思を尊重すべく，
遺言執行者をして遺言の公正な実現を図らせるという民法1013
条の趣旨からすると，相続人が同条の規定に違反して，第三者
のために，遺贈の目的たる不動産に抵当権を設定してその登記
をしたとしても，相続人によるその処分行為は無効であり，受
遺者は，遺贈による目的不動産の所有権取得を，登記なくし
て，右処分行為の相手方たる第三者に対抗することができる。
同条にいう「遺言執行者がある場合」とは，遺言執行者として
指定された者が就職を承諾する前を含む。」旨判示している
（最判昭和62年４月23日民集41巻３号474頁）。このように，相続財
産の管理権限は必要な限度において，相続人から遺言執行者に
移される。

3　遺言の執行

遺言には遺言執行という独特の問題があるが，一般の法律行
為と同様，遺言もまたその内容通りに履行しなければならな

－144－

い。ただ，遺言の場合，その効力が生じた時には遺言者本人が死亡しているという事情がある。

第一に，遺言はその存否自体が必ずしも公になっていない。また，内容に改変が加えられないように常に留意する必要がある。そこで，相続が開始した場合には遅滞なく，遺言書（公正証書による遺言《民法1004条2項》，遺言書保管所に保管されている遺言書《「法務局における遺言書の保管等に関する法律」平成30年法律第73号平成30年7月6日成立同月13日公布・同法11条》は除く。）は家庭裁判所に提出し，検認を受けなければならない（民法1004条1項）。

第二は，遺言によって義務を負うのは遺言をした本人ではないということである。遺言者の死亡後，遺言に従う義務を負うのは相続人であるのが原則である。しかし，遺言をした本人でない相続人は遺言執行に協力的であるとは限らない。そこで，遺言者は，遺言執行の実効性を確保するために，遺言執行者を指定することができる。民法1006条1項は，「遺言者は，遺言で，1人又は数人の遺言執行者を指定し，又はその指定を第三者に委託することができる。」と規定している。そして，遺言執行者は，財産目録を作成し（民法1011条），遺言の内容を実現するため，相続財産の管理その他遺言の執行に必要な一切の行為をする権利義務を有する（改正民法1012条1項）。その結果，相続人は相続財産の処分など遺言執行を妨げる行為をすることができなくなる（改正民法1013条1項）。このように，相続財産の管理権限は必要な限度において，相続人から遺言執行者に移される。そうなると，被相続人は遺言執行者を選任しておくことに

よって，遺産の管理権を相続人から剥奪することができることになる（新基本民法相続編・大村敦志133頁）。

4　遺言執行者の権限とその役割

　遺言執行者は遺言を執行することを職務とする（改正民法1012条）。前述のごとく，改正民法1012条１項は，「遺言執行者は，遺言の内容を実現するため，相続財産の管理その他遺言の執行に必要な一切の行為をする権利義務を有する。」と規定し，その２項は，「遺言執行者がある場合には，遺贈の履行は，遺言執行者のみが行うことができる。」と規定している。すなわち，遺言の執行は，予め定められた遺言内容の実現のために必要な行為をすることになり，通常想定されるのは，財産の引渡しなどである。ところが次の判例は，遺言執行者により大きな権限を与えている。

　最判平成５年１月19日（民集47巻１号１頁）は，被相続人が，「全部を公共に寄与する」という遺言を残し，遺言執行者をＸと指定した。ところが，法定相続人Ｙらが遺産に属する不動産につき相続を原因とする登記をしたので，遺言執行者Ｘは当該登記の抹消を請求した。最高裁は，本件遺言は遺言執行者Ｘに受遺者の特定を委ねる趣旨を含むとしてこれを有効とし，Ｘの請求を認容した原審の判断を肯定した。これによって，遺言執行者に大きな権限を付与することが可能となったといわれる（前掲大村134頁）。

5　相続人による処分の効果

　遺贈に遺言執行者がある場合における相続人の処分の効果はどうなるか。例えば被相続人が相続財産を遺贈し，遺言執行者

も定めていたが，被相続人の死亡後に相続人の1人が相続財産である不動産の持分に根抵当権を設定し，その根抵当権に基づく担保権の実行がされた場合，受遺者がその担保権実行手続を止めることができるか否かが問題となる。

改正民法1013条1項は，「遺言執行者がある場合には，相続人は，相続財産の処分その他遺言の執行を妨げるべき行為をすることができない。」と規定し，その2項は，「前項の規定に違反してした行為は，無効とする。ただし，これをもって善意の第三者に対抗することができない。」と規定しており，根抵当権設定行為は無効であると解される。

ただ，前述のごとく，相続法の改正によって善意の第三者には対抗できないので，改正相続法施行後に根抵当権が設定された場合で，根抵当権者が善意であった場合には，担保権実行手続を止めることはできないということになる（平田厚「相続財産をめぐる第三者対抗要件」160頁）。

6 「相続させる」旨の遺言と遺言執行者の権限

今回の相続法改正によって，「相続させる」旨の遺言について，「遺産の分割の方法の指定として遺産に属する特定の財産を共同相続人の1人または数人に承継させる旨の遺言」について，「特定財産承継遺言」と呼び，これについては遺言執行者が対抗要件に必要な行為をすることができるとする明文規定を設けている（民法1014条2項）。

民法1014条2項は，「遺産の分割の方法の指定として遺産に属する特定の財産を共同相続人の1人又は数人に承継させる旨の遺言（以下「特定財産承継遺言」という。）があったときは，

— 147 —

遺言執行者は，当該共同相続人が第899条の２第１項に規定する対抗要件を備えるために必要な行為をすることができる。」と規定している。

　「相続させる」旨の遺言がなされた場合の遺言執行者の権限については，従来から難しい問題が生じていた。つまり，「相続させる」旨の遺言が物権的な直接効果を持っているとするとこの遺言による権利取得者は，登記なくして第三者に対抗し得ることになるため（最判平成14年６月10日家月55巻１号77頁），遺言執行者は登記手続に関与すべき権利も義務もないということになりかねない（最判平成７年１月24日判時1523号81頁，最判平成10年２月27日民集52巻１号299頁）。平成７年１月24日の判例は，「「相続させる」旨の遺言により不動産を得た者は単独で所有権移転登記手続をすることができ，遺言執行者はその登記手続をする義務を負わない。」と判示し，平成10年２月27日の判例は，「「相続させる」旨の遺言の対象となる不動産についての賃借権確認請求の被告適格は，遺言に遺言執行者の職務とする旨の記載があるなど特段の事情のない限り，遺言執行者ではなく，遺言によって当該不動産を相続した相続人である。」と判示している。

　また，不実の登記名義が経由されているような場合には，遺言執行者は，無権利の相続人等に対する抹消登記手続請求や真正な登記名義の回復のための移転登記手続請求をすることもできると解されていた（最判平成11年12月16日判時1702号61頁）。最判平成11年の同判例は，「「相続させる」旨の遺言に基づく登記がされる前に，他の相続人が自己名義の登記をした場合は，遺言

－148－

執行者は遺言を実現するために抹消登記と所有権移転登記を求めることができる。」旨判示している。

　今回の相続法改正では，「相続させる」旨の遺言の物権的効果を立法によって否定することになると解され，遺言執行者の一般的な権限について，改正民法1012条は，遺言執行者の権利義務につき，その1項において，「遺言執行者は，遺言の内容を実現するため，相続財産の管理その他遺言の執行に必要な一切の行為をする権利義務を有する。」と規定し，その2項において，「遺言執行者がある場合には，遺贈の履行は，遺言執行者のみが行うことができる。」と規定している。また改正民法1015条においては，遺言執行者の行為の効果につき，「遺言執行者がその権限内において遺言執行者であることを示してした行為は，相続人に対して直接にその効力を生ずる。」と規定しいてる。

　また遺言執行権限については，特定遺贈がされた場合の遺贈履行権限，特定財産承継遺言がされた場合の対抗要件具備行為権限等があることを明確にしている。改正民法1014条2項は，「遺産の分割の方法の指定として遺産に属する特定の財産を共同相続人の1人又は数人に承継させる旨の遺言（以下「特定財産承継遺言」という。）があったときは，遺言執行者は，当該共同相続人が第899条の2第1項に規定する対抗要件を備えるために必要な行為をすることができる。」と規定し，特定遺贈がされた場合の遺贈履行権限の独占，特定財産承継遺言がされた場合の対抗要件具備行為権限等があることを明確にしている。

－149－

なお，遺言執行者の復任権についても民法1016条に規定があり，同条1項は，「遺言執行者は，自己の責任で第三者にその任務を行わせることができる。ただし，遺言者がその遺言に別段の意思を表示したときは，その意思に従う。」と規定している（平田厚「Q＆A　相続財産をめぐる第三者対抗要件」185頁等）。

7　特定財産承継遺言と遺言執行者の対抗要件具備の権限

　現行法の下で特定の相続人に不動産を「相続させる」旨の遺言がされた場合について，判例は，不動産取引における登記の重要性に鑑みると，「相続させる」旨の遺言による権利移転について対抗要件を必要とすると解するか否かを問わず，当該不動産の所有権移転登記を取得させることは遺言執行者の職務権限に属するとした上で，「相続させる」旨の遺言については，不動産登記法上，権利を承継した相続人が単独で登記申請することができるとされていることから，当該不動産が被相続人名義である限りは，遺言執行者の職務権限は顕在化せず，遺言執行者は登記手続をすべき権利も義務も有しないと判示していた（最判平成11年12月16日民集53巻9号1989頁）。

　「相続させる」旨の遺言がされた場合には，登記実務上，不動産登記法63条2項に基づき，受益相続人が単独で相続登記をすることができるため，従来は，この登記実務の取扱いを根拠に，「相続させる」旨の遺言についてはおよそ遺言執行の余地がなく，ひいては遺言執行者の指定も無効であるとの見解も有力に主張されていた。

　しかし，最高裁判所判例解説（平成11年度1009頁）によれば，この判決は，上記のような考え方は採らず，民法の解釈として

－150－

は，受益相続人に当該不動産の所有権移転登記を取得させることが，改正前の民法1012条1項所定の「遺言の執行に必要な行為」に当たり，遺言執行者の本来的な職務権限に含まれるものと判断したと解されている。その意味では，改正民法1014条2項は，この判例を明文化したものということができる。

また，改正民法899条の2では，特定財産承継遺言がされた場合についても，取引の安全等を図る観点から，遺贈や遺産分割と同様に対抗要件主義を導入し，法定相続分を超える権利の承継については，対抗要件を具備しなければ第三者に権利の取得を対抗することができないとしており，遺言執行者において，遺言の内容を実現するためにも，速やかに対抗要件を具備する必要性が高まったといえる。また，対抗要件の具備を遺言執行者の権限とすることにより，相続登記の促進を図る効果も期待される。

そこで，改正民法1014条2項では，特定財産承継遺言がされた場合について，遺言執行者は，原則として，その遺言によって財産を承継する受益相続人のために対抗要件を具備する権限を有することを明確にしている。

この改正に伴い，不動産登記の実務も変更され，不動産を目的とする特定財産承継遺言がされた場合には，遺言執行者は，単独で，相続による権利の移転の登記を申請することができるようになるものと考えられる。なお，受益相続人が対抗要件である登記を備えることは，改正民法1013条1項の「その他遺言の執行を妨げる行為」には該当しないことから，改正法の下でも，受益相続人が単独で相続による権利の移転の登記を申請す

ることはできると考えられる（前掲堂薗ほか民事月報74巻2号25頁）。

8 相続法の改正と遺言執行の妨害

(1) 遺言執行妨害行為とその効力

改正民法1013条は，その1項において，「遺言執行者がある場合には，相続人は，相続財産の処分その他遺言の執行を妨げるべき行為をすることができない。」と規定し，その2項は，「前項の規定に違反してした行為は，無効とする。ただし，これをもって善意の第三者に対抗することができない。」と規定している。そして，その3項は，「前2項の規定は，相続人の債権者（相続債権者を含む。）が相続財産についてその権利を行使することを妨げない。」と規定している。今回の相続法改正では，民法1013条1項の相続人の遺言執行妨害行為の効果を無効とすることを維持する旨の民法1013条2項を新設するとともに，同項に善意の第三者には対抗できないとするただし書きを新設することによって，相続人の利益と取引の安全とを調整している。

(2) 遺贈に遺言執行者がある場合と相続人の処分

遺贈に遺言執行者が定められている場合に，遺言の効力発生後，相続人の処分がなされたときは，判例は，その効果は絶対的無効と解し，受遺者は登記なくしてその無効の効果を主張するすることができるとしていた（最判昭和62年4月23日民集41巻3号474頁）。昭和62年の最高裁判例は，「遺言執行者がある場合に相続人が遺贈の目的物に抵当権を設定し登記をしたとしても，その抵当権設定行為は無効であり，受遺者は登記なくして抵当

－152－

権者に所有権を対抗できる。」旨判示している。

　そこで，今回の相続法改正では，前述のごとく，民法1013条
１項の相続人の遺言執行妨害行為の効果は無効とすることを維
持する旨の民法1013条２項を新設するとともに，同項に善意の
第三者には対抗できないとするただし書きを新設することによ
って，相続人の利益と取引の安全とを調整することとしてい
る。

　そして，これに加えて，民法1013条３項も新設され，遺言執
行妨害行為は相続人の任意の処分行為を指しているのであっ
て，被相続人の債権者（相続債権者）や相続人の債権者が強制
執行手続等の権利を行使することを妨げるものではないことの
確認規定を設けている（前掲平田166頁）。

第9　遺留分制度に関する見直し

1　遺留分減殺請求権の効力及び法的性質の見直し

(1)　遺留分侵害額請求権の行使と金銭債権化（現物返還原則から金銭債権への一本化）

　遺留分権利者及びその承継人は，受遺者（特定財産承継遺言
により財産を承継し又は相続分の指定を受けた相続人を含む。）
又は受贈者に対し，遺留分侵害額に相当する金銭の支払を請求
することができる（改正民法1046条１項）。

　現行法の下では，遺留分減殺請求権を行使することにより当
然に物権的効果が生ずることとされているため，遺留分減殺請
求の結果，遺贈または贈与の目的財産は受遺者または受贈者と
遺留分権利者との共有になることが多いが，このような帰結

－153－

は，円滑な事業承継を困難にするものであり，また，共有関係の解消をめぐって新たな紛争を生じさせることになるとの指摘がされていた。たとえば，被相続人が特定の相続人に家業を継がせるため，株式や店舗等の事業用の財産の遺贈等をしても，遺留分減殺請求により株式や事業用の財産が他の相続人との共有となる結果これらの財産の処分が困難になるなど，事業継承後の経営の支障になる場合があるとの指摘がされることがある。

また，明治民法が採用していた家督相続制度の下では，遺留分制度は家産の維持を目的とする制度であり，家督を相続する遺留分権利者に遺贈または贈与の目的財産の所有権等を帰属させる必要があったため，物権的効果を認める必要性が高かったが，現行の遺留分制度は，遺留分権利者の生活保障や遺産の形成に貢献した遺留分権利者の潜在的持分の清算等を目的とする制度になっており，その目的を達成するためには，必ずしも物権的効果まで認める必要性はなく，遺留分権利者に遺留分侵害額に相当する価値を返還させることで十分ではないかとの指摘もされていた。

改正民法においては，これらの点を考慮して，遺留分に関する権利行使により生ずる権利を金銭債権化することとしている。

(2) 受遺者または受贈者の負担額

受遺者又は受贈者の遺留分侵害額の請求に係る債務は，①遺贈と贈与があるときは，受遺者が先に負担する，②遺贈が複数あるとき，又は同時期の贈与があるときは，遺言者が遺言に別

段の意思表示をした場合を除き，その目的価額の割合に応じて負担する，③贈与が複数あるときは，後の贈与を受けた者から順次前の贈与を受けた者が負担する（改正民法1047条１項）。

なお，目的の価額の意義につき，最判平成10年２月26日（民集52巻１号274頁）は，「相続人に対する遺贈が遺留分減殺の対象となる場合においては，遺贈の目的の価額のうち受遺者の遺留分額を超える部分のみが本条（平成30年法律72号による削除前の1034条）にいう目的の価額に当たる」と判示している。

2　遺留分の算定方法の見直し

(1)　改正の趣旨

遺留分制度は，兄弟姉妹以外の相続人について，その生活保障を図るなどの観点から，被相続人の意思にかかわらず被相続人の財産から最低限度の取り分を確保する制度であり，遺留分とは，その相続人の最低限の取り分額を示す概念であるが，現行法上，遺留分の額の計算は，一般国民からみるとその計算が複雑で判然としないと感じられる点もあるといわれていた。

また，遺留分侵害額は，遺留分権利者が生前贈与等を含め被相続人の財産から遺留分に相当する財産を受け取ることができない場合に，その不足額を遺留分権利者が受遺者または受贈者から取り戻すことができる価額という意味で重要な意義を有しているが，その手立ては判然としていないという問題があった。

そこで，改正民法1042条において，遺留分の帰属及びその割合を明確にしている（前掲 NBL1137号91頁）。

(2) 遺留分を算定するための財産の価額に関する規律

　ア　相続人に対する生前贈与の範囲に関する規律

　相続人に対する贈与は，相続開始前の10年間にされたものに限り，その価額（婚姻若しくは養子縁組のため又は生計の資本として受けた贈与の額に限る。）を，遺留分を算定するための財産の価額に算入する（改正民法1044条3項）。

　イ　負担付贈与に関する規律

　負担付贈与は，その目的の価額から負担の価額を控除した額を，遺留分を算定するための財産の価額に算入する（改正民法1045条1項）。

　ウ　不相当な対価による有償行為に関する規律

　不相当な対価をもってした有償行為は，当事者双方が遺留分権利者に損害を与えることを知ってしたものに限り，当該対価を負担の価額とする負担付贈与とみなす（改正民法1045条2項）。

(3) 遺産分割の対象となる財産がある場合に関する規律

　遺産分割の対象財産がある場合（既に遺産分割が終了している場合も含む。）には，遺留分侵害額の算定法は，「遺留分」から「遺留分権利者が受けた遺贈又は903条1項に規定する贈与（特別利益）の価額」及び「900条から902条まで，903条及び904条の規定により算定した相続分に応じて遺留分権利者が取得すべき遺産の価額」を控除し，これに「被相続人が相続開始の時において有した債務のうち，899条の規定により遺留分権利者が承継する債務の額」を加算して算出する（改正民法1046条2項）。

3 遺留分減殺請求権の効力と法的性質の見直し

改正民法1046条は，その１項において，「遺留分権利者及び
その承継人は，受遺者（特定財産承継遺言により財産を承継し
又は相続分の指定を受けた相続人を含む。以下，この章におい
て同じ。）又は受贈者に対し，遺留分侵害額に相当する金銭の
支払を請求することができる。」と規定し，その２項において，
遺留分侵害額の計算方法を明文化している。

この1046条１項は，遺留分減殺請求権の行使によって当然に
物権的効果が生じるとするこれまでの規律を改め，遺留分侵害
額に相当する金銭請求権が遺留分権利者に生じるとしている。
受遺者または受贈者に対する具体的な金銭請求権は，この1046
条１項に規定する請求権を行使して初めて発生する。そして，
当該権利の行使によって当然に物権的効果が生ずるとされてい
た考え方を見直し，遺留分権利者に遺留分侵害額に相当する金
銭請求権が付与されるということで，遺贈または贈与に対して
「減殺」という概念はなくなっている。したがって，これから
は遺留分が「侵害」されるとの表現に変更される。

また，現行法においても，特定財産承継遺言（いわゆる「相
続させる」旨の遺言）により財産を承継し，または相続分の指
定を受けた相続人についても，遺留分侵害額請求の対象になる
が，この点を明らかにするために，前述のごとく条文は，「受
遺者（特定財産承継遺言により財産を承継し又は相続分の指定
を受けた相続人を含む。……」に対し，遺留額に相当する金銭
の支払請求ができるとしている。

－157－

4 遺留分侵害額の計算方法

改正民法1046条2項は，遺留分侵害額の計算方法を法律上明示している。

なお，前記遺留分侵害額での遺留分権利者が受けた特別受益に関し，今回の改正では，遺留分権利者が受けた特別受益に該当する生前贈与については，民法1044条3項の適用はないため，相続開始10年以内かどうかを問わずすべての特別受益に該当する生前贈与がここに含まれることになる（前掲米倉100頁）。

5 受遺者または受贈者の負担額（遺留分算定方法の見直し）

改正民法1044条，1046条，1047条等の規定により，遺留分の算定方法の見直し，遺留分減殺請求権の効力及び法的性質の見直し，受遺者または受贈者の負担額についての見直しが行われている。

遺留分算定方法の見直しつまり生前贈与については，「相続開始前の1年間にしたものに限り」遺留分を算定するための財産の価額に算入するとの改正前民法1030条の解釈に関しては，相続人以外の第三者に対して贈与がなされた場合に適用されるものであり，相続人に対して生前贈与がされた場合には，その時期を問わずに遺留分を算定するための財産の価額に算入されるというのが判例（最判平成10年3月24日民集52巻2号433頁）であった。

すなわち，前記平成10年3月の最高裁判例は，「遺留分を侵害された相続人が存在するにもかかわらず，減殺の対象となるべき遺贈・贈与がないためにその者が遺留分相当額を確保できないとすれば，遺留分制度の趣旨を没却することになるから，

民法903条1項の定める相続人に対する贈与は、その贈与が相続開始よりも相当以前にされたものであって、その後の時の経過に伴う社会経済事情や、相続人など関係人の個人的事情の変化をも考慮するとき、減殺請求を認めることがその相続人に酷であるなどの特段の事情のない限り、民法1030条の定める要件を満たさないものであっても、遺留分減殺の対象となる。」と判示していた。

　しかし、この考え方によると、被相続人が相続開始から何十年も前にした相続人に対する贈与によって、第三者である受遺者等が受ける遺留分侵害の範囲が大きく変わることになり、第三者である受遺者等は、相続人に対する古い贈与の存在を知り得ないのが通常であるため、第三者である受遺者等に不測の損害を与え、その法的安定性を害するおそれがあるということになる。

　そこで、今回の改正により、遺留分を算定するための財産の価額に算入される生前贈与に関する規律が見直され、改正民法1044条は、その1項において、「贈与は、相続開始前の一年間にしたものに限り、前条の規定によりその価額を算入する。当事者双方が遺留分権利者に損害を加えることを知って贈与をしたときは、一年前の日より前にしたものについても、同様とする。」と規定し、その2項は、「第904条の規定は、前項に規定する贈与の価額について準用する。」と規定し、第3項は「相続人に対する贈与についての第一項の規定の適用については、同項中「一年」とあるのは「十年」と、「価額」とあるのは「価額（婚姻若しくは養子縁組のため又は生計の資本として受

けた贈与の価額に限る。)」とする。」と規定している。

遺留分は，(遺留分を算定するための財産の価額)×(民法1042条1項各号に掲げる遺留分率)×(遺留分権利者の法定相続分)との計算式によって算出されるが，(遺留分を算定するための財産の価額)は，民法1043条により算出される。すなわち，

(遺留分を算定するための財産の価額)は，被相続人が相続開始の時において有した財産の価額(遺贈を含む。)に，相続人に対する生前贈与の価額を加え，さらに第三者に対する生前贈与の価額を加える。その総額から被相続人の債務の全額を差し引くことによって計算される(前掲米倉107頁)。

第10　遺留分減殺請求権の効力及び法的性質の見直し

1　見直しの趣旨

遺留分減殺請求権の法的効果としては，遺留分減殺請求権の行使により，物権的効果が発生すると解されていた。例えば，最判昭和51年8月30日(民集30巻7号768頁)は「遺留分権利者の減殺請求により贈与又は遺贈は遺留分を侵害する限度において失効し，受贈者又は受遺者が取得した権利は右の限度で当然に減殺請求をした遺留分権利者に帰属する。」とする。前記判例のように物権的効果というのは，例えば，特定物の遺贈または生前贈与がなされているような場合に，遺留分減殺請求権を行使することで，当該遺贈または生前贈与は遺留分を侵害する限度で失効し，受遺者または受贈者が取得した所有権等は，その限度で当然に遺留分減殺請求者に帰属するのである。このため，遺留分減殺請求権が行使されることで，遺贈または贈与の

— 160 —

目的財産は，これらの受益者と遺留分減殺請求者との共有になることが多く，その結果，財産の処分や円滑な事業承継を困難にし，共有関係の解消をめぐって新たな紛争を生じさせるということにもなりかねない。

2　見直しの内容

遺留分制度は，遺留分権利者の生活保障や遺産の形成に貢献した遺留分権利者の潜在的持分の清算等を目的とする制度であり，その目的を達成するためには必ずしもこのような物権的効果まで認める必要はなく，遺留分権利者に遺留分侵害額に相当する価値の返還を求めるということでもその目的は達成できると考えられる（前掲米倉97頁）。

第11　相続の効力等（権利及び義務の承継等）に関する見直し

1　相続による権利の承継に関する規律（対抗要件主義の採用）

相続による権利の承継は，遺産の分割によるものかどうかにかかわらず，法定相続分を超える部分については，登記記録その他の権利の移転についての対抗要件を備えなければ，第三者に対抗することができない（改正民法899条の2）。

対抗要件の要否につき参考となる判例としては，まず，対抗要件が必要であるとされる場合として，

① 「相続させる」趣旨の遺言によって不動産を取得した者は，登記なくしてその権利を第三者に対抗することができる（最判平成14年6月10日家月55巻1号77頁）。

② 遺産分割による相続財産中の不動産に対する共有持分の得喪・変更には民法177条の適用があり，分割により相続分と異なる権利を取得した相続人は，その旨の登記を経なければ分割後に当該不動産につき権利を取得した第三者に対抗することができない（最判昭和46年1月26日民集25巻1号90頁）。

③ 相続財産中の可分債権は，法律上当然に分割され，各共同相続人がその相続分に応じて権利を承継する（最判昭和29年4月8日民集8巻4号819頁）。

④ 遺言により法定相続分を下回る相続分を指定された共同相続人の1人が，遺産中の不動産に法定相続分に応じた共同相続登記がされたことを利用し，自己の持分権を第三者に譲渡し移転登記をしたとしても，第三者は右共同相続人の指定相続分に応じた持分を取得するにとどまる（最判平成5年7月19日家月46巻5号23頁）。

⑤ 不動産の遺贈を受けた者はその旨の所有権移転登記を経由しないと第三者に対抗できない（最判昭和39年3月6日民集18巻3号437頁）。

2 対抗要件が不要とされる場合

次に対抗要件が不要とされる場合として，

① 相続放棄の効力は絶対的であり，何人に対しても登記の有無を問わず，その効力を生ずると解すべきであって，放棄した相続人の債権者が，相続の放棄後に相続財産たる未登記の不動産について，右相続人も共同相続したものとして代位による所有権保存登記をした上で持分に対する仮差押登記をしても，その仮差押登記は無効である（最判昭和42年1月20日民集21巻1号

16頁）。

②　遺言による廃除の判決が確定した場合，廃除は被相続人の死亡の時に遡って効力を生じるから，判決確定前に被廃除者から相続財産に属する土地につき所有権その他の物権を取得し登記をしたものであっても民法177条の第三者に当たらず，その権利を主張することはできない（大判昭和2年4月22日民集6巻260頁）。

③　共同相続人は，他の共同相続人が単独所有権移転登記を経由し，さらに第三者に移転登記をした場合，第三者に対し自己の持分を登記なくして対抗し得るとする判例（最判昭和38年2月22日民集17巻1号235頁）がある。

3　義務の承継に関する規律

民法902条（遺言による相続分の指定）の規定による相続分の指定がされた場合であっても，相続債権者は，各共同相続人に対し，その法定相続分の割合でその権利を行使することができる。ただし，その債権者が共同相続人の1人に対して指定相続分の割合による債務の承継を承認したときは，この限りでない（改正民法902条の2）。

4　遺言執行者がある場合における相続人の行為の効力等（原則無効）

遺言執行者がある場合には，相続人による相続財産の処分はその他の相続人がした遺言の執行を妨げる行為は無効とする。ただし，これをもって善意の第三者に対抗することができない（改正民法1013条1項，2項）。

5　相続による権利の承継と不動産登記

　現在の民法909条は，「遺産の分割は，相続開始の時にさかの
ぼってその効力を生ずる。ただし，第三者の権利を害すること
はできない。」と規定している。したがって，遺産分割が必要
となる場合には，例えば，法定相続分による権利の承継があっ
たことを前提として当該相続人に対してされた差押等の効力
は，その後の遺産分割の結果によって影響を受けないというこ
とになる（民法909条ただし書）。また，同様に，被相続人に債務
を負う者が相続人に対して法定相続分に従った弁済をすれば，
常に有効な弁済として取り扱われる。

　判例も，「不動産に対する相続人の共有持分の遺産分割によ
る得喪変更については民法177条の適用があり，分割により相
続分と異なる権利を取得した相続人は，その旨の登記を経なけ
れば，分割後に当該不動産につき権利を取得した第三者に対
し，自己の権利の取得を対抗することができない。」（最判昭和
46年1月26日民集25巻1号90頁）旨判示している。

　また，「遺産は，相続人が数人ある場合において，相続開始
から遺産分割までの間，共同相続人の共有に属するものである
から，この間に遺産である賃貸不動産を使用管理した結果生ず
る金銭債権たる賃料債権は，遺産とは別個の財産というべきで
あって，右共同相続人がその相続分に応じて分割相続債権とし
て確定的に取得するものと解するのが相当である。遺産分割
は，相続開始のときにさかのぼってその効力を生ずるものであ
るが，右共同相続人がその相続分に応じて分割単独債権として
確定的に取得した右賃料債権の帰属は，後にされた遺産分割の

－164－

第11　相続の効力等（権利及び義務の承継等）に関する見直し

影響を受けない。」と判示している（最判平成17年9月8日民集59巻7号1931頁）。

　これに対し，遺言が存在する場合，例えば，相続させる旨の遺言がある場合に，最判平成14年6月10日（判時1791号59頁）は，「特定の遺産を特定の相続人に『相続させる』旨の遺言による権利の移転は，法定相続分又は指定相続分と本質的に異なるところはない。よって，『相続させる』遺言によって特定の不動産を取得した相続人は，共同相続人の法定相続分について差押えをした債権者に対して，登記なくしてその権利を対抗することができる」と判示している。したがって，被相続人の債務者が，遺言の存在を知らずに法定相続分に従って弁済した場合，遺言の内容と異なる部分の弁済は原則として無効となると解される（前掲米倉115頁）。

　そこで，今回の改正では，これらの点を考慮して，相続による権利の承継についても対抗要件主義が適用されることとなっている。

6　相続による自主占有と不動産の取得時効

(1)　取得時効の要件

　民法162条は，2種類の取得時効についての要件を定めている。

　同条1項は，「20年間，所有の意思をもって，平穏に，かつ，公然と他人の物を占有した者は，その所有権を取得する。」と規定し，①20年間の占有，②「所有の意思」をもって占有すること，③平穏かつ公然の占有であること，④他人の物の占有であることを要件として，所有権の取得時効を認めている。

－165－

そして，同条2項は，「10年間，所有の意思をもって，平穏に，かつ，公然と他人の物を占有した者は，その占有開始の時に，善意であり，かつ，過失がなかったときは，その所有権を取得する。」と規定し，①10年間の占有，②所有の意思をもって占有すること，③平穏かつ公然の占有であること，④他人の物の占有であり，⑤占有の開始の時に善意かつ無過失であったことを要件として所有権の取得時効を認めている。

　この「所有の意思」のある占有というのは，自分を所有者と信じる意思（善意）ではなく，占有取得の権利の性質から客観的に判断して所有者として占有することをいう。判例は，この「所有の意思」の有無について，占有取得の原因たる事実によって外形的客観的に定められるとする。最判昭和54年7月31日（判時742号39頁）は，「民法186条1項により占有者は所有の意思で占有するものと推定されるから，占有者の占有が自主占有に当たらないことを理由に取得時効の成立を争う者は，右占有が他主占有に当たることについての立証責任を負う。」と判示している。そして，所有の意思のある占有を「自主占有」といい，所有の意思のない占有を「他主占有」という。相続関係についていえば，共同相続人の1人が単独で相続財産の全部を現実に占有している場合，他の共同相続人の持分については，権限の性質上客観的に見て所有の意思がないから，一般的に占有者に単独所有者としての所有の意思はなく，「他主占有」と解される。

　平穏の占有とは，暴力的に占有を奪ったりしないことをいい（例えば，強盗による所有取得は平穏な占有ではない。），また

第11　相続の効力等（権利及び義務の承継等）に関する見直し

「善意・無過失」というのは，自分の所有物であると信じ，かつ，そう信じることについて過失がないことをいう。

(2)　他主占有から自主占有への転換

民法185条は，「権限の性質上占有者に所有の意思がないものとされる場合には，その占有者が，自己に占有をさせた者に対して所有の意思があることを表示し，又は新たな権限により更に所有の意思をもって占有を始めるのでなければ，占有の性質は，変わらない。」と規定している。

かつての裁判例は，相続は新権限に当たらないとしていた（大判昭和6年8月7日民集10巻763頁）が，近時の裁判例では，被相続人の他主占有とは別に，相続が固有の自主占有を取得できる場合があることを認めている。

相続に関連する判例としては，最判昭和46年11月30日（民集25巻8号1437頁）がある。この判例は，「相続人が，被相続人の死亡により，相続財産である本件土地建物の占有を承継したばかりでなく，新たに本件土地建物を事実上支配することによって占有を開始し，その占有に所有の意思があるとみられる場合においては，被相続人の占有が所有の意思のないものであったときでも，相続人は民法185条にいう「新権限」により所有の意思をもって占有を始めたものというべきである」旨判示している。

また，そのほかの肯定した判例としては最判昭和47年9月8日（民集26巻7号1348頁），最判平成8年11月12日（民集50巻10号2591頁）があり，否定した判例としては大阪高判平成29年12月21日（判時2381号79頁）がある。

— 167 —

以上の判例を参考に検討すると，長男が遺産である本件土地に家屋を新築し，その土地を占有していたとしても，本件土地は兄弟との共有関係にあり，原則として他主占有にとどまると考えられる。その上で，長男が本件土地を単独で相続したと信じて疑わず，また，単独所有になったと信じて占有を始めたなどの自主占有事情が基礎づけられる事情がある場合に限り，独自の所有の意思に基づき本件土地を事実上支配していたとして，民法162条１項及び２項の要件に従って取得時効が成立すると考えられる。

　そして，当該自主占有事情が基礎づけられる事情としては，①長男が被相続人から生前贈与などの新権限を得ていたと信じた事情があったか，ⅱ長男が家屋を新築した際，他の共同相続人に本件土地の所有者であることを表明した事実があったか，ⅲ長男が本件土地の固定資産税を長年にわたって納付し，その使用・収益を独占していたか，ⅳ他の共同相続人が長男の上記のような事実的支配を認識しながら，異議を述べていないかなどを考慮して判断されることになると考えられる（安達敏男・吉川樹士「共同相続人の１人による相続不動産の占有と取得時効の成否」戸籍時報779号63頁）。

7　共同相続人の一部の者からの保存行為としての相続登記の申請

　共同相続人の一部の者が保存行為として相続登記を申請する場合は，相続人全員のためにしなければならず，共同相続人の１人が自己の相続分のみの登記を申請することは認められない（横浜地判平成23年９月21日民事月報67巻４号38頁）。

第11　相続の効力等（権利及び義務の承継等）に関する見直し

　不動産登記法は，不動産の権利変動に関する登記について
は，登記の真正を期するため，法令に別段の定めがある場合を
除き，登記権利者と登記義務者との共同申請の原則を定めてい
る。したがって，権利変動の正確な公示の要請が確保でき，登
記の適正保持の点から支障がない場合には，共同申請の原則の
例外が認められるところ，不動産登記法63条２項は，「相続又
は法人の合併による権利の移転の登記は，登記権利者が単独で
申請することができる。」として，同原則の例外を規定してい
る。これは相続による被相続人と相続人間における権利の移転
に関しては，登記義務者である被相続人は死亡により存在しな
いこと，戸籍謄本等の公的証明情報（不登法61条，不登令７条１項
５号ロただし書き，別表22の項）により相続関係も明確であり，権
利変動の正確な公示の要請が確保できることに基づくものと解
される。

　これに対して，相続開始により，法定相続分に応じて共同相
続人全員の共有に属することになった後も，遺産分割等による
権利変動があり得る共同相続人間においては，権利変動の正確
な公示の要請が確保できる場合とはいえないのであり，また，
共同相続人の一部の者がその相続分のみを登記することは，共
有となる相続登記が共同相続人の一部の者のほかに，何者との
共有にあるのかが登記簿上明らかにならない上，その一部の者
と死者である被相続人の持分が一時的に並存する結果となり，
不動産の実体上の権利変動を正確に反映するという登記制度の
趣旨に反することになる。そうすると，不動産登記法63条２項
にいう登記権利者とは，登記義務者である被相続人に対しての

－169－

登記権利者である相続人の立場をいうのであって，相続人が複数存在する場合の個々の共同相続人を示すものではなく，同項は，共同相続人の一部の者によるその相続分のみの登記申請を認めたものとは解されず，このような登記申請は，同法の立法趣旨に照らして認められないということになる（民事月報67巻4号38頁）。

8　相続における権利の承継と対抗要件

(1)　改正民法899条の2と対抗要件

改正民法899条の2第1項は，「相続による権利の承継は，遺産の分割によるものかどうかにかかわらず，次条及び第901条の規定により算定した相続分を超える部分については，登記，登録その他の対抗要件を備えなければ，第三者に対抗することができない。」と規定している。

(2)　「相続させる」旨の遺言

前記改正民法899条の2第1項の規定により，たとえ遺言（特定財産承継遺言（いわゆる「相続させる」旨の遺言，相続分の指定））において法定相続分と異なる指定をしたとしても，法定相続分を超える部分については，登記，登録その他の対抗要件を備えなければ，第三者に対抗できないことになった。

今までは，例えば，特定財産承継遺言がされていた場合，つまり被相続人A，相続人B，Cの2名，法定相続分は各2分の1，そして相続人Bに対し特定の不動産を「相続させる」旨の遺言があるような場合において，相続人Cが当該不動産を第三者Dに譲渡し，第三者Dが所有権移転登記を受けていたとしても，相続人Bは第三者Dに対し，登記なくして自己の所有権取

第11　相続の効力等（権利及び義務の承継等）に関する見直し

得を対抗することができたこと前述のとおりである（最判平成
14年6月10日判時1791号59頁）。

　しかし，今回民法899条の2が創設されたことにより，前述
した事例の場合，相続人Bは第三者Dとの間では，相続人Bの
法定相続分を超える部分（当該不動産の2分の1）については
対抗関係に立ち，第三者Dが先に対抗要件（登記）を備えた場
合には，同2分の1については第三者Dに所有権取得を対抗で
きないことになる。

　また，次のような説明もできる。

　相続人以外の第三者との関係では，①「遺産分割方法の指
定」によるAからBへの物権変動（遺言による承継ルート）と
ⅱAの死亡による「法定相続」を原因とする権利変動（甲不動
産の各2分の1の持分について，A→B，A→Cへの物権変動
があったものとみる（法定相続分による承継ルート））がある
ものとし，二重譲渡類似の関係を作出することを意図したもの
である。このため，BとDとの関係においては，遺贈の場合と
同様，Aを起点とするAからBへの物権変動と，A→C→Dの
物権変動（甲不動産の2分の1の共有持分）が二重譲渡類似の
関係にあり，かつ，Dは，同条の第三者に該当するため，B
は，登記をしなければ，遺産分割方法の指定による物権変動を
Dに対抗することができないことになる。

　なお，仮に上記の事例において，相続人Bに対し特定の不動
産を遺贈するとの遺言である場合は，これまでの判例（最判昭
和39年3月6日民集18巻3号437頁）は「甲からその所有する不動
産の遺贈を受けた乙がその旨の移転登記を経由しない間に，甲

－171－

の相続人の1人である丙に対する債権者丁が，丙に代位して相続による持分取得の登記をなし，これについて丁の申立てによる強制競売開始決定が登記簿に記入された場合においては，乙は丁に対し遺贈による権利取得を対抗することができない。」と判示し，対抗関係に立つ旨判示しているので，この結論は，改正民法899条の2の創設によってもその結論に違いは生じないと解される。

　なお，相続人Bは法定相続分（当該不動産の2分の1）については相続人Cは無権利者であり，当該無権利者からの譲受人である第三者Dについても，たとえ登記を経ていたとしても権利を取得することはできないと解される（前掲米倉118頁）。

(3)　相続分の指定と不動産登記

　遺贈や相続させる旨の遺言の場合には，相続人は所有権移転登記等，対抗要件を速やかに備えることができると考えられるが，遺産分割を必要とする抽象的な相続分の指定が遺言でなされたような場合には，遺産分割によって具体的な帰属を決める必要があるため，速やかに対抗要件を備えることが困難である場合も考えられる。そのため，被相続人が対抗関係で相続人を優先させたい場合には，相続分の指定ではなく，遺贈または相続させる旨の遺言を作成することが有用であると考えられる（前掲米倉119頁）。

9　義務の承継に関する規律

(1)　相続分の指定と債権者の権利行使

　改正民法902条の2は，「被相続人が相続開始の時において有した債務の債権者は，前条の規定（902条の規定による遺言による

相続分の指定）による相続分の指定がされた場合であっても，各共同相続人に対し，第900条（法定相続分）及び第901条（代襲相続人の相続分）の規定により算定した相続分に応じてその権利を行使することができる。ただし，その債権者が共同相続人の１人に対してその指定された相続分に応じた債務の承継を承認したときは，この限りでない。」旨規定している。

　最判平成21年３月24日（民集63巻３号427頁）は「相続人の１人に対して財産全部を相続させる旨の遺言がされ，相続債務を当該相続人に相続させる意思のないことが明らかであるなどの特段の事情がなく，当該相続人が相続債務も全て承継したと解される場合，遺留分侵害額の算定において，遺留分権利者の法定相続分に応じた相続債務の額を遺留分額に加算することは許されない。」旨判示している。前述した改正民法902条の２の規定はこの判例の考え方を明文化したものである。

　この改正民法902条の２の規定により，相続債権者（被相続人が相続開始の時において有した債務の債権者）は，たとえ遺言で相続分の指定がされている場合であっても，当該指定相続分の割合による債務の承継を承認しない限り，あくまでも，法定相続分の割合による権利行使をすることができる。ただし，共同相続人の１人に対して当該指定相続分の割合による債務の承継を承認した場合には，法定相続分の割合による権利行使はできない（前掲米倉121頁）。

(2)　遺言執行者がある場合と相続人の行為の効果

　改正民法1013条は，その１項において「遺言執行者がある場合には，相続人は，相続財産の処分その他遺言の執行を妨げる

べき行為をすることができない。」と規定し，その2項におい
て，「前項の規定に違反してした行為は，無効とする。ただし，
これをもって善意の第三者に対抗することができない。」と規
定している。そして，その3項において，「前二項の規定は，
相続人の債権者（相続債権者を含む。）が相続財産についてそ
の権利を行使することを妨げない。」と規定している。

(3)　改正前民法と対抗要件

　改正前民法1013条は，「遺言執行者がある場合には，相続人
は，相続財産の処分その他遺言の執行を妨げるべき行為をする
ことができない。」と規定し，相続人がこれに違反する行為を
した場合の効果については，判例には絶対的無効とする判例も
あり（大判昭和5年6月16日民集9号550頁），また不動産の遺贈を
受けた者はその旨の所有権移転登記を経由しないと第三者に対
抗できないとする判例もある（最判昭和39年3月6日民集18巻3号
437頁）。そのほかにも，「遺言者の意思を尊重すべく，遺言執
行者をして遺言の公正な実現を図らせる」という民法1013条の
趣旨からすると，相続人が同条の規定に違反して，第三者のた
めに，遺贈の目的たる不動産に抵当権を設定してその登記をし
たとしても，相続人によるその処分行為は無効であり，受遺者
は，遺贈による目的不動産の所有権取得を，登記なくして，上
記処分行為の相手方である第三者に対抗することができる。同
条による「遺言執行者がある場合」とは，遺言執行者として指
定された者が就職を承諾する前を含むとする判例もある（最判
昭和62年4月23日民集41巻3号474頁）。

　しかし，特定財産承継遺言や相続分の指定がなされた場合に

第11 相続の効力等（権利及び義務の承継等）に関する見直し

も対抗要件主義を拡張したにもかかわらず，遺言執行者の有無により結果に差異を生じさせることは，遺言の存否及び内容を容易に知り得ない第三者に不測の損害を与え，取引の安全を害するおそれがある。そこで，このような問題を解消するための方策として改正民法1013条が設けられた（前掲米倉122頁）。

(4) 善意の第三者の保護

改正民法1013条2項は，現行法と同様，遺言執行者がある場合には，それに抵触する相続人の行為は無効であるとしつつ，遺言の内容を容易に知り得ない第三者の取引の安全を図る観点から，第三者が善意である場合には，相続人に処分権限がないことが治癒され，対抗関係として処理されるとしている。

(5) 相続人の債権者との関係

改正民法1013条2項は，現行法と同様，遺言執行者がある場合には，それに抵触する相続人の行為は無効であるとしつつ，遺言の内容を容易に知ることができない第三者の取引の安全を図る観点から，第三者が善意である場合には，相続人に処分権限がないことが治癒され，対抗関係として処理されるとしている。具体的には，例えば，特定財産承継遺言がなされていた場合，被相続人A，相続人B，Cの2名，法定相続分は各2分の1，相続人Bに対し特定の不動産を相続させる旨の遺言があるような場合において，相続人Cが当該不動産の持分2分の1を第三者Dに譲渡したような場合，遺言執行者の有無が問題となる。

まず，遺言執行者がいる場合は，相続人Cによる遺言の執行を妨げるべき行為を前提としているため，相続人Bと善意の第三者Dとは対抗関係に立ち，先に登記を具備した者が所有権を

－175－

対抗できる。第三者Dが悪意の場合は，相続人Bは登記なくして第三者Dに対抗できる。

　遺言執行者がいない場合は，第三者Dの善意悪意にかかわらず相続人Bと第三者Dとは対抗関係に立ち，先に登記を具備した者が所有権を対抗できる。

　改正民法1013条2項ただし書は，「……ただし，これをもって善意の第三者に対抗することができない。」と規定しており，この善意者保護規定によって治癒されるのは相続人の処分権限であることから，善意の内容も，相続人の処分権限を左右することになる遺言執行者がいることを知らないことを意味することになり，第三者に遺言の内容に関する調査義務を負わせることは相当でないということで，善意であれば足り，無過失は要求されていない。

10　相続人に対する特定遺贈・遺産分割方法の指定と登録免許税等

　従前は，遺産分割方法の指定と相続人に対する遺贈については，登録免許税の点で違いがあったものの，所得税法等の改正（平成15年法律第8号及び平成18年法律第10号）により，「相続」による所有権移転登記の税率と「相続人に対する遺贈」による税率とが同じものとなった。また，農地の権利移転に対する都道府県知事の許可の要否についても，従前は，遺産分割方法の指定のみが都道府県知事の許可が不要とされていたところ，農地法施行規則の一部を改正する省令（平成24年12月14日農林水産省令第60号）により，特定遺贈のうち，相続人に対するものについても，許可が不要とされることとなった。また，判例上も，特

－176－

定遺贈においては，遺言者の死亡以前に，受遺者が死亡したときは，その効力を生じない（民法994条1項）とされているところ，遺産分割方法の指定においても，当該遺言により遺産を相続させるものとされた推定相続人が遺言者の死亡以前に死亡した場合には，その遺言者が，当該推定相続人の代襲者その他の者に遺産を相続させる旨の意思を有していたとみるべき特段の事情がない限り，その効力を生ずることはないとされている（最判平成23年2月22日民集65巻2号699頁。前掲米倉126頁）。

なお，改正民法1013条3項は，相続債権者や相続人の債権者が相続財産について相殺や強制執行のみならず，被相続人名義の不動産について差押え等をする前提として代位による相続登記をすること等も含まれるものと考えられる（前掲米倉123頁）。

第12　被相続人による特別の寄与とその内容

(1)　寄与の内容

改正民法1050条は，その1項において，「被相続人に対して無償で療養看護その他の労務の提供をしたことにより被相続人の財産の維持又は増加について特別の寄与をした被相続人の親族（相続人，相続の放棄をした者及び第891条の規定に該当し又は廃除によってその相続権を失った者を除く。以下この条において「特別寄与者」という。）は，相続の開始後，相続人に対し，特別寄与者の寄与に応じた額の金銭（以下この条において「特別寄与料」という。）の支払を請求することができる。」と規定している。

相続人が数人ある場合には，各相続人は，特別寄与料の額に

－177－

当該相続人の法定相続分又は指定相続分を乗じた額を負担する
（民法1050条5項）。

　前記特別寄与料の支払について，当事者間に協議が調わない
とき，または協議することができないときは，特別寄与者は，
家庭裁判所に対して協議に代わる処分を請求することができる
（改正民法1050条1項）。ただし，その権利の行使，つまり処分請
求は，特別寄与者が相続の開始及び相続人を知った時から6か
月以内，又は相続開始の時から1年以内にしなければならない
（改正民法1050条2項）。

　家庭裁判所は，寄与の時期，方法及び程度，相続財産の額そ
の他一切の事情を考慮して，特別寄与料の額を定める（改正民
法1050条3項）。

⑵　特別寄与の上限

　特別寄与料の額は，被相続人が相続開始時において有してい
た財産の価額から遺贈の価額を控除した残額を超えることがで
きない（二宮周平「改正相続法の検討⑵—特別の寄与と家族の多様性」
戸籍時報771号3頁以下）。

第13　相続人以外の者の貢献を考慮するための方策

1　特別の寄与

　被相続人に対する療養看護その他の労務の提供により被相続
人の財産の維持又は増加について無償で特別の寄与をした被相
続人の親族（相続人，相続を放棄した者，相続人の欠格事由に
該当する者及び廃除された者を除く。）は，相続の開始後，相
続人に対し，特別寄与料の支払を請求することができる（改正

― 178 ―

民法1050条)。

　特別寄与者の範囲は，「被相続人の親族」である。ここで「親族の範囲」は，民法725条により，①六親等内の親族，ⅱ配偶者，ⅲ三親等内の姻族をいうので，被相続人の配偶者の連れ子，被相続人の兄弟姉妹の子・孫，被相続人の従兄弟姉妹の子・孫なども親族となる（安達敏男「最近の民法改正についての概要の紹介《相続法制の改正及び成年年齢の引下げについての民法改正》」（法の苑）2018年69号6〜12頁）。

2　特別寄与者と遺産分割

　特別寄与者が遺産分割の手続に参加することができるか否かということであるが，この遺産分割手続には参加することはできない。

　特別寄与者に認められる権利は，相続人に対する特別寄与料（特別寄与者の寄与に応じた額の金銭）の支払を請求する権利とされている。

　特別の寄与制度の創設は，被相続人の財産の維持または増加に特別の寄与をした相続人以外の者の地位を法的に保護するためである。したがって，特別寄与者は，遺産分割手続に当事者として参加することはできない。遺産分割手続に特別寄与者が当事者として関与するものとすると遺産分割に関する紛争が複雑化し，長期化するおそれがあるからである。なお，被相続人に相続が発生し，相続人間において遺産分割協議が成立した後，特別寄与者による請求がされた場合であっても，既に成立した遺産分割協議には影響は及ぼさないものと解される（前掲東京司法書士会民法改正対策委員会編306頁）。

第14　相続法改正と不動産登記

序　沿革的考察

1　相続による物権変動と登記

　相続に伴う物権変動が不動産登記にどのように反映されるべきかという問題は，民法177条の適用範囲如何という問題意識と深くかかわり，対抗要件主義の原則が相続を登記原因とする登記にまで適用されるべきかどうかということを確認する必要があったからであるといわれる（滝沢幸代「相続と登記」新不動産登記講座68頁）。

　この点に関し，初期の大審院判決は民法177条を意思表示による物権変動に固有の規定と解し，相続への適用を否定している（大判明治38年12月11日民録11輯1736頁）。しかし，その後大審院民事連合部判決明治41年12月15日（民録14輯1301頁）が，隠居相続の事例に対して民法177条の適用を肯定し，登記すべき物権変動の範囲に関する無制限説が後の判例を支配することになったといわれる（前掲滝沢68頁）。

　相続と登記に関する判例においては，まず共同相続の登記については，最判昭和38年2月22日（民集17巻1号235頁）が相続人がその本来の持分を第三者に対抗するためには，登記を必要としないと判示している（同判例は，「共同相続の場合，相続人の1人が単独所有権取得の登記をなし，これを第三者に譲渡し，所有権移転の登記をしても，他の相続人は自己の持分を登記なくして，これに対抗できる。」と判示している）。時効取得には民法177条が適用された（大審院連合部判決大正14年7月8日民

— 180 —

集 4 巻412頁)。

相続と登記に関するその後の判例としては，最判昭和38年 2 月22日は，相続人がその本来の持分を第三者に対抗するためには登記を要しないとしていること前述のとおりである。

最判昭和39年の判決では，特定受遺者は登記しなければ第三者に対抗できないとされた（最判昭和39年 2 月13日判タ160号71頁）。

2 共同相続と登記

最判昭和38年 2 月22日（民集17巻 1 号235頁）は，「共同相続の場合，相続人の 1 人が単独所有権取得の登記をし，これを第三者に譲渡して，所有権移転の登記をしても，他の相続人は自己の持分を登記なくして，これに対抗できる。」旨判示している。

この場合，「相続財産に属する不動産につき単独所有権移転の登記を共同相続人中の乙ならびに乙から単独所有権移転の登記をうけた第三取得者丙に対し，他の共同相続人甲は自己の持分を登記なくして対抗しうるものと解すべきである。けだし乙の登記は甲の持分に関する限り無権利の登記であり，登記に公信力なき結果丙も甲の持分に関する限りその権利を取得するに由ないからである。」旨判示している（大判大正 8 年11月 3 日民録25輯1944頁）。

3 遺贈と登記

最判昭和39年 3 月 6 日（民集18巻 3 号437頁）は，「不動産の所有者が右不動産を他人に贈与しても，その旨の登記手続をしない間は完全に排他性ある権利変動を生ぜず，所有者は全くの無権利者とはならないと解すべきところ（「被相続人が不動産を贈与したが，その旨の登記がされていなかった場合に，その相

続人からその不動産を買い受け，その旨の登記を得た者」（最
判昭和33年10月14日民集12巻14号3111頁）），遺贈は遺言によって受
遺者に財産権を与える遺言者の意思表示にほかならず，遺言者
の死亡を不確定期限とするものではあるが，意思表示によって
物権変動の効果を生ずる点において贈与と異なるところはない
のであるから，遺贈が効力を生じた場合においても，遺贈を原
因とする所有権移転登記のなされない間は，完全に排他的権利
変動を生じないものと解すべきである。そして，民法177条が
広く物権の得喪変更についても登記をもって対抗要件としてい
るところから見れば，遺贈をもってその例外とする理由はない
から，遺贈の場合においても不動産の二重譲渡における場合と
同様，登記をもって物権変動の対抗要件とするものと解すべき
である。」旨判示している。

4　相続放棄と登記

　最判昭和42年1月20日（民集21巻1号16頁）は，「相続放棄の
効力は絶対的で，何人に対しても，登記等なしに効力を生ず
る。」旨判示している。最高裁は「相続人は相続開始時に遡っ
て相続開始がなかったと同じ地位におかれることとなり，この
効力は絶対的で，何人に対しても，登記等なくしてその効力を
生ずると解すべきである。」と説いている。

5　遺産分割と登記

　最判昭和46年1月26日（民集25巻1号90頁）は，「遺産の分割
は，相続開始の時にさかのぼってその効力を生ずるものではあ
るが，第三者に対する関係においては，相続人が相続によりい
ったん取得した権利につき分割時に新たな変更を生ずるのと実

質上異ならないものであるから，不動産に対する相続人の共有持分の遺産分割による得喪変更については，民法177条の適用があり，分割により相続分と異なる権利を取得した相続人は，その旨の登記を経なければ，分割後に当該不動産につき権利を取得した第三者に対し，自己の権利の取得を対抗することができないものと解するのが相当である。」旨判示している。

　相続による物権変動が，不動産登記にどのように反映されるべきかという問題が，繰り返し論じられてきたのは，民法177条の適用範囲如何という問題意識によってであり，対抗要件主義の原則が相続を登記原因とする登記にまで適用されるべきかどうかを確認する必要があったからである。

　この点に関しては，初期の大審院判決は民法177条を意思表示による物権変動に固有の規定であると解し，相続への適用を否定しており（大判明治38年12月11日民録11輯1736頁，同明治39年1月31日民録12輯91頁），学説もこれを支持していた。しかし，旧法当時の相続制度には，たとえば隠居，入夫婚姻のような生前相続と死亡相続の二つがあり，生前相続の場合には，被相続人が相続開始後に自己名義に登記されたままになっている不動産を第三者に譲渡する可能性があり，その第三者と相続人との間に対抗の問題を生ずる余地があったため，生前相続，死亡相続の別なく相続による物権変動には登記を必要とするという無制限説を主張する学説があり，大審院連合部判決（隠居相続につき，明治41年12月15日判決（民録14輯1301頁），入夫婚姻につき大正12年1月31日判決（民集2輯38頁））も従来の態度を変更し，相続の場合にも登記を要するとし，無制限説をとるに至った

－ 183 －

（拙著「新訂相続・遺贈の登記」5頁）。時効取得に民法177条が適用されたのも前記論理の延長である（滝沢幸代「相続と登記　新不動産登記講座総論Ⅱ」68頁）。つまり，時効によって不動産物件を取得したBが，その後これについて登記をしない間に，原権利者Aからその権利を譲り受けて登記をしたCがいるときは，Cは時効による物権変動の第三者であるから，時効取得者Bはその権利取得をCに対抗できないことになる（大審院連合部判決大正14年7月8日民集4巻412頁，最判昭和33年8月28日民集12巻12号1936頁）。最判昭和33年8月28日は，「取得時効による不動産所有権の取得も登記なしには，時効完成後当該不動産につき旧所有者から所有権を取得し登記を経た第三者に対して，その善意悪意を問わず，対抗できない。」（最判昭和33年8月28日民集12巻12号1936頁）と判示している。

　以上のとおり相続による物権の得喪・変更も対抗要件としての登記を要するというのが一般原則として肯定されているのであるが，その具体的な適用基準をめぐっては多くの議論がなされている。すなわち，最高裁判決の示す結論自体はおおむね支持されつつも，その理論的根拠については必ずしも一致しているとはいえない。そこで，主要な判例等の展開をたどり，民法177条の適用可能性を確認しつつ，その理論的分析を行っている（滝沢幸代「相続と登記　新不動産登記講座総論Ⅱ」68頁以下）。

6　遺贈による物権変動

(1)　問題の所在

　遺贈は，遺言による遺産の全部または一部に関する無償または負担付の譲与行為であり，包括名義の遺贈（包括遺贈）と特

定名義の遺贈（特定遺贈）とに分かれる（民法964条本文）。民法964条は，「遺言者は，包括又は特定の名義で，その財産の全部又は一部を処分することができる。」と規定している。

このうち，包括遺贈というのは，遺産の全部あるいは何分の一を与えるというように，遺産の全部または割合で示された一部の遺贈をいう。特定遺贈というのは，遺産中の特定の財産の遺贈をいい，この特定遺贈は，これをさらに，目的物が特定物の場合は特定物遺贈といい，金銭あるいは種類物の場合は不特定遺贈という。

そして，遺贈と登記との関係については，二つの側面に大別することができ，その一つは，実体法上の論点，すなわち，遺贈による不動産物権変動は登記なくして第三者に対抗できないのか否かという論点と登記手続上の問題，すなわち，遺贈を原因とする権利変動に関する登記手続はいかなる形で行うべきかという論点である。

(2) 遺贈による物権変動とその時期

売買等通常の意思表示に基づく不動産物権変動に関しては，民法176条の意思主義と民法177条の対抗要件主義の関係をどのように捉えるかという点に関して，民法176条の規定の解釈（同条にいう意思表示は，物権的意思表示か債権的意思表示か，あるいは，そこでの物権変動は完全か不完全か，さらには，物権変動時期はいつか）が前提問題として控えている。

これに対して，相続による物権変動に関しては，相続人が相続開始時において被相続人の財産法的地位を当然に承継することから（民法896条），相続による物権変動は相続開始時に即時

完全に発生すると考えられている。

そうすると遺贈に関してはどうか。従来の判例・学説は，①包括遺贈に関しては，これを相続と同様に理解し，②特定遺贈に関しては，通常の意思表示による物権変動と同様に理解してきたといわれる。

①　包括遺贈

判例および学説によれば，包括遺贈者は，遺言の効力が発生すると同時に，遺贈の目的物とされた遺産の全部または一部につき当然に権利を取得するとされる。その根拠は，包括遺贈における受遺者については相続人と同一の権利義務を有するとする民法990条の規定に求められる。

②　特定遺贈

特定物遺贈の効力について見解が分かれている。

ⅰ　物権的効力説

物権の移転等をはじめとする遺言者の権利義務ないし法的地位の承継は，遺贈の効力発生時（民法985条）に，当事者間においても第三者との関係においてもただちに発生すると解する見解である（民法985条）。

ⅱ　債権的効力説

これに対し，遺言者の死亡時においては，受遺者は遺贈に基づく物権移転請求権という債権を取得するにすぎず，相続人または遺言執行者が遺贈義務を履行することによってはじめて物権を取得することになるとする見解である。

ⅲ　被相続人（遺贈者）からの取得者との関係

遺贈の効力発生前の取得者，すなわちＡが生前に当該不動産

第14　相続法改正と不動産登記

をＣに譲渡したが，その後Ａが同一不動産をＢに遺贈し，Ａの死亡により遺贈の効力が発生した場合，第一取得者Ｃは，登記がなければ第二取得者Ｂに対抗することができないかという問題である。

　判例・学説の多くは，この問題に関しては，いわゆる「当事者の法理」と「第三者の法理」を前提に論を進める。すなわち，遺贈と相続の類似性を強調する考え方によれば，受遺者Ｂは，ＡがＣに対して有していた権利義務をそのまま承継するところの物権変動の「当事者」たる地位に立ち，したがって，Ｃは登記なくしてＢに対抗することができる。これに対して，遺贈は通常の意思表示による物権変動と変わるところがないとする見解によれば，Ｂは，Ｃが登記なくして対抗できないところの「第三者」に当たるということになる。

　③　相続人からの取得者との関係

　判例は，遺贈による物権変動も民法177条にいう登記なくして対抗できない「物権変動」であるとしているので，遺贈による権利取得者が登記なくして相続人からの権利取得者に対抗することができるとの結論を導こうとすれば，遺贈による物権変動の結果，相続人は完全な無権利者となるから，その相続人からの取得者は民法177条の第三者に当たらず，受遺者は登記なくして彼に対抗できるとし（登記不要説），あるいは，遺贈がなされた場合においても，相続人は完全な無権利者とならないから，彼からの取得者も民法177条の「第三者」に該当する（登記必要説）と説明することになる。

　初期の判例は，相続介在型二重譲渡の事例につき，Ｂの権利

－187－

取得の結果，相続人A′は完全な無権利者になるというべきであり，したがって，無権利者A′からの譲受人Cは民法177条の「第三者」に該当せず，Bは登記なくしてCに対抗できるとしており，この理は，Bの権利取得原因が遺贈の場合にも該当した（大判明治44年12月15日民録17輯789頁等）。

しかし，大審院連合部判決大正15年2月1日（民集5巻44頁）は，「被相続人が不動産を甲に譲渡したが未登記の間に相続が開始し，相続人が同一不動産を乙に譲渡し登記をした場合には，乙は本条（民法177条）の第三者に当たる。」と判示し，Bの取得原因が贈与のケースにつき，その立場を改め，Bへの譲渡後もAは「所謂関係的所有権」を有しており，したがって，これを包括承継した相続人A′は無権利者とならないから，A′からの譲受人Cは民法177条の登記なくして対抗できない「第三者」に該当する，と判示するにいたった。

しかるに，戦後，最判昭和33年10月14日（民集12巻14号3111頁）は，Bの取得原因が贈与のケースに関して，「本件土地の所有者亡Aが本件土地をBに贈与しても，その旨の登記手続をしない間は完全に排他性ある権利変動は生ぜず，Aも完全な無権利者とならないのであるから，右Aと法律上同一の地位にあるものといえる相続人A′から本件土地を買い受けその旨の登記をしたCは，民法177条にいわゆる第三者に該当する。」と判示し，登記必要説に立つ旨判示している。そして，最判昭和39年3月6日（民集18巻3号437頁）は，特定物遺贈のケースに関して，昭和33年判決を引用しつつ「不動産の所有者が右不動産を他人に贈与しても，その旨の登記手続をしない間は完全に排他

－188－

性ある権利変動を生ぜず，所有者は全くの無権利者にはならな
いと解すべきところ，遺贈は遺言によって受遺者に財産権を与
える遺言者の意思表示にほかならず，遺言者の死亡を不確定期
限とするものではあるが，意思表示によって物権変動の効果を
生ずる点においては贈与と異なるところはないのであるから，
遺贈が効力を生じた場合においても，遺贈を原因とする所有権
移転登記のなされない間は，完全に排他的な権利変動を生じな
いものと解すべきである。」として，同様の不完全物権変動説
に立って登記必要説の結論を導くに至ったのである（前掲最判
昭和39年3月6日等）。この昭和39年の判決後，判例は，特定物
遺贈のケースにおいては，登記必要説に確定したとみられてい
る（最判昭和46年11月16日（民集25巻8号1182頁）は，「被相続人
の生前贈与と，他の相続人への特定遺贈の優劣は，登記の具備
の有無をもって決する。」と判示している（七戸克彦「遺贈と登
記」新不動産登記講座総論II94頁以下））。

7　特定財産承継遺言と不動産登記

(1)　対抗要件具備の権限

　現行法の下で特定の相続人に不動産を相続させる旨の遺言が
された場合について，判例は，不動産取引における登記の重要
性に鑑みると，相続させる旨の遺言による権利移転について対
抗要件を必要と解するか否かを問わず，当該不動産の所有権移
転登記を取得させることは遺言執行者の職務権限に属するとし
た上で，相続させる旨の遺言については，不動産登記法上，権
利を承継した相続人が単独で登記申請することができるとされ
ていることから，当該不動産が被相続人名義である限りは，遺

— 189 —

言執行者の職務は顕在化せず，遺言執行者は登記手続をすべき権利も義務も有しないと判示している（最判平成11年12月16日民集53巻9号1989頁）。

　また，改正民法899条の2第1項では，「相続による権利の承継は，遺産の分割によるものかどうかにかかわらず，次条及び第901条の規定により算定した相続分を超える部分については，登記，登録その他の対抗要件を備えなければ，第三者に対抗することができない。」と規定し，特定財産承継遺言（相続させる旨の遺言）がされた場合についても，取引の安全等を図る観点から，遺贈や遺産分割と同様に対抗要件主義を導入し，法定相続分を超える権利の承継については，対抗要件の具備なくして第三者に権利の取得を対抗できないこととしており，遺言執行者において，遺言の内容を実現するためにも，すみやかに対抗要件の具備をさせる必要性が高まったといえる。また，対抗要件の具備を遺言執行者の権限とすることによって，相続登記の促進を図る効果も期待される。

(2) 対抗要件具備の効果

　そこで，改正民法1014条2項では，特定財産承継遺言がされた場合について，「遺産の分割の方法の指定として遺産に属する特定の財産を共同相続人の1人又は数人に承継させる旨の遺言（以下「特定財産承継遺言」という。）があったときは，遺言執行者は，当該共同相続人が第899条の2第1項に規定する対抗要件を備えるために必要な行為をすることができる。」と規定し，特定財産承継遺言がされた場合について，遺言執行者は，原則として，その遺言によって財産を承継する受益相続人

のために対抗要件を具備する権限を有することを明確化している（前掲堂薗ほか「相続法改正の概要(3)」NBL1133号89頁）。

8　相続財産承継と対抗要件

法定相続分を超えて相続財産を取得した時に，登記等の対抗要件なくして第三者に対してその権利を対抗できるかについては，従前は，取得の原因で対抗要件の要否が分かれていた。

(1)　遺産分割

改正前は必要であった。根拠になる判例は，最判昭和46年1月26日（民集25巻1号90頁）である。同判例は，「遺産分割に関し，不動産に対する相続人の共有持分の遺産分割による得喪変更については，民法177条の適用があり，分割により相続分と異なる権利を取得した相続人は，その旨の登記を経なければ，分割後に当該不動産につき権利を取得した第三者に対し，自己の権利の取得を対抗することができない。」旨判示している。

また，民法177条との関係においては，「遺産の分割は，相続開始の時にさかのぼってその効力を生ずるが，第三者に対する関係においては，相続人が相続により一旦取得した権利につき分割時に新たな変更を生ずるのと実質上異ならないものであるから，不動産に対する相続人の共有持分の遺産分割による得喪変更については，民法177条の適用があり，分割により相続分と異なる権利を取得した相続人は，その旨の登記を経なければ，分割後に当該不動産につき権利を取得した第三者に対し，自己の権利の取得を対抗することができない。」ということになる（最判昭和46年1月26日民集25巻1号90頁）。

(2) 遺贈（遺言）

改正前は必要であった。最判昭和39年3月6日（民集18巻3号437頁）は，「遺贈による不動産の取得にも，本条（民法177条）が適用され，受遺者は登記がなければ，相続人の債権者に対抗できない」旨判示している。

(3) 相続分の指定（遺言），遺産分割方法の指定（遺言）

改正前は不要であった。最判平成14年6月10日（家月55巻1号77頁）は，「「相続させる」趣旨の遺言によって不動産を取得した者は，登記なくしてその権利を第三者に対抗することができる」旨判示している。

(4) 改正相続法

平成30年の民法（相続法）改正では，これを統一することとし，前記いずれの相続財産取得原因についても，つまりいずれの取得方法によるかにかかわらず，法定相続分を超えた財産を取得した場合には，第三者にそれを主張するためには対抗要件が必要であるとされている（平成30年改正民法899条の2第1項）。改正民法899条の2第1項は，「相続による権利の承継は，遺産の分割によるものかどうかにかかわらず，次条及び901条の規定により算定した相続分を超える部分については，登記，登録その他の対抗要件を備えなければ，第三者に対抗することができない。」と規定して対抗要件が必要であることを明確にしている（黒沢雅寛・田中千草ほか「図解民法」357頁）。

9 対抗要件主義と遺言執行者の権限

前述したように改正民法899条の2第1項は，「相続による権利の承継は，遺産の分割によるものかどうかにかかわらず，次

条及び第901条の規定により算定した相続分を超える部分については，登記，登録その他の対抗要件を備えなければ，第三者に対抗することができない。」と規定している。つまり，特定承継遺言があったときは，財産を承継する共同相続人のために対抗要件を具備する必要が高まったといえる。

　この改正民法899条の２第１項の規定によって，新たに相続分の指定及び遺産分割方法の指定による財産の承継について対抗要件主義が適用されることになった。そして，遺産分割方法の指定として遺産に属する特定の財産を共同相続人の１人または数人に承継させる旨の遺言を，改正民法では前述のごとく，「特定財産承継遺言」といい，この遺言があったときは，遺言執行者は，当該共同相続人が，改正民法899条の２第１項に規定する対抗要件を備えるために必要な行為をすることができることになった（改正民法1014条２項）。改正民法1014条２項は，「遺産の分割の方法の指定として遺産に属する特定の財産を共同相続人の１人又は数人に承継させる旨の遺言（以下「特定財産承継遺言」という。）があったときは，遺言執行者は，当該共同相続人が第899条の２第１項に規定する対抗要件を備えるために必要な行為をすることができる。」と規定し，そのことを明確にしている。そして，改正民法1015条により「遺言執行者がその権限内において遺言執行者であることを示してした行為は，相続人に対して直接にその効力を生ずる。」と規定し，遺言執行者がその権限内において遺言執行者であることを示してした行為は，相続人に対して直接にその効力を生ずるので，遺言執行者が行った対抗要件具備行為により，当該共同相続人

－193－

は対抗要件を備えたことになる。

ただし，被相続人が遺言で別段の意思を表示したとき，例えば，特定財産承継遺言において「対抗要件の具備に必要な行為は財産を承継する相続人のみが行うことができるものとする」等の記載をしたときは，その意思に従わなければならない（改正民法1014条4項。前掲東京司法書士会民法改正対策委員会編271頁）。

なお，債権の相続の場合における対抗要件主義の適用については，改正民法の対抗要件主義は，相続による権利の承継のうち，法定相続分を超える部分について適用される（改正民法899条の2第1項）。債権の承継についていえば，相続財産に属する債権を相続によって取得した場合のうち，法定相続分を超える部分が生じる場合であり，具体的には，次のいずれかによって債権を承継した場合に，債権譲渡の場合と同様の対抗要件（民法467条）の具備が必要となる。

①相続分の指定による債務の承継があった場合，②「相続させる」旨の遺言（遺産分割方法の指定）による債権の承継があった場合，③遺産分割による債権の承継があった場合である（前掲東京司法書士会民法改正対策委員会編272頁）。

10　遺言執行者の権限の明確化

(1)　遺言内容の通知

遺言内容を相続人に通知することは，これまでは遺言執行者の義務とされていなかったが，改正民法では義務とされている（改正民法1007条2項）。民法1007条2項は，「遺言執行者は，その任務を開始したときは，遅滞なく，遺言の内容を相続人に通知しなければならない。」と規定している。

(2) 遺言執行者の権利義務

改正前の民法においても，遺言執行者は相続財産の管理その他遺言の執行に必要な権利義務を有するとされていたが，改正民法では，「遺言の内容を実現するため」と目的が明文化され，更に，遺言の履行は遺言執行者のみが行うこととされた（遺言執行者がある場合）。

改正民法1012条は，その1項において「遺言執行者は，遺言の内容を実現するため，相続財産の管理その他遺言の執行に必要な一切の行為をする権利義務を有する。」と規定し，その2項において「遺言執行者がある場合には，遺贈の履行は，遺言執行者のみが行うことができる。」と規定している。

(3) 遺言執行者がある場合における相続人の行為の効果

相続人が，相続財産の処分その他遺言の執行を妨げる行為をした場合，この行為は無効とされる（遺言執行者がある場合）。ただし，この無効は善意の第三者に対抗することはできない。なお，相続人の債権者（相続債権者を含む。）は相続財産についてその権利を行使することは妨げられない（改正民法1013条）。

改正民法1013条1項は，「遺言執行者がある場合には，相続人は，相続財産の処分その他遺言の執行を妨げるべき行為をすることができない。」と規定し，同条2項は，「前項の規定に違反してした行為は，無効とする。ただし，これをもって善意の第三者に対抗することができない。」と規定している。そしてその3項は，「前2項の規定は，相続人の債権者（相続債権者を含む。）が相続財産についてその権利を行使することを妨げない。」と規定している。

判例は，「遺言施行者がある場合，相続人が相続財産につきした処分行為は，絶対無効である。」と判示している（大判昭和5年6月16日民集9巻550頁）。

(4) 特定財産に関する遺言の執行

遺産の分割方法の指定として，遺産に属する特定の財産を共同相続人の1人又は数人に承継させる旨の遺言（特定財産承継遺言）があったときは，遺言執行者は，共同相続人が対抗要件を備えるために必要な行為をすることができるということを明文化している。遺言によって不動産を承継した相続人に所有権を移転する登記を申請すること等がこれに当たることになる。もっとも，被相続人が遺言で別段の意思を表示したときは，その意思に従うことになる。

改正民法1014条2項は，「遺産の分割の方法の指定として遺産に属する特定の財産を共同相続人の1人又は数人に承継させる旨の遺言（以下「特定財産承継遺言」という。）があったときは，遺言執行者は，当該共同相続人が第899条の2第1項に規定する対抗要件を備えるために必要な行為をすることができる。」と規定し，その4項は，「……被相続人が遺言で別段の意思を表示したときは，その意思に従う。」と規定している。

なお，判例は，遺言執行者の登記義務につき，「特定の不動産を特定の相続人に相続させる旨の遺言により，その者が被相続人の死亡とともに当該不動産の所有権を取得した場合には，その者が単独でその旨の所有権移転登記手続をすることができ，遺言執行者は，遺言の執行として右の登記手続をする義務を負うものではない。」（最判平成7年1月24日判時1523号81頁）と

判示し，登記請求できる場合につき，「特定の不動産を特定の相続人甲に相続させる旨の遺言がされた場合において，他の相続人が当該不動産につき自己名義の所有権移転登記を経由したため，遺言実現が妨害される状態が出現したような場合には，遺言執行者は，遺言執行の一環として，右所有権移転登記の抹消登記手続のほか，甲への真正な登記名義の回復を原因とする所有権移転登記手続を求めることもできる。」（最判平成11年12月16日民集53巻9号1989頁）と判示している。

(5) 遺言執行者の行為の効果

これまで，遺言執行者は「相続人の代理人」とみなされ，その行為の効果には代理人の規定（民法99条1項「代理人がその権限内において本人のためにすることを示していた意思表示は，本人に対して直接にその効力を生ずる。」）が適用されていたが，改正民法1015条では，「遺言執行者がその権限内において遺言執行者であることを示してした行為は，相続人に対して直接にその効力を生ずる。」と規定されている。判例は，「遺言執行者は，相続人の代理人とみなされるからといって，必ずしも相続人の利益のためにのみ行為すべき責務を負うものではない。」（最判昭和30年5月10日民集9巻6号657頁）と判示している。

(6) 遺言執行者の復任権

遺言執行者は，自己の責任で第三者にその任務を行わせること（復任）ができる。ただし，遺言者が遺言で別段の意思を表示したときはその意思に従う。

また，第三者に復任できる場合において，第三者に任務を行わせることについてやむを得ない事由があるときは，遺言執行

者は，相続人に対してその選任及び監督についての責任のみを
負う（改正民法1016条2項）。

(7) 遺言執行者の職務

① 財産目録の調整（原則）

遺言執行者は遅滞なく，相続財産目録を作成して，相続人に
交付しなければならない（改正民法1011条1項）。

遺言が財産のうち特定の財産に関する場合は，その財産につ
いてのみ目録を作成すればよいとされている（改正民法1014条1
項）。

相続人の請求があるときは，相続人の立ち合いをもって財産
目録を作成，または公証人に財産目録を作成させる義務があ
る。

改正民法1011条は，その1項において，「遺言執行者は，遅
滞なく，相続財産の目録を作成して，相続人に交付しなければ
ならない。」と規定し，その2項において，「遺言執行者は，相
続人の請求があるときは，その立会いをもって相続財産の目録
を作成し，又は公証人にこれを作成させなければならない。」
と規定している。

② 管理・執行

• 一般的な権利・義務

① 遺言執行者は，相続財産の管理その他遺言の執行に必要
な一切の行為をする権利義務を有する（改正民法1012条1項）。改
正民法1012条1項は，「遺言執行者は，遺言の内容を実現する
ため，相続財産の管理その他遺言の執行に必要な一切の行為を
する権利義務を有する。」と規定している。

－198－

ⅱ　遺言執行者がある場合には，相続人は，相続財産の処分その他遺言の執行を妨げるべき行為をすることができない（改正民法1013条１項）。

　ⅲ　遺言執行者がある場合に，相続人が無断で行った処分行為の効力は無効となる。改正民法1013条２項は，「前項の規定に違反してした行為は，無効とする。ただし，これをもって善意の第三者に対抗することができない。」と規定している。

　遺言執行者として指定された者が就職を承諾する前でも「遺言執行者がある場合」に含まれる（最判昭和62年４月23日民集41巻３号474頁）。また，遺言執行者がある場合，相続人が相続財産につきした処分行為は，絶対無効である（大判昭和５年６月16日民集９号550頁）。また，受遺者の対抗要件等に関し，「①相続人が本条（改正民法1013条）に違反して，遺贈の目的不動産を第三者に譲渡し，またはこれに第三者のため抵当権を設定して登記したとしても，相続人の右処分行為は無効であり，受遺者は，遺贈による目的不動産の所有権取得を登記なくして右処分行為の相手方たる第三者に対抗できる。ⅱ「遺言執行者がある場合」とは，遺言執行者として指定された者が就職を承諾する前を含む。」（最判昭和62年４月23日民集41巻３号474頁）。

　受遺者が遺贈された不動産の移転登記を求める相手方は遺言執行者であり，相続人ではない（前掲黒沢ほか「図解民法」441頁）。

　③　遺言執行者が数人ある場合

　遺言執行者が数人ある場合の任務の執行につき改正民法1017条は，その１項において，「遺言執行者が数人ある場合には，その任務の執行は，過半数で決する。ただし，遺言者がその遺

言に別段の意思を表示したときは，その意思に従う。」と規定
し，その2項において，「各遺言執行者は，前項の規定にかか
わらず，保存行為をすることができる。」と規定している。

　遺言執行者は，遺言執行の目的のために選任される者であ
り，遺言者に代わって遺言の内容を実現させる者であるといえ
る。遺言の執行は相続人によって行われることもあり，遺言執
行者の選任は不可欠なものではないが，遺言の内容を実現する
ために一定の行為を必要とする場合（例えば，遺贈等）に，そ
れを行うために選任された者ということになるが，遺言によっ
て指定された指定遺言執行者と利害関係人の申立によって家庭
裁判所から選任された選任遺言執行者とがある。遺言者は，遺
言で1人又は数人の遺言執行者を指定し，又はその指定を第三
者に委託することができる（民法1006条1項）。

　未成年者及び破産者は遺言執行者となることはできない（民
法1009条）。

　遺言執行者がないとき，又はなくなったときは，家庭裁判所
は，利害関係人の請求によって，これを選任することができる
（民法1010条）。

　遺言執行者は，遺言の内容を実現するため，相続財産の管理
その他遺言の執行に必要な一切の行為をする権利義務を有する
（民法1012条）。

　　　④　遺言の執行を妨げる行為と善意の第三者（改正民法
　　　　　1013条2項）

　遺言執行者がある場合には，相続人による相続財産の処分そ
の他相続人がした遺言の執行を妨げる行為は無効とする。ただ

し，これをもって善意の第三者に対抗することができない（改正民法1013条2項）。

判例は，「遺言執行者がある場合，相続人が相続財産についてした処分行為は絶対無効である。」とする（大判昭和5年6月16日民集9巻550頁）。

また，判例は，遺言執行者がある場合の意義につき，「遺言執行者として指定された者が就職を承諾する前であっても，本条（現本条1項）にいう『遺言執行者がある場合』に当たる。」（最判昭和62年4月23日民集41巻3号474頁）とする。

また，判例は，「遺言の執行を妨げるべき行為」につき，「遺言執行者がある場合，受遺者の受遺贈債権と相続人の受遺者に対する債権とを両者間において相殺することは許されない。」とする（大判昭和3年3月24日新聞2868号9頁）。

また，判例は，本条1項に反する行為の効果につき，「遺言執行者がある場合に相続人が相続財産についてした処分行為は絶対無効である。」と判示し（大判昭和5年6月16日民集9巻550頁），また，「遺言執行者がある場合に相続人が遺贈の目的物に抵当権を設定し登記をしたとしても，その抵当権設定行為は無効であり，受遺者は登記なくして抵当権者に所有権を対抗できる。」とする（最判昭和62年4月23日民集41巻3号474頁）。

11　遺言執行者がいる場合における相続人の行為の効果

改正前の民法1013条は，「遺言執行者がいる場合には，相続人は，相続財産の処分その他遺言の執行を妨げるべき行為をすることができない。」と規定していたが，相続人がこれに違反する行為をした場合の効果については明文の規定がなかった。

この点についての判例は，一方で「遺言執行者がある場合に相続人が相続財産についてした処分行為は絶対無効である。」と判示し（大判昭和5年6月16日民集9号550頁），他方で，「甲から乙への不動産の遺贈による所有権移転登記未了の間に，甲の共同相続人の1人の債権者が当該不動産の相続分の差押えの申立てをし，その旨の登記がされた場合，当該債権者は本条（民法177条）の債権者に当たる。」（最判昭和39年3月6日民集18巻3号437頁）と判示し，遺言者が不動産を第三者に遺贈して死亡した後に，相続人の債権者が当該不動産の差押えをした事案について，受遺者と相続人の債権者とは対抗関係に立つとしている。

このような判例によると，遺贈がされた場合については，遺言執行者がいれば遺贈が絶対的に優先し，対抗関係が生じないのに対し，遺言執行者がいなければ対抗関係になるが，こうなると遺言の存否やその内容を知ることができない第三者に不測の損害を与え，取引の安全を害するおそれがあるとの指摘がされていた。

改正民法1013条2項は，遺言執行者による遺言の執行を妨げる相続人の行為を無効とした上で，取引の安全保護を図る見地から，ただし書において，その無効を善意の第三者に対抗することができない旨定めている。

(1) 善意の第三者

この場合の第三者保護規定における善意というのは，「遺言の存否及び内容を知らないこと」ではなく，「遺言執行者がいることを知らないこと」という意味であるとされる。善意者保護規定によって治癒されるのは「前主である相続人の無権限」

であり，無権限は遺言執行者の存在によって生じるものである
からである。善意の立証責任は第三者が負担することになる
（前掲東京司法書士会民法改正対策委員会編293頁）。

なお，第三者は善意のほかに無過失までは要求されない。第
三者に無過失を要求することは遺言の内容に関して調査義務を
負わせることを意味するが，第三者にそこまでの義務を負わせ
るのは相当でないからであるとされる（前掲東京司法書士会民法
改正対策委員会編293頁）。

(2) 対抗要件の要否

相続人が処分した財産について対抗要件制度がある場合に
は，第三者がその対抗要件を具備していることが保護の要件と
なる。なぜなら，第三者が善意であることによって治癒される
のは，「遺言執行者がいる場合には，相続人に処分権限がない
こと」に限定すべきであり，それ以上の保護を与える必要がな
いからである。例えば，相続財産に属する不動産が遺贈され，
遺言執行者があるにもかかわらず，相続人が法定相続の登記を
行い，これを第三者に譲渡した場合には，当該第三者が善意で
あることによって「相続人には処分権限がない」という瑕疵が
治癒されることになり，受遺者と第三者は二重譲渡の譲受人相
互と同様の対抗関係に立つのであって，第三者が善意であるか
らといって登記をすることなく受遺者に不動産の取得を対抗で
きることになるわけではないと考えられる（前掲東京司法書士会
民法改正対策委員会編294頁）。

(3) 債権者との関係

改正民法1013条3項によれば，前2項の規定，つまり，同条

1項は,「遺言執行者がある場合には,相続人は,相続財産の処分その他遺言の執行を妨げるべき行為をすることができない。」と規定し,同条2項は,「前項の規定に違反してした行為は,無効とする。ただし,これをもって善意の第三者に対抗することができない。」と規定しているが,相続債権者及び相続人の債権者は,善意か悪意かにかかわらず,権利行使をすることができると規定している。すなわち,相続債権者及び相続人の債権者は,遺言執行者がある場合であっても,法定相続分による権利承継を前提として強制執行をすることができる。

相続債権者については,被相続人の生前にできたはずの強制執行などの権利行使が相続という偶然の事情によって困難となるのは不当であるから,相続開始の前後で法的地位が変わらないようにする必要があり,相続人の債権者については,相続債権者と同列に保護する必要があるかどうか,つまり相続人の債権者は,相続債権者のように相続開始前に被相続人と法律関係を有していたわけではないが,相続債権者と相続人の債権者の実体法上の優位順位については,相続財産破産,限定承継及び財産分離の場合を除き,同順位とされ,また,旧法の下では,遺言がない場合には,相続債権者及び相続人の債権者いずれにおいても,遺産分割の結果とは無関係に法定相続分による権利承継を前提とした権利行使が認められていたことを考慮すると,相続債権者の権利行使を認めることにするのであれば,相続人の債権者についても同様の取扱いをするのが相当であると判断されたということである(前掲東京司法書士会民法改正対策委員会編295頁)。

(4) 譲受人の善意・悪意

　改正相続法の下において，被相続人Ａが「長男Ｂに甲不動産を相続させる」旨の遺言を残して死亡した場合において，Ｂを遺言執行者に指名しており，Ｂが遺言執行者に就職することを承諾した場合において，被相続人Ａの二男Ｃが，甲不動産のうち法定相続分に当たる２分の１の持分を取得したものとして，これをＤに譲渡した場合，特別受益者，寄与分権利者及び遺留分権利者はいない場合には，Ｄが悪意の場合は，Ｂは登記なくして甲不動産の所有権の取得を対抗することができるが，Ｄが善意の場合，Ｃが譲渡した２分の１の持分についてＢとＤは対抗関係に立つ。

　つまり，Ｄが悪意の場合において，遺言執行者がいる場合においては，Ｃは甲不動産の処分権限がなく，Ｃから譲受人であるＤも権利を取得することができない。

　また，ＤがＣから持分を譲り受けた場合に遺言執行者Ｂがいることについて悪意であった場合には，第三者保護規定の適用もない。したがって，Ｂは，登記なくして甲不動産の所有権の取得を対抗することができると解される。

　しかし，Ｄが善意の場合，つまり，ＤがＣから持分を譲り受けた時に遺言執行者Ｂの存在について善意であった場合には，Ｃに処分権限がないという瑕疵が治癒され，法律上処分権限があったのと同様に取り扱われることになる。その結果，甲不動産の２分の１の持分についてＡからＢ，ＡからＣ，Ｄへの二重譲渡があったのと同様の状態になる。したがって，Ｃが譲渡した２分の１の持分についてＢとＤとは対抗関係になると解され

る（前掲東京司法書士会民法改正対策委員会編297頁）。

12 相続の効力と対抗要件等

(1) 権利の承継に関する規律

　現行法の下においては，判例は，特定財産承継遺言（「相続させる」旨の遺言のうち遺産分割方法の指定がされたもの）や相続分の指定がされた場合のように，遺言による権利変動のうち相続を原因とするものについては，登記等の対抗要件を備えなくても，その権利取得を第三者に主張することができると判示している（特定財産承継遺言につき，最判平成14年6月10日家月55巻1号77頁，相続分の指定につき，最判平成5年7月19日家月46巻5号23頁）。

　しかし，判例の考え方によると，例えば，遺言によって利益を受ける相続人（受益相続人）は登記等の対抗要件を備えなくても，その権利取得を第三者に対抗することができ，早期に登記等の対抗要件を備えようとするインセンティブが働かない結果，遺言による権利変動について登記等の対抗要件の具備がされず，実体的な権利と公示の不一致が生ずる場面が増えることになり，取引の安全が害され，ひいては不動産登記制度等の対抗要件制度に対する信頼が害されるおそれがあるといえる。

　そこで，民法899条の2第1項では，「相続による権利の承継は，遺産の分割によるものかどうかにかかわらず，次条及び第901条の規定により算定した相続分を超える部分については，登記，登録その他の対抗要件を備えなければ，第三者に対抗することができない。」と規定し，相続を原因とする権利変動についても，これによって利益を受ける相続人は，登記等の対抗

要件を備えなければ，法定相続分を超える権利の取得を第三者に主張することができないこととしている。

なお，同項の「権利」には，不動産，動産に関する所有権等の権利や債権はもとより，株式や著作権など，その権利の譲渡等につき対抗要件主義を採用しているもの全般がこれに含まれる。また，同項は，相続による権利の承継について対抗要件主義を適用することの根拠規定となるものであるが，各権利の承継に必要な対抗要件の内容については直接規定しておらず，「登記，登録その他の対抗要件備えなければ，……」と規定している。これは，対抗要件の内容については，権利の「譲渡」等において必要となる対抗要件と同じものを要求する趣旨である。したがって，同項の「対抗要件」は，その権利が不動産に関する物権であれば登記（177条）が，動産に関する物権であれば引渡し（178条）等が，物権であれば債務者に対する通知または債務者の承諾（債務者以外の第三者に対しては確定日付にある証書によることを要する。467条）がこれに当たることになる（堂薗幹一郎ほか「相続法改正の概要（4・完）」NBL1139号51〜52頁）。

(2)　相続による不動産の承継と対抗要件等

①　意　義

相続による不動産所有権の承継は，遺産の分割によるものかどうかにかかわらず，法定相続分を超える部分については，登記を備えなければ，第三者に対抗することができない。

②　改正前の法律関係

民法177条は，不動産所有権の取得を第三者に対抗するためには登記を必要としている。

そして，遺贈による不動産の取得は，登記をしなければ，こ
れを第三者に対抗することができない旨判示している（最判昭
和39年３月６日民集18巻３号437頁）。そして遺贈による不動産の取
得は，登記をしなければ対抗することができないとするその理
由は，「意思表示によって物権変動の効果を生ずる点において
は贈与と異なるところはない。」，「民法177条が広く物権の得喪
変更について登記をもって対抗要件としているところから見れ
ば，遺贈をもってその例外とする理由はない。」という点にあ
る。

　ところが，相続分の指定および遺産分割方法の指定による不
動産の権利の取得については，判例は，登記なくしてその権利
を第三者に対抗できるとしていた（最判平成５年７月19日裁判集民
事169号243頁，最判平成14年６月10日家月55巻１号77頁）。遺贈と結論
が異なる理由については，相続分の指定や遺産分割方法の指定
は相続を原因とする包括承継であるため，民法177条の第三者
に当たらないが，遺贈は意思表示による物権変動であって特定
承継であることから，同条の第三者に当たると解していたとい
うことである（Ｑ＆Ａ　改正相続法のポイント・日本弁護士連合会編集
（中込一洋）22頁）。

　　③　改正後の法律関係

　改正後は，相続分の指定及び遺産分割方法の指定による不動
産の権利の取得について，法定相続分（改正民法900条及び901
条の規定により算定した相続分）を超える部分については，登
記を備えなければ，第三者に対抗することができない（改正民
法899条の２第１項）。

第14 相続法改正と不動産登記

　この改正は，理論的には，相続分の指定や遺産分割方法の指定について「被相続人の意思表示によって法定の承継割合（法定相続分）を変更するという意味合い」を有しているという意味で，「『法定相続分の割合に従った包括承継』と『意思表示による特定承継』の中間類型と位置付けることも可能である」ことを理由とする。

　この改正の実質的な理由は，本件判例を前提とすると「相続債権者や被相続人の債務者の法的地位が相当程度不安定なものになる」ことや，「個別の取引の安全が害されるおそれがあるほか，実体的な権利と公示の不一致が生ずる場面が多く存在することになり，とりわけ公的な公示制度として定着している不動産登記制度に対する信頼を害するおそれがある」ことなどにある。「第三者の目から見ると遺言があるかどうか，あるいは遺言がどういう内容になっているのか分からないという面があるので，その権利関係を公示するためには，そういったものについても登記を要求する必要があるのではないかということ」である（第17回議事録・堂薗幹事発言13頁，前掲中込23頁）。

　ただし，登記がないと対抗できないのは，法定相続分を超える部分に限られる（改正民法899条の2第1項）。そして，改正後も，法定相続分に従った包括承継については対抗要件主義（民法177条）は適用されない。

　なお，前述した改正は，相続人以外の第三者との関係についてのものであり，相続人間においては，改正前と同様に，登記がなくても権利を主張できる。相続人が先に手続きをして，更にそれを第三者に譲渡した上で，第三者が先に登記まで備えた

－ 209 －

という場合に，その第三者が優先するということである（前掲
中込21頁）。

(3)　共同相続における権利の承継と対抗要件

改正民法899条の2第1項は，「相続による権利の承継は，遺
産の分割によるものかどうかにかかわらず，次条及び第901条
の規定により算定した相続分を超える部分については，登記，
登録その他の対抗要件を備えなければ，第三者に対抗すること
ができない。」と規定している。

現行法上認められている遺言による財産処分の方法（相続分
の指定，遺産分割方法の指定，遺贈）により財産が処分された
場合に，第三者との関係でどのような法的効果を生ずるかとい
う問題に関する判例理論は次のとおりである。

（i）　相続分の指定による不動産の権利の取得については，登
記なくしてその権利を第三者に対抗することができるとする。
つまり，相続分の指定と登記につき「遺言により法定相続分を
下回る相続分を指定された共同相続人の1人が，遺産中の不動
産に法定相続分に応じた共同相続登記がされたことを利用して
自己の持分権を第三者に譲渡し，移転登記をしたとしても，第
三者は右共同相続人の指定相続分に応じた持分を取得するにと
どまる。」と判示し（最判平成5年7月19日家月46巻5号23頁），他
の相続人は指定相続分を上回る部分につき登記なくして対抗す
ることができるとしている。

（ii）　いわゆる「相続させる」旨の遺言は，特段の事情がない
限り，「遺産分割方法の指定（民法908条）に当たる。そして，
遺産分割方法の指定そのものに遺産分割の効果があり，当該遺

言によって不動産を取得した者は，登記なくしてその権利を第
三者に対抗することができる」（最判平成14年6月10日家月55巻1
号77頁）としていた。

　なお，遺産分割により相続財産中の不動産につき法定相続分
と異なる権利を取得した場合については，判例は「相続財産中
の不動産につき，遺産分割により相続分と異なる権利を取得し
た相続人は，その旨の登記を経なければ，分割後に当該不動産
につき権利を取得した第三者に対抗することができない」（最
判昭和46年1月26日民集25巻1号90頁）としている。

　(iii)　共同相続人の1人が相続放棄をした後，その者の債権者
が代位により相続登記をした上で，当該相続人の持分につき仮
差押登記をしても，それらの登記は無効であり，他の相続人は
登記なくして自己の権利を対抗することができる（最判昭和42年
1月20日民集21巻1号16頁）。

　相続放棄の効力は絶対的であり，何人に対しても登記の有無
を問わず，その効力を生ずると解すべきであって，放棄した相
続人の債権者が，相続の放棄後に，相続財産たる未登記の不動
産について，右相続人も共同相続したものとして代位による所
有権保存登記をした上で持分に対する仮差押登記をしても，そ
の仮差押登記は無効である（最判昭和42年1月20日民集21巻1号16
頁）と判示している。

　(iv)　共同相続人の1人が単独名義の相続登記を経由した後，
第三者への所有権移転登記をした場合，他の共同相続人は登記
なくして自己の持分を対抗することができるとされている（最
判昭和38年2月22日民集17巻1号235頁）。

－211－

⑷ 「相続させる」旨の遺言の基本構造と不動産登記

① 「相続させる」旨の遺言とその基本構造

「相続させる」旨の遺言は，これまでの判例によって遺贈ではなく，遺産分割方法の指定と解されてきた。それは相続債務の承継がなくなる不都合を避ける意味が大きかったといわれる。その効力については，相続分の指定の意味も含まれているために，相続財産をもらった相続人は登記なくして対抗できるとされてきた。しかし，それが行き過ぎということで，今回の相続法改正によって修正されている（前掲平田169頁）。

「相続させる」旨の遺言は，民法典に書かれている用語ではなく，一定の相続財産を特定の相続人に取得させる遺言をそのように呼んでいる。実際にも，公正証書遺言を作成するときには，一定の相続財産を特定の相続人に取得させる内容の遺言を「相続させる」旨の遺言と呼んでいる。

ただ，相続財産を特定の相続人に相続させるという趣旨の遺言をどのような性質のものとして理解すべきかについては議論があるがそのような遺言は，当該相続人に単独である相続財産を相続させようとする遺言者の意思に基づくものであるということは疑いのない事実であると考えられる。

登記実務では，昭和47年4月17日民事甲第1442号民事局長通達によって，既に「相続させる」との遺言があった場合には，遺産分割協議を経なくても相続を原因とする所有権移転登記の申請を受理する取扱いがなされていた（拙著「新訂 相続・遺贈の登記」914頁）。

その後判例も，この点について，「遺産の分割の方法を定め

－212－

た遺言であり，他の共同相続人も右の遺言に拘束され，これと
異なる遺産分割の協議，さらには審判もなし得ないのであるか
ら，このような遺言にあっては，遺言者の意思に合致するもの
として，遺産の一部である当該遺産を当該相続人に帰属させる
遺産の一部の分割がなされたのと同様の遺産の承継関係を生ぜ
しめるものであり，当該遺言において相続による承継を当該相
続人の受諾の意思表示にかからせたなどの特段の事情のない限
り，何らの行為を要せずして，被相続人の死亡の時（遺言の効
力の生じた時）に直ちに当該遺産が当該相続人に相続により承
継されるものと解すべきである。」と判示している（最判平成3
年4月19日民集45巻4号477頁）。まさに，これが「相続させる」旨
の遺言の基本構造である。

　「何某にＡ不動産を相続させる」旨の遺言がなされた場合，
この条項により，当該不動産を取得する相続人が，不動産登記
法63条2項により，単独で相続による所有権移転登記を申請す
ることができる。

　この取扱いは，前述した昭和47年4月17日民事甲第1442号民
事局長通達により認められたものであるが，最判平成3年4月
19日判決（民集45巻4号477頁）により肯認されている（吉野衛
「遺言公正証書における不動産登記法上の諸問題」民法と登記・上333
頁）。

　相続人以外の第三者については，従来どおり，「Ａ不動産を
遺贈するという条項を作成し，この条項に基づいて，当該第三
者がＡ不動産の所有権移転登記を申請するときは，当該第三者
を登記権利者，遺言者を登記義務者，そして遺言執行者を登記

－213－

義務者の代理人とし，当該第三者と遺言執行者との共同申請により，所有権移転登記をすることになる（不登法60条）。

なお，遺言執行者が存在しないときは，相続人全員が登記申請義務を承継するので，当該第三者と相続人全員との共同申請により，遺言者から当該第三者への所有権移転登記を行うことになる（前掲吉野334頁）。

② 「相続させる」旨の遺言と遺産分割方法の指定

「相続させる」旨の遺言は，これまでの判例によって遺贈ではなく，遺産分割方法の指定と解されてきた。それは相続債務の承継がなくなる不都合を避ける意味が大きかったといわれる。その効力については，相続分の指定の意味も含まれているために，相続財産をもらった相続人は登記なくして対抗できるとされる。しかし，それは行き過ぎということで，今回の相続法改正によって明文をもって修正されている。

(5) 「相続させる」旨の遺言の法的性質

「相続させる」旨の遺言は，一定の相続財産を特定の相続人に取得させる遺言のことをいう。ただ，「相続財産を特定の相続人に相続させる旨の遺言」をどのような性質のものとして理解すべきかということについては議論があった。

ただ，そのような遺言は，当該相続人に単独である相続財産を相続させようとする遺言者の意思に基づくものであることは明確であったといえる。

しかし，遺言者の意思と相続人間の公平のどちらをより尊重すべきか，また遺言者の意思を尊重すべきであるとしても実現し得る実定法上の解釈を導き得るかどうか，例えば，遺贈と解

— 214 —

した場合と遺産分割方法の指定と解した場合とで，関連する法制度上の取扱いが相当に異なってくる。

　ⓘ　まず，相続と解する場合には，相続人単独で登記申請をすることができるが，遺贈と解する場合には，遺言執行者または相続人を登記義務者として共同申請しなければならない。

　ⓘ　また，相続を登記原因とした場合の登録免許税が，課税標準額の1,000分の4で済むが，遺贈を登記原因とする場合には1,000分の20となる（ただし，平成15年改正で相続人への遺贈の場合も1,000分の4となっている（登録免許税法別表1，1(2)））。

　ⓘ　「相続させる」旨の遺言と登記実務

　登記実務では，昭和47年4月17日民事甲第1442号民事局長通達によって，すでに「相続させる」旨の遺言があった場合には，遺産分割協議書を添付しなくても相続を原因とする所有権移転登記の申請は受理されるという取扱いがされていたが，実体法上は遺産分割協議を経なければ所有権移転は確定しないとされていた（前掲平田171頁）。

　判例は，特定の遺産を特定の相続人に「相続させる」旨の遺言につき，「特定の遺産を特定の相続人に「相続させる」趣旨の遺言は，遺言書の記載から，その趣旨が遺贈であることが明らかであるか，又は遺贈と解すべき特段の事情のない限り，民法908条に規定する遺産の分割の方法を定めたものである。」（最判平成3年4月19日民集45巻4号477頁）と解している。

― 215 ―

⑹ 「相続させる」旨の遺言とその効力

① 遺贈との関係

遺贈については，判例は，「遺贈が効力を生じた場合においても，遺贈を原因とする所有権移転登記のなされない間は，完全に排他的な権利変動を生じないものと解すべき」であって，「民法177条が広く物権の得喪変更について登記をもって対抗要件としているところから見れば，遺贈をもってその例外とする理由はないから，遺贈の場合においても不動産の二重譲渡等における場合と同様，登記をもって物権変動の対抗要件とするものと解すべき」であるとしている（最判昭和39年3月6日民集18巻3号437頁）。同判例は，「遺贈による不動産の取得にも，民法177条が適用されるので，受遺者は登記がなければ，相続人の債権者に対抗できない」旨判示している。

② 「相続させる」旨の遺言と無権利の法理

「相続させる」旨の遺言については，最高裁は，「特段の事情のない限り，何らの行為を要せずして，被相続人の死亡の時に直ちに当該遺産が当該相続人に相続により承継される」とする。最高裁平成3年4月19日判決を引用した上で，「「相続させる」趣旨の遺言による権利の移転は，法定相続分又は指定相続分の相続の場合と本質において異なるところはない。」とし，指定相続分に関して無権利の法理が適用されるとした最高裁判例（最判昭和38年2月22日民集17巻1号235頁）は，法定相続分を超える処分は無権利の処分行為であって無効であり，法定相続分を相続した法定相続人は，自己の持分権について登記なくして対抗できる。」と判示している。前記昭和38年2月22日（民集17

巻1号235頁）は，「共同相続の場合，相続人の1人が単独所有権取得の登記をなし，これを第三者に譲渡し，所有権移転の登記をしても，ほかの相続人は自己の持分を登記なくして，これに対抗できる。」と判示している。

つまり，法定相続分を超える処分は無権利の処分行為であって無効であり，法定相続分を相続した共同相続人は，自己の持分権については，登記なくして第三者に対抗できることが明確になったということである（前掲平田103頁）。

③　「相続させる」旨の遺言と判例

①　最判平成21年3月24日（民集63巻3号427頁）

相続人のうちの1人に対して相続財産全部を相続させる旨の遺言がなされ，他の相続人が遺留分減殺請求をした場合に，法定相続分に相当する相続債務分担額を加算して計算すべきかどうかが問題となる。

最判平成21年3月24日（民集63巻3号427頁）は，「相続人のうちの1人に対して財産全部を相続させる旨の遺言により相続分の全部が当該相続人に指定された場合，遺言の趣旨等から相続債務については当該相続人にすべてを相続させる意思のないことが明らかであるなどの特段の事情のない限り，当該相続人に相続債務もすべて相続させる旨の意思が表示されたものと解すべきであり，これにより，相続人間においては，当該相続人が指定相続分の割合に応じて相続債務をすべて承継することになると解するのが相当である。」としている。

そして，「上記遺言による相続債務についての相続分の指定は，相続債務の債権者（以下「相続債権者」という。）の関与

— 217 —

なくされたものであるから，相続債権者に対してはその効力が及ばないものと解するのが相当であり，各相続人は，相続債権者から法定相続分に従った相続債務の履行を求められたときには，これに応じなければならず，指定相続分に応じて相続債務を承継したことを主張することはできないが，相続債権者の方から相続債務についての相続分の指定の効力を承認し，各相続人に対し，指定相続分に応じた相続債務の履行を請求することは妨げられないというべきである。」という前提のものと，「遺留分の侵害額の算定においては，遺留分権利者の法定相続分に応じた相続債務の額を遺留分の額に加算することは許されないものと解するのが相当である。遺留分権利者が相続債権者から相続債務について法定相続分に応じた履行を求められ，これに応じた場合も，履行した相続債務の額を遺留分の額に加算することはできず，相続債務をすべて承継した相続人に対して求償し得るにとどまるものというべきである。」と判示している。この判例の趣旨については，今回の相続法改正で新たに条文化されている（民法1047条）。

　　⑪　最判平成23年2月22日（民集65巻2号699頁）

　上記平成23年の判例は，「推定相続人の1人に相続財産全部を相続させる旨の遺言がなされたところ，当該推定相続人が先に死亡し，その3か月後に遺言者である被相続人が死亡した」という事案に関するものである。この場合，当該推定相続人の代襲者が遺産を代襲相続できるかどうかについて，最高裁は，「『相続させる』旨の遺言は，当該遺言により遺産を相続させるものとされた推定相続人が遺言者の死亡以前に死亡した場合

－ 218 －

には，当該『相続させる』旨の遺言に係る条項と遺言書の他の記載との関係，遺言書作成当時の事情及び遺言者の置かれていた状況などから，遺言者が，当該推定相続人の代襲者その他の者に遺産を相続させる旨の意思を有していたとみるべき特段の事情のない限り，その効力を生ずることはないと解するのが相当である。」と判示している。

この点については，今回の相続法改正では明文化されていない（前掲平田176頁）。

(7) 「相続させる」旨の遺言と遺留分減殺

相続人の1人に相続財産全部を「相続させる」旨の遺言がなされ，他の相続人が遺留分減殺請求をした場合に，法定相続分に相当する相続債務分担額を加算して計算すべきかどうかが問題となったケースにつき，最高裁は，「相続人のうちの1人に対して財産全部を相続させる旨の遺言により相続分の全部が当該相続人に指定された場合，遺言の趣旨等から相続債務については当該相続人にすべてを相続させる意思のないことが明らかであるなどの特段の事情のない限り，当該相続人に相続債務もすべて相続させる旨の意思が表示されたものと解すべきであり，これにより，相続人間においては，当該相続人が指定相続分の割合に応じて相続債務をすべて承継することになると解するのが相当である。」としている。

そして，「上記遺言による相続債務についての相続分の指定は，相続債務の債権者の関与なくされたものであるから，相続債権者に対してはその効力が及ばないものと解するのが相当であり，各相続人は，相続債権者から法定相続分に従った相続債

務の履行を求められたときは，これに応じなければならず，指
定相続分に応じで相続債務を承継したことを主張することはで
きないが，相続債権者の方から相続債務についての相続分の指
定の効力を承認し，各相続人に対し，指定相続分に応じた相続
債務の履行を請求することは妨げられないというべきである。」
という前提のもと，「遺留分の侵害額の算定においては，遺留
分権利者の法定相続分に応じた相続債務の額を遺留分の額に加
算することは許されてないものと解するのが相当である。遺留
分権利者が相続債務者から相続債務について法定相続分に応じ
た履行が求められ，これに応じた場合も，履行した相続債務の
額を遺留分の額に加算することはできず，相続債務をすべて承
継した相続人に対して求償し得るにとどまるものというべきで
ある。」と判示している（最判平成21年3月24日民集63巻3号427
頁）。この判例の趣旨については，今回の相続法改正で新たに
条文化されている（民法1047条）。

(8) 「相続させる」旨の遺言と代襲相続

推定相続人の1人に相続財産全部を「相続させる」旨の遺言
がされたが，当該推定相続人が先に死亡し，その3か月後に遺
言者である被相続人が死亡した場合に，当該推定相続人の代襲
者が遺産を代襲相続できるかどうかが問題となる。最高裁判例
（最判平成23年2月22日民集65巻2号699頁）は，「「相続させる」旨
の遺言は，それによって相続させる者とされた推定相続人が遺
言者の死亡以前に死亡した場合には，遺言者が当該推定相続人
の代襲者その他の者に相続させる旨の意思を有していたとみる
べき特段の事情がない限り，その効力を生じない。」旨判示し

— 220 —

ている。この点については，今回の相続法改正においては明文
化されていないが，相続させる旨の遺言は，相続ではなく，遺
産分割方法の指定であり，特定財産承継遺言（改正民法1014条2
項）と呼び，相続ではないのであるから，判例において述べて
いるとおり，当該「相続させる」旨の遺言に係る条項と遺言者
の他の記載との関係，遺言書作成当時の事情及び遺言者の置か
れていた状況などから，遺言者が当該推定相続人の代襲者その
他の者に遺産を相続させる旨の意思を有していたとみるべき特
段の事情のない限り，その効力は生じないと解するのが相当で
はないかと考えられる（前掲平田176頁）。

(9) 「相続させる」旨の遺言と不動産登記

① 「相続させる」旨の遺言と登記実務

前述のごとく，登記実務では，昭和47年4月17日民事甲第
1442号民事局長通達により，「相続させる」旨の遺言があった
場合には，遺産分割協議を経なくても相続を原因とする所有権
移転登記の申請はできるという取扱いをしていた。ただし，実
体法上は遺産分割協議を経なければならないとされていた（前
掲平田179頁）。

民法908条は，遺産の分割方法の指定及び遺産の分割の禁止
につき，「被相続人は遺言で，遺産の分割の方法を定め，若し
くはこれを定めることを第三者に委託し，又は相続開始の時か
ら5年を超えない期間を定めて，遺産の分割を禁ずることがで
きる。」と規定している。

最高裁は，この点について「遺産の分割方法を定めた遺言で
あり，他の共同相続人も右の遺言に拘束され，これと異なる遺

産分割の協議，さらには審判もなし得ないのであるから，このような遺言にあっては，遺言者の意思に合致するものとして，遺産の一部である当該遺産を当該相続人に帰属させる遺産の一部の分割がなされたのと同様の遺産の承継関係を生ぜしめるものであり，当該遺言において相続による承継を当該相続人の受託の意思表示にかからせたなどの特段の事情のない限り，何らの行為を要せずして，被相続人の死亡の時（遺言の効力の生じた時）に直ちに当該遺産が当該相続人に相続により承継されるものと解すべきである。」としている。

　つまり，「特定の遺産を特定の相続人に「相続させる」趣旨の遺言は，遺言書の記載から，その趣旨が遺贈であることが明らかであるか，または遺贈と解すべき特段の事情がない限り，本条（民法908条）にいう遺産の分割の方法を定めたものである」としている。

　　　②　「相続させる」旨の遺言と債権者による差押

　夫である被相続人Aが自己の有する不動産の権利一切を妻Bに「相続させる」旨の遺言をしてBが当該権利を取得したところ，Aの法定相続人の1人であるCの債権者らがCに代位してCの法定相続分の登記を経由した上で，Cの持分に対する仮差押え及び強制競売を申し立てたため，妻Bが第三者異議訴訟を提起したという事案である。

　このような事件については，最高裁は，「特段の事情のない限り，何らの行為を要せずに，被相続人の死亡の時に直ちに当該遺産が当該相続人に相続により承継される。」（最判平成3年4月19日民集45巻4号477頁）。このように「相続させる」旨の遺言

による権利の移転は法定相続分又は指定相続分の相続の場合と本質において異なるところはない。そして，法定相続分又は指定相続分の相続による不動産の権利の取得については，登記なくしてその権利を第三者に対抗することができる（最判昭和38年2月22日民集17巻1号235頁，最判平成5年7月19日裁判集民事169号243頁）」と判示している（最判平成14年6月10日家月55巻1号77頁）。最判昭和38年2月22日（民集17巻1号235頁）は，「共同相続人は，他の共同相続人が単独所有権移転登記を経由し，さらに第三者に移転登記をした場合，第三者に対し，自己の持分を登記なくして対抗し得る。」と判示し，最判平成14年6月10日（家月55巻1号77頁）は，「「相続させる」旨の遺言によって不動産を取得した者は，登記なくしてその権利を第三者に対抗することができる。」旨判示している。

　「相続させる」旨の遺言の法的性質を遺産分割方法の指定と解する限り，第三者との関係は，遺産分割後の第三者との関係と同様になるはずであって，第三者に対抗するには登記を必要とすると解さないと一貫していない。ところが最高裁は，「相続させる」旨の遺言には，相続分の指定も含まれており，指定相続分にも無権利の法理が妥当するとの根拠に基づいて，登記なくして第三者に対抗し得るとしている（前掲最判平成14年6月10日家月55巻1号77頁が引用している最判平成5年7月19日裁判集民事169号243頁）。最判平成5年7月19日は，「遺言により法定相続分を下回る相続分を指定された共同相続人の1人が，遺産中の不動産に法定相続分に応じた共同相続登記がされたことを利用し，自己の持分権を第三者に譲渡し移転登記をしたとしても，

第三者は右共同相続人の指定相続分に応じた持分を取得するにとどまる。」旨判示している。

③ その後の判例の動向と不動産登記

　最判平成14年6月10日の判決後,「相続させる」旨の遺言をもって,法定相続分を超えて取得した持分につき,登記なくして主張できるかが問題となった事案,例えば,「相続させる」旨の遺言がなされ,被相続人が相続人である1人の子に対して遺産である不動産を「相続させる」としていたところ,もう1人の相続人である子が法定相続分をもって相続登記をしたために,錯誤に基づく更正登記手続訴訟が提起されたというケースにおいては,最判平成14年6月10日判決（家月55巻1号77頁）を引用して,つまり「相続させる」趣旨の遺言によって不動産を取得した者は,登記なくしてその権利を第三者に対抗することができるとする判決を引用して,「相続させる」旨の遺言によって法定相続分以上の持分を取得した相続人は,登記なくして錯誤に基づく更正登記手続請求をすることができる旨判示している（東京地判平成25年10月29日（平25(ワ)13339））（前掲平田182頁）。

　ただ,今回の相続法改正によって,法定相続分を超える部分については,登記等の対抗要件を備えなければ対抗できない。」とする明文規定を設けている（改正民法899条の2第1項）ので,その結果として,「相続させる」旨の遺言も,その遺言によって相続取得したことを登記しなければ対抗できない。そして,「相続させる」旨の遺言は,「特定財産承継遺言」として明文化されている（改正民法1014条2項）ところである（前掲平田185頁）。

　さらに,遺贈については,「遺贈の効力が生じた場合におい

ても，遺贈を原因とする所有権移転登記のなされない間は，完全に排他的な権利変動を生じないものと解すべき」であって，「民法177条が広く物権の得喪変更について登記をもって対抗要件としているところから見れば，遺贈をもってその例外とする理由はないから，遺贈の場合においても不動産の二重譲渡等における場合と同様，登記をもって物権変動の対抗要件とするものと解すべき」であるとしている（最判昭和39年3月6日民集18巻3号437頁）。

　しかし，「相続させる」旨の遺言については，最高裁は，「特段の事情のない限り，何らの行為を要せずに，被相続人の死亡の時に直ちに当該遺産が当該相続人に相続により承継される」とする平成3年4月19日判決を引用した上で，「相続させる」旨の遺言による権利の移転は，法定相続分または指定相続分の相続の場合と本質において異なるところはない。」とし，指定相続分に関して無権利の法理が適用されるとした最高裁判例（最判昭和38年2月22日民集17巻1号235頁）は「共同相続人は，他の共同相続人が単独所有権移転登記を経由し，さらに第三者に移転登記をした場合，第三者に対し自己の持分を登記なくして対抗し得る。」と判示している。）を引用して，「相続させる」旨の遺言も登記なくして対抗できると判断している（最判平成14年6月10日家月55巻1号77頁）。また，同判例は，「「相続させる」旨の遺言によって不動産を取得した者は，登記なくしてその権利を第三者に対抗することができる。」と判示している。

　前述のごとく「相続させる」旨の遺言の法的性質を遺産分割方法の指定と解する限り，第三者との関係は，遺産分割後の第

三者との関係と同様になるはずであるから，第三者に対抗するためには登記を要すると解さないと一貫しない（前掲平田173頁）という見解もあるが，最高裁は，「相続させる」旨の遺言には，相続分の指定も含まれており，指定相続分にも無権利の法理が妥当するということ（最判平成5年7月19日家月46巻5号23頁）で登記なくして第三者に対抗することができるとしていた。最判平成5年の上記判例は「遺言により法定相続分を下回る相続分を指定された共同相続人の1人が，遺産中の不動産に法定相続分に応じた共同相続登記がされたことを利用し，自己の持分権を第三者に譲渡し移転登記をしたとしても，第三者は右共同相続人の指定相続分に応じた持分を取得するにとどまる。」としている。

④　「相続させる」旨の遺言と相続債務

相続人の1人に相続財産全部を相続させる旨の遺言がなされ，他の相続人が遺留分減殺請求をした場合に，法定相続分に相当する相続債務分担額を加算して計算すべきかどうかが問題となったケースにつき，最高裁は，「相続人のうちの1人に対して財産全部を相続させる旨の遺言により相続分の全部が当該相続人に指定された場合，遺言の趣旨等から相続債務については当該相続人にすべてを相続させる意思のないことが明らかであるなどの特段の事情のない限り，当該相続人に相続債務もすべて相続させる旨の意思が表示されたものと解すべきであり，これにより，相続人間においては，当該相続人が指定相続分の割合に応じて相続債務をすべて承継することになると解するのが相当である。」としている（最判平成21年3月24日民集63巻3号

427頁）。

　そして，「上記遺言による相続債務についての相続分の指定
は，相続債務の債権者（相続債権者）の関与なくされたもので
あるから，相続債権者に対してはその効力が及ばないものと解
するのが相当であり，各相続人は，法定相続分に従った相続債
務の履行が求められたときには，これに応じなければならず，
指定相続分に応じて相続債務を承継したことを主張することは
できないが，相続債権者の方から相続債務についての相続分の
指定の効力を承認し，各相続人に対し，指定相続分に応じた相
続債務の履行を請求することは妨げられないというべきであ
る。」という前提のもと，「遺留分の侵害額の算定においては，
遺留分権利者の法定相続分に応じた相続債務の額を遺留分の額
に加算することは許されないものと解するのが相当である。」
という。遺留分権利者が相続債権者から相続債務について法定
相続分に応じた履行を求められ，これに応じた者も，履行した
相続債務の額を遺留分の額に加算することはできず，相続債務
をすべて承継した相続人に対して求償し得るにとどまるものと
いうべきである。」と判示している（最判平成21年３月24日民集63
巻３号427頁）。この判例の趣旨については今回の相続法改正で
新たに条文化されている（改正民法1047条）（前掲平田175頁）。

　　⑤　「相続させる」旨の遺言と推定相続人の先死亡によ
　　　　る代襲相続

　推定相続人の１人に相続財産全部を相続させる旨の遺言がな
されたところ，当該推定相続人が先に死亡し，その３か月後に
遺言者である被相続人が死亡したような場合である。

－ 227 －

このような場合，つまり，当該推定相続人の代襲者が遺産を代襲相続できるかどうかについて，最高裁は，「相続させる」旨の遺言は，当該遺言により遺産を相続させるものとされた推定相続人が遺言者の死亡以前に死亡した場合には，当該「相続させる」旨の遺言に係る条項と遺言書の他の記載との関係，遺言書作成当時の事情及び遺言者の置かれていた状況などから，遺言者が，当該推定相続人の代襲者とその他の者に遺産を相続させる旨の意思を有していたとみるべき特段の事情のない限り，その効力を生ずることはないと解するのが相当である。」旨判示している（最判平成23年2月22日民集65巻2号699頁）。この点については，今回の相続法改正では明文化されていない（前掲平田176頁）。

⑥ 「相続させる」旨の遺言とその特色

① 意 義

遺言者が遺産分割方法の指定として，特定の財産または財産の全部を特定の相続人に取得させることを内容とする遺言のことを「相続させる」旨の遺言といっていた。

ⅱ 遺産の処分

遺言者は，遺言で自己の財産を贈与することができ（民法964条），また財産の配分割合を定めることができる（民法902条）ほか，遺産の分割方法を定めることができる（民法908条）。

この遺言の効力が発生すると，遺産の一部分割がなされたのと同様の遺産の承継関係または遺産全部の承継関係を生じさせ，特段の事情のない限り，被相続人の死亡時に直ちに当該遺産が受益相続人に承継される（最判平成3年4月19日民集45巻4号

477頁）。全部の遺産を対象とする場合も，遺産を構成する個々の特定の財産の全部を指すものと解されるので，やはり特定の財産ということになる。この場合は，遺産の全部を相続させることにより，遺産分割を要する残余の遺産はないことになる。そして，遺言の効力が発生することにより，直ちに財産全部を構成する個々の財産につき権利移転が発生する（即時権利移転効）。

　　　ⅷ　「相続させる」旨の遺言と対抗要件

　「相続させる」旨の遺言により受益した相続人は，受益相続人以外の共同相続人の債権者に対して，登記なくして自己の権利の取得を対抗することができるとされた（最判平成14年6月10日判時1791号59頁）。

　　　ⅳ　「相続させる」旨の遺言と登記申請

　「相続させる」旨の遺言がされた場合，当該不動産につき，当該遺言書を提供して（遺産分割協議書を提供する必要はない。），受益相続人が相続を登記原因として単独で登記申請することができるとされた（昭和47年4月17日民事甲第1442号民事局長通達）。遺言執行者が指定されていた場合においても，遺言執行者からの登記申請はできない。受益相続人が単独で申請できるからである。

　　　ⅴ　農地法の許可

　「相続させる」旨の遺言により取得する不動産が農地である場合にも，農地法で定める都道府県知事の許可は必要がない。また，相続財産が借地権・借家権である場合においても，賃貸人の承諾（民法612条）は必要ないとされた。

⑥　負担付「相続させる」旨の遺言

　「相続させる」旨の遺言に負担を付けること，たとえば，遺産を相続させる相続人に遺言者の妻の生活費を支給することという負担を付けるような，負担付の「相続させる」旨の遺言ができるかどうかという問題があるが，「相続させる」とした場合の効果は，遺贈の効果に類似すると考えられるので，負担付遺贈と同様，できると解される（改正民法1027条）。

⑦　予備的「相続させる」旨の遺言

　特定の財産を「Aに相続させる」旨の遺言をした後，この遺言の効力発生以前にAが死亡したときは，遺贈の場合（民法994条1項は「遺贈は，遺言者の死亡以前に受遺者が死亡したときは，その効力を生じない。」と規定している。）と同様にその遺言は効力を生じないと解されるので，遺言中に「Aが遺言者より先に死亡した場合は，Aに相続させるとした財産はBに相続させる。」旨の文言（予備的遺言または補充的遺言）がない限り，その物件は遺言者の全相続人が相続することになる（昭和62年6月30日民三第3411号民事局第三課長回答）ので，予備的遺言をすることができる。

⑧　「相続させる」旨の遺言と遺留分

　「相続させる」旨の遺言によって遺留分を侵害された受益相続人は，遺留分減殺請求権を行使することができるが，この請求権は一身専属的な権利であり，相続人の債権者が代位して行使することはできない（最判平成13年11月22日民集55巻6号1033頁）。遺留分侵害額の請求権は，遺留分権利者が相続の開始及び遺留分を侵害する贈与又は遺贈があったことを知った時から

１年間行使しないときは，時効によって消滅する。相続開始の
時から10年を経過したときも，同様とする。」と規定している
（改正民法1048条）。

⑨　相続法改正と権利変動の対抗要件

　相続法の改正により，相続による権利の承継は，遺産の分割
によるものかどうかにかかわらず，法定相続分を超える部分に
ついては，登記その他の対抗要件を備えなければ第三者に対抗
できないとしている（改正民法899条の２第１項）。

　改正民法899条の２第１項は，「相続による権利の承継は，遺
産の分割によるものかどうかにかかわらず，次条及び901条の
規定により算定した相続分を越える部分については，登記，登
録その他の対抗要件を備えなければ第三者に対抗することがで
きない。」と規定している。

　いわゆるかつての「相続させる」旨の遺言については，「特
段の事情のない限り，何らの行為を要せずに，被相続人の死亡
の時に直ちに当該遺産が当該相続人に相続により承継される。」
とし，「相続させる」旨の遺言による権利の移転は，「法定相続
分又は指定相続分の相続の場合と本質において異なるところは
ない。そして，法定相続分又は指定相続分の相続による不動産
の権利の取得については，登記なくしてその権利を第三者に対
抗することができる。」と判示していた（最判平成14年６月10日家
月55巻１号77頁）こと前述のとおりである。同判例は「相続させ
る」旨の遺言によって不動産を取得した者は，登記なくしてそ
の権利を第三者に対抗することができると判示している。

　しかし，「相続させる」旨の遺言の法的性質を遺産分割方法

の指定と解する限り，第三者との関係は，遺産分割後の第三者との関係と同様になり，第三者に対抗するためには登記を必要とすると解することもできる。

しかし，最高裁判例（最判平成14年6月10日家月55巻1号77頁）は，「相続させる」旨の遺言には，相続分の指定も含まれており，登記なくして第三者に対抗することができると解していたが，全ての「相続させる」旨の遺言に相続分の指定の意味が含まれているとは限らないということもあり，批判もあったということで，今回の相続法改正においては，この点についても明文をもって対抗要件の問題として規律している。

今回の相続法改正では，「相続させる」旨の遺言について，「遺産の分割の方法の指定として遺産に属する特定の財産を共同相続人の1人又は数人に承継させる旨の遺言」について，「特定財産承継遺言」と呼び，これについて遺言執行者が対抗要件に必要な行為をすることができるとする明文規定を設けいている（改正民法1014条2項。前掲平田185頁）。

このように，今回の相続法改正により，民法899条の2が新設された。同条1項は，共同相続における権利の承継の対抗要件に関し，「相続による権利の承継は，遺産の分割によるものかどうかにかかわらず，次条及び第901条の規定により算定した相続分を超える部分については，登記，登録その他の対抗要件を備えなければ，第三者に対抗することができない。」と規定し，法定相続分については，この条文の反対解釈によって，登記なくして対抗することができることが明確にされている。

この点について，これまでの判例は，いわゆる「無権利の法

理」が採用されており，ある共同相続人が自己の相続共有持分
権を超えて譲渡処分した場合，相続共有持分権を超える部分に
ついては無権利の処分であるから，他の共同相続人は登記なく
して自己の相続持分を主張できるとされている（最判昭和38年2
月22日民集17巻1号235頁）。

　上記判例は，「共同相続の場合，相続人の1人が単独所有権
取得の登記をし，これを第三者に譲渡して，所有権移転の登記
をしても，他の相続人は自己の持分を登記なくして，これに対
抗できる。」旨判示している。

　つまり，共同相続においては，相続共有持分権に関する処分
権の有無という基準をもって相続人の保護を図っているという
ことになる（前掲平田25頁）。

　なお，共同相続と登記以外の場面における相続と登記に関す
る問題としては，相続放棄がなされたにもかかわらず，法定相
続分の登記がなされ，相続人の債権者がその法定相続分を差し
押さえた場合，相続放棄の効力は絶対的なものとして，相続を
承認した相続人は登記なくして差押債権者に対抗することがで
きる。

　判例は，相続放棄の効力を絶対的なものとして，登記なくし
て第三者に対抗できるとしている（最判昭和42年1月20日民集21巻
1号16頁）。この判例の事案は，もともと被相続人の所有であっ
た不動産につき，被相続人死亡後，相続人2名を除く相続人5
名が相続放棄の申述をしたにもかかわらず，その登記がなされ
なかったため，相続放棄をした相続人の債権者が当該相続人を
代位して法定相続分につき所有権保存登記を行い，それに対し

仮登記をしたというものである。これに対し，本件相続を承認
した相続人が，前記相続人の債権者に対し，第三者異議の訴え
を提起した。その理由としては，当該所有権保存登記は実体に
合わない無効なものというべく，本件不動産につき相続放棄を
した相続人が持分を有することを前提としてした仮差押えは，
その内容どおりの効力を生ずる由なくこの仮差押登記は無効と
いうべきであるとしている。

　これに対し，最高裁は，「民法が承認，放棄をなすべき期間
（民法915条）を定めたのは，相続人に権利義務を無条件に承継
することを強制しないこととして，相続人の利益を保護しよう
としたものであり，同条所定期間内に家庭裁判所に放棄の申述
をすると（同法938条），相続人は相続開始時に遡って相続開始
がなかったと同じ地位におかれることになり，この効力は絶対
的で，何人に対しても，登記等なくしてその効力を生ずると解
すべきである。」と判断している。

　　　ⓧ　「相続させる」旨の遺言と相続法の改正
　⑺　「相続させる」旨の遺言は，今日，頻繁に用いられるも
のとなっている（大村敦志「新基本民法　相続編」128頁以下）。

　「相続させる」旨の遺言というのは，「財産甲はＡに相続さ
せる」（特定の財産を特定の者に相続させる）旨の遺言のこと
である。甲をＡに帰属させる意思を示しつつ，それは遺贈では
なく，相続であると自ら宣言する遺言が「相続させる」旨の遺
言である。この遺言は，「遺贈」でも，「分割方法の指定」でも
ない第三の処分であり，民法は，このような処分を禁じていな
いとする考え方によるものである（前掲大村129頁）。

－ 234 －

第14　相続法改正と不動産登記

　最判平成３年４月19日（民集45巻４号477頁）は，「特定の遺産
を特定の相続人に「相続させる」趣旨の遺言は，遺言書の記載
から，その趣旨が遺贈であることが明らかであるかまたは遺贈
と解すべき特段の事情のない限り，当該遺産を当該相続人をし
て単独で相続させる遺産分割の方法が指定されたものと解すべ
きである。」旨判示し，その「相続させる」旨の遺言の効力に
つき，「相続させる」旨の遺言があった場合には，特段の事情
のない限り，何らの行為を要せずして，被相続人死亡時に直ち
にその遺産はその相続人に相続により承継されるとする（前掲
平成３年４月19日判決）。

　そして，「「相続させる」旨の遺言により所有権を取得した相
続人は単独で登記手続をすることができる。」（最判平成７年１月
24日判時1523号81頁）とされ，また，「「相続させる」旨の遺言に
よって不動産を取得した者は，登記なくしてその権利を第三者
に対抗することができる。」（最判平成14年６月10日家月55巻１号77
頁）とする。

　「相続させる」ものとされた推定相続人が死亡した場合に
は，「相続させる」旨の遺言は，それによって相続させる者と
された推定相続人が遺言者の死亡以前に死亡した場合には，遺
言者が当該推定相続人の代襲者その他の者に相続させる旨の意
思を有していたとみるべき特段の事情のない限り，その効力を
生じない。」（最判平成23年２月22日民集65巻２号699頁）とされる。

　なお，「相続させる」旨の遺言と遺言執行者の権限について
は，「「相続させる」旨の遺言により不動産を得た者は単独で所
有権移転登記手続をすることができ，遺言執行者はその登記手

－235－

続をする義務を負わない。」（最判平成7年1月24日判時1523号81頁）
とされ，また，「「相続させる」旨の遺言の対象となる不動産に
ついての賃借権確認請求の被告適格は，遺言に遺言執行者の職
務とする旨の記載があるなど特段の事情のない限り，遺言執行
者ではなく，遺言によって当該不動産を相続した相続人であ
る。」（最判平成10年2月7日民集52巻1号299頁）とする。

　「相続させる」旨の遺言に基づく登記がされる前に，他の相
続人が自己名義の登記をした場合は，遺言執行者は遺言を実現
するために抹消登記と所有権移転登記を求めることができる
（最判平成11年12月16日民集53巻9号1989頁）。

　(イ)　その後の展開としては，前記平成3年4月19日の判決
後，「相続させる」旨の遺言は急速に普及することになった。
まず，①最判平成7年1月24日（判時1523号81頁）の判例は，
「相続させる」旨の遺言により所有権を取得した相続人は単独
で登記手続をすることができると判示し，②最判平成11年12月
16日（民集53巻9号1989頁）の判例は，「相続させる」旨の遺言に
基づく登記がされる前に，他の相続人が自己名義の登記をした
場合は，遺言執行者は遺言を実現するために抹消登記と所有権
移転登記を求めることができる。」旨判示している。

　また，③最判平成14年6月10日（家月55巻1号77頁）の判決
は，「「相続させる」趣旨の遺言によって不動産を取得した者
は，登記なくしてその権利を第三者に対抗することができる。」
旨判示している。

　そして，最判昭和62年4月23日（民集41巻3号474頁）の判例
は，「受遺者は，遺言執行者がある場合でも，遺贈の目的物に

ついて無効な登記の抹消登記手続を求めることができる。」旨
判示している。

　㋑　最判平成３年４月19日（民集45巻４号477頁）が，「相続さ
せる」旨の遺言を承認し，この遺言があった場合には，対象で
ある遺産甲や対象相続人である相続人Ａに直ちに承継されると
したのを受けて，不動産甲につき相続人Ａは単独で登記手続を
することができるのであり，遺言執行者の関与を必要としない
としたものである。これに対し，最判平成11年12月16日（民集
53巻９号1989頁）は不動産について，Ａへの移転登記がされる前
に他の相続人が自己名義で所有権移転登記をしてしまった場合
に，遺言執行者は，この登記の抹消登記手続のほかＡへの移転
登記を求めることができるとしたものである。つまり，Ａは遺
言執行者とは無関係に登記をすることができるが，登記が妨害
されている場合には，遺言執行者にその回復をしてもらうこと
ができるということである。

　さらに，③の最判平成14年６月10日（家月55巻１号77頁）の判
決は，「相続させる」旨の遺言による権利取得は，登記なくし
て第三者に対抗できるとするものである。一般の相続の場合
は，登記なくして対抗できるので，「相続させる」旨の遺言に
よる財産取得が「相続」である以上同様に解することができる
ということではないかと考えられる。

　㋒　その後の「相続させる」旨の遺言の解釈はどうかという
ことになるが，「相続させる」旨の遺言の解釈に関しては，最
判平成23年２月22日（民集65巻２号699頁），最判平成21年３月24
日（民集63巻３号427頁）が現れているが，いずれも遺言の解釈に

よって「相続させる」旨の遺言の効力に限界を設けている（大村敦志「新基本民法　相続編」132頁）。

　最判平成23年２月22日（民集65巻２号699頁）は，「「相続させる」旨の遺言は，それによって相続させる者とされた推定相続人が遺言者の死亡以前に死亡していた場合には，遺言者が当該推定相続人の代襲者その他の者に相続させる旨の意思を有していたとみるべき特段の事情のない限り，その効力を生じない。」旨判示しており，また，最判平成21年３月24日（民集63巻３号427頁）は，「相続人の１人に対して財産全部を相続させる旨の遺言がされ，相続債務を当該相続人に相続させる意思のないことが明らかであるなどの特段の事情がなく，当該相続人が相続債務も全て承継したと解される場合，遺留分侵害額の算定において，遺留分権利者の法定相続分に応じた相続債務の額を遺留分額に加算することは許されない。」旨判示している（民集63巻３号427頁）。

　いずれも遺言の解釈によって「相続させる」旨の遺言の効力に限界を設けている。すなわち，平成23年の判決は，「相続させる」旨の遺言の遺言者は，「遺言時における特定の相続人に当該遺産を取得させる意思を有するにとどまる」として，推定相続人が遺言者の死亡以前に死亡した場合には，「相続させる」旨の遺言は原則としてその効力を生じないとした。また，平成21年の判決は，相続人の１人に対して財産全部を相続させる旨の遺言がなされた場合，原則として「当該相続人に相続債務もすべて相続させる旨の意思が表示されたものと解すべき」であるとした。代襲者にまで利益が及ぶ，あるいは，債務は承継し

ないと解釈されるのは例外的な場合のみとしたわけである（前掲大村132頁，拙著「新訂 相続・遺贈の登記」257頁以下）。

　これまで不動産の相続と登記の対抗要件に関する判例理論を中心に考察してきた。前記(v)共同相続と登記，前記(iv)相続放棄と登記，前記(iii)遺産分割と登記については，従来の判例理論が維持されている。

　(v)の共同相続と登記については，法定相続分を超える部分の登記については，他の共同相続人は登記なくして自己の持分を対抗することができるということで，従来の判例（最判昭和38年2月22日民集17巻1号235頁）理論が維持されている（改正民法899条の2）。

　(iv)の相続放棄と登記についても，相続放棄をした持分については，当該相続人の持分について仮差押登記をしても，その登記は無効であり，他の相続人は登記なくして自己の権利を対抗することができる（最判昭和42年1月20日民集21巻1号16頁）という判例理論は維持される（改正民法899条の2）。

　(iii)の遺産分割と登記についても，遺産分割により相続財産中の不動産につき法定相続分と異なる権利を取得した相続人は，その旨の登記をしなければ，遺産分割後に，当該不動産について権利を取得した第三者に対抗することができない（最判昭和46年1月26日民集25巻1号90頁）とする判例理論は維持される。

　(ii)の「相続させる」旨の遺言と登記については，「相続させる」旨の遺言によって不動産を取得した相続人は，登記なくしてその権利を第三者に対抗することができる（最判平成14年6月10日家月55巻1号77頁）とする判例理論は変更され，改正民法899

条の2第1項は,「相続による権利の承継は,遺産の分割によるものかどうかにかかわらず,次条及び第901条の規定により算定した相続分を超える部分については,登記,登録その他の対抗要件を備えなければ,第三者に対抗することができない。」と規定している。今までの判例理論を変更し,対抗要件主義の適用を明示している。

(v)の「相続分の指定による登記」についても,「遺言により法定相続分を下回る相続分を指定された共同相続人の1人が,法定相続分による共同相続登記がされたことを利用して自己の持分を第三者に譲渡し,その旨の移転登記をしたとしても,他の相続人は指定相続分を上回る部分につき登記なくして対抗することができる」(最判平成5年7月19日家月46巻5号23頁)と判示し,相続分の指定による不動産の権利の取得については,登記なくしてその権利を第三者に対抗することができるとしていたが,この判例理論が変更され,対抗要件主義が適用される(改正民法899条の2。前掲東京司法書士会民法改正対策委員会編258〜259頁)。

⑦　特定財産承継遺言と遺言執行者の登記申請権限

改正相続法は,相続による権利の承継は,遺産分割によるものかどうかにかかわらず,法定相続分を超える部分については,対抗要件を備えなければ第三者に対抗することができない(改正民法899条の2第1項)。したがって,特定財産承継遺言(相続させる旨の遺言)があったときは,被相続人が遺言で別段の意思を表示していない限り,遺言執行者は,受益の相続人がその対抗要件を備えるために必要な行為をすることができると規

－240－

定している（改正民法1014条2項）。同条2項は、「遺産の分割の方法の指定として遺産に属する特定の財産を共同相続人の1人又は数人に承継させる旨の遺言（以下「特定財産承継遺言」という。）があったときは、遺言執行者は、当該共同相続人が第899条の2第1項に規定する対抗要件を備えるために必要な行為をすることができる。」と規定している。したがって、改正民法の施行後にされた特定財産承継遺言によって、特定の相続人が特定の不動産を相続により承継した場合には、当該遺言の遺言執行者は、当該相続人が対抗要件を備えるために必要な行為、すなわち相続による所有権移転登記の申請をすることができるようになると解される（幸良秋夫「設問解説　相続法と登記」320頁）。

　不動産登記法上、相続による所有権移転の登記は、受益の相続人による単独申請が認められているにかかわらず、これを遺言執行者の職務権限に含めたのは、最判平成11年12月16日（民集53巻9号1989頁）判決において「「相続させる」旨の遺言に基づく登記がされる前に、他の相続人が自己名義の登記をした場合は、遺言執行者は遺言を実現するために抹消登記と所有権移転登記を求めることができる。」旨判示し、受益相続人に当該不動産の所有権移転登記を取得させることは、遺言の執行に必要な行為として遺言執行者の職務権限に属するものと解するのが相当である旨判示していることを踏まえ、法定相続分を超える部分を対抗問題として処理することにした場合には、対抗要件具備行為は、受益の相続人にその権利を完全に移転させるために必要な行為であること、近時相続登記がされないまま、そ

の所有者が不明確になっている不動産が多数存在することが社会問題になっていることを考慮したものと考えられる。

　特定の不動産を特定の相続人に「相続させる」旨の遺言に基づいて遺言執行者が受益相続人のために相続登記申請することは，従来の登記実務では認められていなかった。特に，最判平成３年４月19日（民集45巻４号477頁）が「特定の遺産を特定の相続人に『相続させる』趣旨の遺言は，遺言書の記載から，その趣旨が遺贈であることが明らかであるかまたは遺贈と解すべき特段の事情のない限り，当該遺言を当該相続人をして単独で相続させる遺産分割の方法が指定されたものと解すべきである」と判示し，いわゆる即時権利移転の効力という考え方が示されてからは，不受理の取扱いが定着していたといえる（拙稿「遺言・相続と不動産登記をめぐる諸問題(上)」登記研究685号166頁）。つまり，別段の事情がない限り，相続させる旨の遺言は遺産の一部分割と同じ効力があり，当該不動産は相続開始と同時に受益相続人に承継されるから，当該不動産は遺言の執行の対象ではないと解するわけである。最判平成11年12月16日（民集53巻９号1989頁）は，「相続させる旨の遺言に基づく登記がされる前に，他の相続人が自己名義の登記をした場合は，遺言執行者は，遺言を実現するために抹消登記と所有権移転登記を求めることができる。」と判示し，登記実務上，相続させる旨の遺言については，受益相続人が単独で登記申請することができるとされているから，当該不動産が被相続人名義である限りは，遺言執行者の職務は顕在化せず，遺言執行者は登記申請をすべき権利も義務も有しない旨判示している。

ところで，改正民法1014条2項によれば遺言執行者は共同相続人が改正民法899条の2第1項に規定する対抗要件を備えるために必要な行為をすることができると規定している。そうなると，民法899条の2は相続による権利の承継のうち法定相続分を超える部分について対抗要件主義を適用する旨規定しているので，例えば「甲不動産をAに相続させる。Bを遺言執行者に指定する。」という遺言に基づいてBがAのための相続登記を申請する場合，Aが被相続人から承継する甲不動産の所有権には法定相続分とそれを超える部分の双方が含まれているため，Bは対抗要件主義が適用されない法定相続部分についても相続登記を申請することができるかという疑問が生ずる（前掲東京司法書士会民法改正対策委員会編188頁）。

　この点については，改正民法1014条2項において対抗要件を備えるため必要な行為と規定しており，法定相続分を超える部分について対抗要件主義を適用する旨規定しているが，一つの法律行為として不可分な場合にその全体について対抗要件を備えることは必要な行為であると解される（前掲東京司法書士会民法改正対策委員会編188頁）。

　　⑧　遺言執行者の権限
　改正民法1014条2項は，特定財産承継遺言について対抗要件具備行為を遺言執行者の権限としている。
　改正民法1014条2項は，「遺産の分割の方法を指定して遺産に属する特定の財産を共同相続人の1人又は数人に承継させる旨の遺言（以下「特定財産承継遺言」という。）があったときは，遺言執行者は，当該共同相続人が第899条の2第1項に規

定する対抗要件を備えるために必要な行為をすることができる。」と規定している。

　遺言執行者の権限について，改正前民法においては「相続財産の管理その他遺言の執行に必要な一切の行為をする権利義務」を有する旨の包括的な規定（旧民法1012条１項）があったが，具体的な行為のうち，どこまでがその権限に属するかについて疑義があり，改正民法1014条２項は前述のごとく，「遺産の分割の方法の指定として遺産に属する特定の財産を共同相続人の１人又は数人に相続させる旨の遺言（以下「特定財産承継遺言」という）があったときは，遺言執行者は，当該共同相続人が第899条の２第１項に規定する対抗要件を備えるために必要な行為をすることができる。」と規定している。

　その趣旨は，①対抗要件具備行為は，受益相続人にその権利を完全に移転させるために必要な行為であって，まさに遺言の執行に必要な行為といえる。特に，特定の財産を特定の相続人に相続させる旨の遺言（特定財産承継遺言）による権利の承継のうち法定相続分を超える部分について対抗要件主義を適用することとした改正民法899条の２第１項の下では，受益相続人にとって早急に対抗要件を具備することの重要性は非常に高まったといえる。⑪相続させる旨の遺言のように受益者が自ら単独で対抗要件具備行為をすることができる場合にも，遺言執行者の権限を否定すべき必要性は乏しく，むしろ，相続に伴う権利変動をできる限り登記に反映させるためには，遺言執行者にもその権限を認めるのが相当であると考えられる（前掲東京司法書士会民法改正対策委員会編186頁）。

－ 244 －

⑨　遺言執行者がいる場合の遺贈の履行

遺言執行者がいる場合には，遺贈の履行は遺言執行者のみがすることができる（改正民法1012条2項）。改正民法1012条2項は，「遺言執行者がある場合には，遺贈の履行は，遺言執行者のみが行うことができる。」と規定している。したがって，遺言執行者がある場合には，遺言執行者以外の者（例えば，遺言執行者でない相続人）は，遺言の執行をすることができない。この改正民法1012条2項の規定は，改正民法施行日前に開始した相続に関し，新法施行日以後に遺言執行者になる者にも適用される（改正法附則第8条第1項）。したがって，改正民法施行日前にAの相続が開始しているが，改正法施行日以後にCが遺言執行者に就職した後は，C以外の者は，Aの遺言の執行はすることができないということになる（前掲東京司法書士会民法改正対策委員会編184頁）。

このように改正民法1012条2項によれば，遺言執行者がある場合には，遺贈の履行は遺言執行者のみが行うことができる。この規定により，受遺者は遺言執行者がある場合には遺言執行者を相手方とし，遺言執行者がいない場合には相続人を相手方として，遺贈の履行請求をすべきことになる。

そうなると，遺言執行者の権限としては，遺贈の目的が特定の物又は債権その他の財産権である場合には，遺言執行者は受遺者が対抗要件を備えるために必要な行為をする権限を有するということになる。

なお，遺贈に関する規律ということであるので，特定遺贈のみならず，包括遺贈についても遺言執行者の権限に属すること

になると解される（前掲東京司法書士会民法改正対策委員会編183頁）。

13　まとめ（要点解説）

本解説のおわりに相続法改正の要点とその概要を簡潔にわかりやすく解説して改正相続法の理解を深めることとする。

(1)　配偶者の居住の権利を保護するための方策

大別すると，前述したように遺産分割が終了するまでの比較的短期間に限りこれを保護する「配偶者短期居住権」と，配偶者がある程度長期間その居住建物を使用することができるようにするための「配偶者居住権」とに分かれる。

①　配偶者居住権

相続人である配偶者は，被相続人の死亡後も住みなれた居住環境での生活を継続したいという希望を有している場合も多いと考えられる。現行法の下で，これを実現する方法としては，遺産分割において配偶者が居住建物の所有権を取得すること等が考えられるが，このような方法によると，居住建物の評価額が高額となり，配偶者がそれ以外の遺産を十分に取得することができなくなるおそれがある。そこで，配偶者居住権ということになるが，この制度は，原則として，配偶者には居住建物の使用権限のみを認め，これを処分したり，自由に賃貸したりすることができない権利を創設することにより，遺産分割の際に，配偶者が居住建物の所有権を取得する場合よりも低廉な価額で居住権を確保することを可能とすること等を目的として創設したものである。

例えば，相続人が妻と子（1人），遺産が自宅（2,000万円）

及び預貯金（3,000万円）であるとすると，法定相続分により妻と子は1：1の関係となり，妻が2,500万円，子が2,500万円となる。

そうなると，妻が2,000万円の自宅を相続すると妻の相続預貯金は500万円しか確保できないことになり，住む場所はあるけれども生活費が500万円しかないので，不足しそうで不安であるということになると思われる。そこで，子供分の預貯金2,500万円のうち1,000万円につき，配偶者の建物居住権2,000万円のうちの1,000万円を負担付所有権として子に提供して子から1,000万円を確保するということで，配偶者居住権を取得することができるとしている。

配偶者居住権の成立要件は，①配偶者が相続開始時に被相続人所有の建物に居住していたこと，ⅱその建物について配偶者に配偶者居住権を取得させる旨の遺産分割，遺贈又は死因贈与がされたことである（改正民法1028条1項，554条）。配偶者が遺産分割により配偶者居住権を取得する場合には，他の遺産を取得する場合と同様，自らの具体的相続分の中からこれを取得することになる。

配偶者居住権は，無償で居住建物の使用及び収益をすることができる法定の権利であるが，配偶者は，使用貸借契約の借主等と同様，居住建物の所有者の承諾を得なければ，第三者に居住建物を使用又は収益させることはできないため（改正民法1032条3項），実際には居住建物の使用権限を有するに過ぎず，配偶者の意思のみで居住建物の収益をすることができる場合はほとんど想定することができないとされる。また，配偶者は，使用

— 247 —

貸借契約の借主等と同様，居住建物の所有者に対し，用法遵守義務や善管注意義務を負い（改正民法1032条1項），居住建物の通常の必要費を負担する（改正民法1034条1項）。

配偶者は，配偶者居住権の設定登記を備えれば，配偶者居住権を第三者に対抗することができる（改正民法1031条2項において準用する605条）。

配偶者の居住権を保護するための方策として，配偶者居住権は，配偶者が被相続人の財産に属した建物を相続開始の時に居住の用に供していた場合において，遺産分割等によって終身又は一定期間という比較的長期の間，無償でその建物（居住建物）の全部の及び収益をする権利を取得する（改正民法1028条～1036条）ということである。

② 配偶者短期居住権

配偶者が被相続人所有の建物に居住していた場合に，被相続人の死亡により，配偶者が直ちに住み慣れた居住建物を退去しなければならないとすると，精神的にも肉体的にも大きな負担となり，特に配偶者が高齢者である場合にはその負担が大きいと考えられる。この点に関し，判例（最判平成8年12月17日民集50巻10号2778頁）は，相続人の1人が被相続人の許諾を得て被相続人所有の建物に同居していた場合には，特段の事情のない限り，被相続人とその相続人との間で，相続開始時を始期とし，遺産分割時を終期とする使用貸借契約が成立していたものと追認されるとしている。このため，相続人である配偶者は，この要件に該当する限り，遺産分割が終了するまでの間は，被相続人の建物に無償で居住することができることとなる。しかし，

前記判例による保護は，契約法理によるものであるため，被相続人が明確にこれとは異なる意思を表示していた場合等には，配偶者の居住の権利は短期的にも保護されないことになる。

そこで，改正法では，前記判例では保護されない場合を含め，被相続人の意思にかかわらず配偶者の短期的な居住権を保護するため，配偶者短期居住権という新たな権利が設けられている。

このような制度創設の趣旨に照らし，配偶者短期居住権においては，配偶者が「被相続人の財産に属した建物に相続開始の時に無償で居住していた」ことを成立要件としている。

また，配偶者短期居住権は，①居住建物について配偶者を含む共同相続人間で遺産分割をすべき場合には，遺産分割により居住建物の帰属が確定した日又は相続開始の時から6か月を経過する日のいずれか遅い日まで存続するとし（改正民法1037条1項1号），ⅱそれ以外の場合には，居住建物取得者による短期居住権の消滅の申入れの日から6か月を経過する日まで存続する（改正民法1037条1項2号）。

配偶者，居住建物の使用権限のみを有し，収益権限は有していない（改正民法1037条1項本文）。また，配偶者短期居住権についても，配偶者は，居住建物取得者に対し，用法遵守義務や善管注意義務を負い（改正民法1038条1項），居住建物の通常の必要費を負担する（改正民法1041条において準用する1034条1項）。

配偶者が被相続人の財産に属した建物を相続開始の時に無償で居住の用に供していた場合は，遺産の分割によりその建物の帰属が確定するなどの比較的短期の間，その建物（居住建物）

を無償で使用する権利を有する（改正民法1037条～1047条）。

(2) 配偶者居住権の登記の創設と不動産登記法の改正

不動産登記法３条に登記することができる権利として，配偶者居住権が加えられ，配偶者居住権の存続期間が登記事項とされている（不登法81条の２第１号）。

民法に配偶者居住権の登記に関する規定（改正民法1031条）が新設されたことに伴い，不動産登記法の２か条が改正された。

第１に，登記することができる権利を定めた不登法３条が改正され，第９号として配偶者居住権が加えられた。

第２に，配偶者居住権の登記の登記事項を定めた不登法81条の２が新設された。登記事項は次の二つである。

① 存続期間（絶対的登記事項）

配偶者居住権の存続期間は「配偶者の終身の間」を原則とし，遺産の分割の協議若しくは遺言に別段の定めがあるとき，又は家庭裁判所が遺産の分割の審判において別段の定めをしたときは，その定めるところによる（改正民法1030条）。

ⅱ 第三者に居住建物の使用又は収益をさせることを許す旨の定めがあるときは，その定め（相対的登記事項）。

配偶者は，居住建物の所有者の承諾を得なければ，居住建物の改築若しくは増築をし，又は第三者に居住建物の使用若しくは収益をさせることができない旨の規定（改正民法1032条３項）を受けて登記事項とされたものである（前掲東京司法書士会民法改正対策委員会編49頁）。

(3) 配偶者居住権と不動産登記

① 配偶者居住権の設定の登記

配偶者居住権が成立した場合に必要となる登記及びその順序としては，「相続」「遺贈」等を登記原因とする居住建物の所有権移転登記を経由して，配偶者居住権の設定の登記をする必要がある。

配偶者居住権の成立には，相続が開始したこと及び配偶者以外の者が建物の所有者になったことを前提としているので，登記の連続性確保の観点から，配偶者居住権の設定登記（改正民法1031条）の申請が受理されるためには，その登記に先行して（遅くとも配偶者居住権の登記の申請と同時に連件で），当該建物の登記記録の甲区において，「相続」「遺贈」等を登記原因とする配偶者以外の者への所有権移転登記が行われる必要がある。その登記を経た上で，配偶者居住権の設定登記が所有権以外の権利に関する登記として登記記録の乙区に登記される（不登規則4条4項）。不動産登記規則4条4項は，「権利部は，甲区及び乙区に区分し，甲区には所有権に関する登記の登記事項を記録するものとし，乙区には所有権以外の権利に関する登記の登記事項を記録するものとする。」と規定している（前掲東京司法書士会民法改正対策委員会編45頁）。

② 配偶者居住権の設定登記の申請人

配偶者居住権の設定登記の申請人は，配偶者と建物所有者の共同申請によるのが原則であるが，配偶者が遺産分割の審判により配偶者居住権を取得した場合には配偶者の単独申請が認められ得る。

配偶者居住権は建物所有権を制限する賃借権類似の権利であるから，賃借権の設定登記に準じて，配偶者居住権を取得した配偶者を登記権利者とし，建物の所有権登記名義人を登記義務者とする共同申請によるのが原則であるが，次の要件のいずれも満たす場合には，判決による登記（不登法63条1項）に準じて，配偶者が単独で申請できるものと解される。

　①　配偶者が家庭裁判所の遺産分割の審判により配偶者居住権を取得した場合であること

　ⅱ　審判中で建物の所有権登記名義人に対して配偶者居住権設定の登記義務の履行を命ずる旨が明示されていること

　登記義務の履行を命ずる審判は，執行力のある債務名義と同一の効力を有するものとされている（家事事件手続法75条）ことから，その確定により，登記申請の意思表示が擬制される（民事執行法174条1項本文）。したがって，前記2要件を満たす審判は，不登法63条1項の確定判決に準ずるものと考えることができる（前掲東京司法書士会民法改正対策委員会編46頁）。

(4)　遺産分割に関する見直し等

　　　①　持戻し免除の意思表示の推定規定の創設

　現行法の下では，相続人に対して贈与等がされた場合には，原則として特別受益として取り扱われ，その目的財産を相続財産とみなした上で，当該相続人の相続分からその目的財産の価額を控除することとされている（民法903条1項）。このため，相続人が被相続人から遺贈や贈与を受けた場合にも，原則として当該相続人が被相続人から受け取る財産の総額は変らないことになる。

もっとも，現行法の下でも，被相続人が相続人に対して贈与等をした場合に，これを特別受益として取り扱うことを要しない旨の意思表示（いわゆる持戻し免除の意思表示）がされたときは，これを尊重し，被相続人の意思に従った計算をすることが認められている。

現行法の下でも，民法903条4項の要件を満たす場合，すなわち，婚姻期間が20年を超える夫婦の一方が他方に対して居住用不動産について遺贈又は贈与をした場合には，通常それまでの長年の貢献に報いるとともに，その老後の生活を保障する趣旨で行われ，遺産分割における配偶者の具体的相続分を算定するに当たり，その価額を控除してその分遺産分割における取得額を減少させる意図は有していない場合が多いのではないかと考えられる。

改正民法903条4項では，このような点を考慮し，婚姻期間が20年を超える夫婦の一方が他方に対して居住用不動産について遺贈又は贈与をした場合には，持戻し免除の意思表示があったものと推定することにしている。

②　遺産分割前に遺産に属する財産の処分がされた場合

共同相続人が遺産分割前にその対象財産を処分する場合としては，共同相続人がその遺産共有持分を第三者に譲渡した場合のように，その処分自体が適法な場合と，共同相続人の1人が相続開始後に他の共同相続人に無断で預貯金の払戻しをした場合のように，その処分自体が違法な場合があり得るが，現行法の下では，そのいずれについても，その処分をした共同相続人の最終的な取得額が，処分がなかった場合よりもむしろ増える

— 253 —

場合があり得るとの指摘がされている（例えば，処分が適法な場合については，当該処分をした共同相続人に多額の特別受益があるために，本来は遺産分割における具体的相続分がない場合等）。

そこで，改正民法では，遺産分割前に遺産に属する特定の財産を共同相続人の１人が処分した場合に，処分をしなかった場合と比べて利得をすることがないようにするため，遺産分割の中でその調整をすることを容易にする規律を設けることとしている。

具体的には，まず，改正民法906条の２第１項において，共同相続人は，その全員の同意により，当該処分された財産が遺産の分割時に遺産として存在するものとみなすことができることとしている。これは，現行法の下で，遺産分割前に，共同相続人の１人が遺産に属する財産を処分したことにより，前記のような不公平が生じないようにするため，実務上の工夫として行われている取扱いを明文化したものである。その上で，同条２項において，共同相続人の１人が遺産分割前に遺産に属する財産を処分した場合には，当該共同相続人の同意を得ることを要しないこととし，これにより，前記のような処分がされた場合にも，遺産分割における調整が容易になるようにしている。

(5) 遺言制度に関する見直し

① 自筆証書遺言の方式緩和

現行法の下では，自筆証書遺言は，その全文を自書しなければならないものとされているが（民法968条１項），このような厳格な方式が遺言者の負担となって自筆証書遺言の利用が阻害さ

れているとの指摘がされている。

　他方で，遺産目録は対象財産を特定するだけの形式的な事項であるため，この部分については，自書を要求する必要性が必ずしも高くないと考えられる。

　そこで，自筆証書遺言をより使いやすいものとすることによってその利用を促進する観点から，自筆証書に相続財産等の目録を添付する場合には，その目録については自筆を要しないこととして，自筆証書遺言の方式を緩和することとしている。

　もっとも，偽造・変造を防止する観点から，遺言者は，自書によらない目録の各頁（自書によらない記載がその両面にある場合はその両面）に署名押印をしなければならないこととしている（改正民法968条2項，3項）。

　　②　自筆証書遺言に係る遺言書の保管制度の創設

　遺言者は，法務局に民法968条に定める方式による遺言書（無封のものに限る。）の保管を申請することができる（法務局における遺言書の保管等に関する法律（全18条））。

　　③　遺贈の担保責任（遺贈義務者の引渡義務）

　　①　引渡義務

　遺贈義務者は，遺贈の物若しくは権利を，相続が開始した時（その後に遺贈の目的である物又は権利を特定すべき場合にあっては，その特定の時）の状態で，引き渡し，又は移転する義務を負う。ただし，遺言者がその遺言に別段の意思を表示したときは，その意思に従う（改正民法998条）。

　　ⅱ　遺贈の種類と効力

　遺贈は，被相続人が遺言をもって自己の財産を処分する単独

— 255 —

行為である。遺贈の種類には，包括遺贈と特定遺贈があり，それぞれ適用条文も効果も異なっている。

包括遺贈は，遺産の全部又は一定の割合を与える処分行為であり，前者を「全部包括遺贈」，後者を「割合的包括遺贈」という。いずれの包括遺贈の場合にも，包括受遺者は相続人と同一の権利義務を有することになる（民法990条）。民法990条は，「包括受遺者は，相続人と同一の権利義務を有する。」と規定している。したがって，一身専属的な権利義務を除いて，相続財産に関する一切の権利義務を承継することになる（民法896条）。民法896条は，「相続人は，相続開始の時から，被相続人の財産に属した一切の権利義務を承継する。ただし，被相続人の一身に専属したものは，この限りでない。」と規定している。包括受遺者は，熟慮期間中に相続の承認・放棄の選択をしなければならず，遺産分別協議の当事者となる（民法990条は，「包括受遺者は，相続人と同一の権利義務を有する。」と規定している）。

これに対し，特定遺贈は，特定された相続財産あるいは種類等によって指定された相続財産を与える処分行為であり，前者を「特定物遺贈」，後者を「不特定物遺贈」という。

　　　⑪　遺贈の放棄

いずれの特定遺贈も，受遺者は権利のみが与えられ，相続債務を承継するものではないので，特定遺贈における受遺者は，遺言者の死亡後，いつでも遺贈の放棄をすることができ，遺贈の放棄は遺言者の死亡時に遡る（民法986条）。民法986条は，その１項において，「受遺者は，遺言者の死亡後，いつでも，遺

贈の放棄をすることができる。」と規定し，その2項において
は，「遺贈の放棄は，遺言者の死亡の時にさかのぼってその効
力を生ずる。」と規定している。

　受遺者が遺贈の承認・放棄をしないで死亡したときは，遺言
者が遺言に別段の意思表示をしていない限り，その相続人は，
自己の相続権の範囲内で遺贈の承認・放棄をすることができる
（民法988条）。遺贈義務者その他の利害関係人は，相当の期間
を定めて遺贈の承認・放棄を受遺者に催告をすることができ，
受遺者がその期間内に遺贈義務者等に意思を表示しないとき
は，遺贈を承認したものとみなされる（民法987条）。また，遺
贈の承認及び放棄は，撤回することができず（民法989条），特
定遺贈の受遺者は，遺産分割協議の当事者にもなれない（前掲
平田149頁）。

(6)　遺言執行者の権限の明確化等

　　①　特定財産承継遺言がされた場合の遺言執行者の権限
　本法律では，特定財産承継遺言がされた場合について，遺言
執行者は，原則として，その遺言によって財産を承継する受益
相続人のために対抗要件を具備する権限を有することを明確に
している（改正民法1014条2項。最判平成11年12月16日民集53巻9号
1989頁）。改正法では，特定財産承継遺言（相続させる旨の遺
言）がされた場合についても対抗要件主義を採用することとし
ており（改正民法899条の2），これに伴い遺言執行者において
も，遺言の内容を実現するために，速やかに対抗要件の具備を
させる必要性が高まったこと，対抗要件の具備を遺言執行者の
権限とすることにより，相続登記の促進を図る効果も期待され

ること等を考慮したものである。

　このように，遺言執行者の権限に関しては，一般的な権限として，遺言執行者がその権限内において遺言執行者であることを示してした行為は相続人に対して直接にその効力を生ずることを明文化し，特定遺贈または特定財産承継遺言（いわゆる「相続させる」旨の遺言のうち，遺産分割方法の指定として，特定の財産の承継が定められたもの）がされた場合の遺言執行者の権限等を明確にしている。

　つまり，特定財産承継遺言は，遺産分割方法の指定（いわゆる「相続させる」旨の遺言）として遺産に属する特定の財産を共同相続人の1人又は数人に承継させることを定めたものをいう。

　改正民法1014条2項は，特定財産承継遺言があったときは，遺言執行者は，当該共同相続人が対抗要件を具備するために必要な行為をすることができる旨を規定している。対抗要件具備行為は，受益相続人にその権利を完全に移転させるために必要な行為であり，遺言の執行に必要な行為である。特に改正民法においては，遺産分割方法の指定による権利変動についても，受益相続人の相続分を超える部分については対抗問題として処理することとした（改正民法899条の2第1項）ことから，これを遺言執行者の権限に含める必要性が高まったことを受け，新たに規定が設けられている。

　なお，判例（最判平成11年12月16日民集53巻9号1989頁）は，遺言執行者の権限に関し，「不動産取引における登記の重要性に鑑み，受益相続人に登記を取得させることは遺言執行者の職務権

限に属する。」との考えを示した上で，「相続させる」旨の遺言については，登記実務上受益相続人が単独で登記申請することができることとされていることから，当該不動産が被相続人名義である限りは，遺言執行者の職務は顕在化せず，遺言執行者は登記手続をすべき権利も義務も有しない旨判示している。

　対象財産が不動産である場合は，前期判例のとおり，受益相続人が単独で対抗要件を具備できるため，遺言執行者に権限を付与する必要がないとも考えられていたが，近時，相続登記がなされないために所有者が不明確になっている不動産が多数存在することが社会問題になっているなどの事情から，遺言執行者による単独申請による登記を認めることについて検討の余地もありえると考えられる（Ｑ＆Ａ　改正相続法のポイント・日本弁護士連合会編（大森啓子）124頁）。

　　②　遺言執行者の権限の明確化

　　　ⅰ　改正の趣旨

　現行法の権利義務等に関する一般的・抽象的な規定としては民法1012条がある。同条はその１項において「遺言の執行者は，相続財産の管理その他遺言の執行に必要な一切の行為をする権利義務を有する。」と規定しているが，遺言執行者は誰の利益のために職務を遂行すべきであるかといった点や，たとえば，いわゆる「相続させる」旨の遺言（特定財産承継遺言）や遺贈がされた場合に，遺言執行者が具体的にどのような権限を有するかといった点など，規定上必ずしも明確でない部分が多く，判例等によってその規律の明確化が図られてきた。

　近年，遺言の件数が増加しており，改正法でも遺言の利用の

促進を目的とする見直しをしているが，遺言を円滑に執行し，相続をめぐる紛争をできる限り防止するためには，遺言執行者の果す役割がさらに重要になるものと考えられる。

そこで，改正民法では，遺言執行者の権限の内容をめぐる紛争をできる限り防止し，円滑な遺言の執行を促進する観点から，その法的地位を明確にするとともに，遺言執行者の権限と遺贈の履行義務との関係や，「相続させる」旨の遺言がされた場合の具体的な権限の内容について新たな規定を設け，さらには，遺言執行者の復任権に関する規律の見直しも行われている。

　　　ⅱ　改正の内容
　　（ⅰ）　遺言執行者の法的地位
　改正前の民法1012条１項では，遺言執行者の一般的権利義務として，相続財産の管理その他遺言の執行に必要な一切の行為をする権利義務を有する旨定めているが，遺言執行者の権限については，このような包括的な規定しかなく，その法的地位が不明確であるとの指摘がされていた。

　また，同法1015条では，「遺言執行者は，相続人の代理人とみなす。」と規定されていることから，遺留分に関する権利行使がされた場合等遺言者の意思と相続人の利益とが対立する場合に，遺言に，遺言執行者は，遺留分権利者である相続人の利益にも配慮して職務を行うべき義務があるなどと主張され，遺言執行者と相続人との間でトラブルになることが少なくないとの指摘がされていた。

　そこで，改正民法1015条では，遺言執行者と相続人との間で

無用の紛争が生じるのを防止するという観点から，「相続人の代理人とみなす。」という表現を改め，「遺言執行者がその権限内において遺言執行者であることを示してした行為は，相続人に対して直接にその効力を生ずる。」と規定して，その実質を正面から規定するとともに，民法1012条１項において，「遺言執行者は，遺言の内容を実現するため，相続財産の管理その他遺言の執行に必要な一切の行為をする権利義務を有する。」と規定し，遺言執行者の職務は，遺言の内容を実現するために行うことを明示し，その法的地位の明確化を図っている。

(ii)　遺言執行者の通知義務

現行民法1011条１項は，「遺言執行者は，遅滞なく，相続財産の目録を作成して，相続人に交付しなければならない。」と規定しており，遺言執行者には，相続財産の目録を作成してこれを相続人に交付すべき義務があるが，自ら就職した事実や遺言の内容を相続人に通知する義務についての規定は存在しない。

もっとも，遺言の内容を実現するには，遺言執行者がある場合には遺言執行者が，遺言執行者がない場合には相続人がすべきことになるため，相続人としては，遺言の内容および遺言執行者の存否について重大な利害関係を有している。

そこで，改正法では，遺言執行者が就職した場合には，遅滞なく，遺言の内容を相続人に通知しなければならない（民法1007条２項）と規定している。民法1007条は，遺言執行者の任務の開始につき，その１項において，「遺言執行者が就職を承諾したときは，直ちにその任務を行わなければならない。」と

規定し，その2項において，「遺言執行者は，その任務を開始
したときは，遅滞なく，遺言の内容を相続人に通知しなければ
ならない。」と規定している。

(iii) 遺言執行者と遺贈義務者

民法987条は，「遺贈義務者（遺贈の履行をする義務を負う者
をいう。以下この節において同じ。）その他の利害関係人は，
受遺者に対し，相当の期間を定めて，その期間内に遺贈の承認
又は放棄をすべき旨の催告をすることができる。この場合にお
いて，受遺者がその期間内に遺贈義務者に対してその意思を表
示しないときは，遺贈を承認したものとみなす。」と規定して
いる。このように民法987条では，遺贈義務者の定義規定が置
かれており，「遺贈の履行をする義務を負う者をいう。以下こ
の節において同じ」とされているが，遺贈義務者と遺言執行者
の権限との関係等については，規定上必ずしも明確でない。

この点に関し，判例は，特定遺贈がされた場合には，一次的
には相続人が遺贈義務者になるが，遺言執行者がある場合に
は，遺言執行者のみが遺贈義務者になると判示している（最判
昭和43年5月31日民集22巻5号1137頁）。この判例は「特定不動産の
遺贈の執行として所有権移転登記手続を受遺者が求める場合，
被告適格を有する者は遺言執行者に限られる。」と判示してい
る。

そこで，民法1012条2項は，遺言執行者の権限に関する上記
判例を明文化する観点から，「遺言執行者がある場合には，遺
贈の履行は，遺言執行者のみが行うことができる。」と規定し
ている。

(iv) 特定財産承継遺言と遺言執行者の権限

　現行法の下で特定の相続人に不動産を「相続させる」旨の遺言がされた場合について，判例は，不動産取引における登記の重要性に鑑みると，「相続させる」旨の遺言による権利の移転について対抗要件を必要とすると解するか否かを問わず，当該不動産の所有権移転登記を取得させることは遺言執行者の職務権限に属するとした上で，「相続させる」旨の遺言については，不動産登記法上，権利を承継した相続人が単独で登記申請をすることができるとされていることから，当該不動産が被相続人名義である限りは，遺言執行者の職務は顕在化せず，遺言執行者は登記手続をすべき権利も義務も有しないと判示している（最判平成11年12月16日民集53巻9号1989頁）。この判例は，登記手続請求ができる場合として，「特定の不動産を特定の相続人甲に相続させる趣旨の遺言がされた場合において，他の相続人が当該不動産につき自己名義の所有権移転登記を経由したため，遺言の実現が妨害される状態が出現したような場合には，遺言執行者は，遺言執行の一環として，右所有権移転登記の抹消登記手続のほか，甲への真正な登記名義の回復を原因とする所有権移転登記手続を求めることができる。」と判示している。つまり，この場合は，他の相続人が当該不動産につき自己名義の所有権移転登記を経由している場合であるが，当該不動産が被相続人名義である限りは，遺言執行者の職務は顕在化せず，遺言執行者は登記手続をすべき権利も義務も有しないということになるのである。

(v) 特定財産承継遺言

　民法899条の2第1項は，共同相続における権利の承継の対抗要件につき，「相続による権利の承継は，遺産の分割によるものかどうかにかかわらず，次条及び第901条の規定により算定した相続分を超える部分については，登記，登録その他の対抗要件を備えなければ，第三者に対抗することができない。」と規定し，特定財産承継遺言（「相続させる」旨の遺言）がされた場合についても，取引の安全等を図る観点から，遺贈や遺産分割と同様に対抗要件主義を導入し，法定相続分を超える権利の承継については，対抗要件の具備なくして第三者に権利の取得を対抗することができないこととしており，遺言執行者において，遺言の内容を実現するためにも，すみやかに対抗要件を具備する必要性が高まったといえる。そして，対抗要件の具備を遺言執行者の権限とすることによって相続登記の促進を図る効果も期待される。

　そこで，民法1014条2項では，「遺産の分割の方法の指定として遺産に属する特定の財産を共同相続人の1人又は数人に承継させる旨の遺言（以下「特定財産承継遺言」という。）があったときは，遺言執行者は，当該共同相続人が第899条の2第1項に規定する対抗要件を備えるために必要な行為をすることができる。」と規定し，特定財産承継遺言がされた場合について，遺言執行者が，原則として，その遺言によって財産を承継する受益相続人のために対抗要件を具備する権限を有することを明確にしている。

(vi) 遺言執行者の復任権

改正前の民法1016条は，「遺言執行者は，やむを得ない事由がなければ，第三者にその任務を行わせることはできない。ただし遺言者がその遺言に反対の意思を表示したときは，この限りでない。」と規定し，遺言執行者は，原則として，やむを得ない事由がなければ第三者にその任務を行わせることができないとして，その復任権を制限しているが，遺言執行者の任務の内容等に照らすと，法定代理一般の場合と状況が類似していることから，改正法では，遺言執行者についても，民法1016条１項において，「遺言執行者は，自己の責任で第三者にその任務を行わせることができる。ただし，遺言者がその遺言に別段の意思を表示したときは，その意思に従う。」と規定し，遺言執行者についても，他の法定代理人と同様の要件で復任権を認めている。具体的には，自己の責任で第三者にその任務を行わせることができることとし（同条１項），また，復任権を行使した場合の責任についても，他の法定代理人の場合と同様に，第三者に任務を行わせることについてやむを得ない事由があるときは，遺言執行者は相続人に対してその選任および監督についての責任のみを負うこととし，その責任の範囲を明確にしている（民法1016条２項）（堂園ほか・相続法改正の概要(3)・NBL1137号89頁）。

なお，改正民法では，預貯金債権について特定財産承継遺言がされた場合に，遺言執行者の払戻し権限の有無をめぐってトラブルが生ずることを防止するため，預貯金債権を目的とする特定財産承継遺言がされた場合には，遺言執行者は，原則として，預貯金債権の払戻しや預貯金契約の解約の申入れをする権

限を有することを明確にしている（改正民法1014条3項及び4項）。もっとも，預貯金債権の一部が目的となっているに過ぎない場合に，遺言執行者に預貯金債権全部の払戻しを認めることとすると，受益相続人以外の相続人の利益を害するおそれがあることから，預貯金債権の全部が特定財産承継遺言の目的となっている場合にその適用範囲を限定している（同条3項ただし書）。

　　　　(vii)　その他

　このほか，改正民法では，遺言執行者の復任権に関する規律の見直し（改正民法1016条）や，遺言者の法的地位並びに遺贈義務との関係を明確にする規定を設けている（改正民法1012条1項，2項）。

(7) 遺留分制度に関する見直し

　　　① 遺留分に関する権利の行使によって生ずる権利の金銭債権化（現物返還原則から金銭債権への一本化）

　現行法の下では，遺留分減殺請求権を行使することにより当然に物権的効果が生ずることとされているため，遺留分減殺請求の結果，遺贈又は贈与の目的財産は受遺者又は受贈者と遺留分権利者との共有になることが多いが，このことが円滑な事業承継を困難にし，また，共有関係の解消をめぐって新たな紛争を生じさせる要因となっているとの指摘がされていた。

　そこで，改正民法では，遺留分に関する権利の行使によって生ずる権利を金銭債権化することとしている（改正民法1046条1項）。そして，その上で，遺留分を侵害している者が複数いる場合の負担割合については，現行法における減殺の順序に関するルール（民法1033条から1035条まで）と同様の規律を設けている

（改正民法1047条 1 項各号）。

　また，受遺者又は受贈者が直ちには金銭を準備することができない場合にその負担が過大なものとならないようにするため，裁判所は，受遺者又は受贈者の請求により，金銭債務の全部又は一部の支払いにつき相当の期限を許与することができることとしている（改正民法1047条 5 項）。

　　②　遺留分の算定方法の見直し

　現行の民法1030条では，遺留分を算定するための財産（遺留分算定の基礎財産）の価額に算入すべき贈与の価額については，原則として相続開始前の 1 年間にされた贈与に限定することとされているが，この点について，判例（最判平成10年 3 月24日民集52巻 2 号433頁）は，現行の民法1044条において民法903条が準用されていること等を根拠として，相続人に対する贈与については，その時期を問わず原則としてその全てが遺留分を算定するための財産の価額に算入されるとの立場を採っている。

　しかし，このような考え方によると，被相続人が相続開始時の何十年も前にした相続人に対する贈与の存在によって，第三者である受遺者又は受贈者が受ける減殺の範囲が大きく変わることになり得るが，第三者である受遺者又は受贈者は，相続人に対する古い贈与の存在を知り得ないのが通常であるため，第三者である受遺者又は受贈者に不測の損害を与え，その法的安定性を害するおそれがあるとの指摘がされている。

　そこで，相続人に対する生前贈与についても期間制限を設けることとし，これについては，相続開始前の10年間にされたものに限り，遺留分を算定するための財産に含めることとしてい

－ 267 －

る（改正民法1044条3項）。

　　　③　遺留分侵害額の算定における債務の取扱いに関する
　　　　見直し

　遺留分侵害額の算定においては，遺留分権利者が相続によっ
て承継する債務の額を加算することとされているが，これは，
遺留分権利者がその承継した債務を弁済した後に，遺留分に相
当する財産が残るようにするためである。そうすると，遺留分
侵害額の請求を受けた受遺者又は受贈者が当該債務を弁済する
などしてこれを消滅させた場合には，当該債務の額を加算する
必要はなくなるものと考えられる。

　そこで，改正民法1047条3項では，遺留分権利者が承継した
相続債務について，受遺者又は受贈者が弁済するなど，その債
務を消滅させる行為をした場合には，当該弁済等を行った受遺
者又は受贈者の請求により，当該消滅した債務の額の限度にお
いて，当該受遺者又は受贈者が負担する債務を消滅させること
ができることとしている。

(8)　相続の効力等に関する見直し

　　　①　相続による権利の承継に関する規律
　　　ア　総　論

　現行法の下で，判例は，遺産分割方法の指定（相続させる旨
の遺言）や相続分の指定がされた場合のように，遺言による権
利変動のうち相続を原因とするものについては，登記等の対抗
要件を備えなくても，その権利取得を第三者に対抗することが
できると判示している（最判平成14年6月10日家月55巻1号77頁）。

　しかし，このような考え方によると，例えば，相続債権者が

第14　相続法改正と不動産登記

法定相続分による権利・義務の承継があったことを前提として被相続人の有していた債権の差押え及びその取立てを行い，被相続人の債務者（第三債務者）がその取立てに応じて弁済をしたとしても，遺言に抵触する部分は無効となり得るため，遺言の有無及び内容を知る手段を有していない相続債権者や被相続人の債務者に不測の損害を与えるおそれがある。

　そこで，改正民法では，相続を原因とする権利変動についても，これによって利益を受ける相続人（受益相続人）は，登記等の対抗要件を備えなければ法定相続分を超える権利の取得を第三者に対抗することができないとしている（改正民法899条の2）。つまり，相続の効力に関しては，特定財産承継遺言等により承継された財産については，登記等の対抗要件なくして第三者に対抗することができるとされている現行法の規律を見直し，法定相続分を超える部分の承継については，登記等の対抗要件を備えなければ第三者に対抗することができないとする見直しがなされたということである。

　　　イ　債権の承継の場合の特例

　改正民法では，相続（特定財産承継遺言，相続分の指定，遺産分割）により法定相続分を超える債権の承継がされた場合には，民法467条に規定する方法による対抗要件具備のほか，その債権を承継する相続人（受益相続人）の債務者に対する通知により対抗要件を具備することが認められる（改正民法898条の2第2項）。これは，同法467条に規定する方法による対抗要件しか認めないこととすると，受益相続人は，債務者が任意に承諾をしない場合には，共同相続人全員から通知がされない限り

－ 269 －

対抗要件を備えることができないことになり，対抗要件の具備が困難になること等を考慮したものであるとされる（前掲東京司法書士会民法改正対策委員会編10頁）。

　もっとも，受益相続人による通知によって対抗要件の具備を認めることとすると，虚偽の通知がされるおそれがあるため，同項では，通知の際に，受益相続人において，遺言又は遺産分割の内容を明らかにすることを要求することとしている。このような趣旨に照らすと，受益相続人が遺言の内容を明らかにしたといえるためには，債務者に遺言書の原本を提示するか，あるいは，遺言書の写しを提示する場合には，同一内容の原本が存在することについて疑義を生じさせない客観性のある書面であることを要するものと考えられる。

　　②　義務の承継に関する規律

　改正相続法では，義務の承継に関する規律を明確化する観点から，相続債権者は，相続分の指定がされた場合にも，各共同相続人に対し，法定相続分に応じてその権利を行使することができることを明らかにするとともに，指定相続分に応じた債務の承継を承認することにより，指定相続分に応じた権利行使をすることもできることを明らかにしている（改正民法902条の2ただし書，899条）。これは，基本的には，判例（最判平成21年3月24日民集63巻3号427頁）の考え方を明文化したものである。

　　③　遺言執行者がある場合における相続人の行為の効果
　　　　等

　現行の民法1013条では，遺言執行者がある場合には，相続人は，相続財産の処分その他遺言の執行を妨げるべき行為をする

ことができないこととされている。この規定自体は改正法施行後存続する改正後の1013条１項が，この規定に違反した場合の効果について，判例は，相続人がした処分行為は絶対的に無効であると判示している（大判昭和５年６月16日民集９巻550頁）。

　他方で，判例は，遺言者の死亡後に相続人の債権者が特定遺贈の目的とされた不動産の差押えをした事案に関して，遺言執行者がいない場合には，受遺者と相続人の債権者とは対抗関係に立ち，先に登記を具備した者が確定的にその権利を取得すると判示している（最判昭和39年３月６日民集18巻３号437頁）。

　このように，判例の考え方によると，遺言執行者がいれば遺贈が絶対的に優先するのに対し，遺言執行者がいなければ受遺者と相続人の債権者の関係は対抗関係に立つことになるが，このような帰結は，遺言の存否及びその内容を知り得ない相続債権者等の第三者に不測の損害を与え，取引の安全を害するおそれがある。

　そこで，今回の改正では，現行法及び判例の考え方を基本的に尊重し，遺言執行者がある場合には，遺言の執行に必要な行為をする権限は遺言執行者に専属し，相続人がこれを妨げる行為をした場合には，原則として無効となることを明らかにした上で（改正民法1012条１項，同1013条１項，２項），遺言の存否及びその内容を知り得ない第三者の取引の安全等を図る観点から，相続人が自らした行為の効果と相続債権者又は相続人の債権者がした行為の効果とを区別した上で，それぞれ異なる規律を設けることとしている。

　すなわち，まず，遺言執行者がいる場合に，相続人がした遺

言の執行を妨げる取引行為が常に無効になるとするとその取引の相手方が不測の損害を受けるおそれがあるため，この法律では，これらの者の取引の安全を図るために，善意の第三者に対しては，その行為の無効を対抗することができないこととしている（改正民法1013条2項）。

　次に，相続債権者又は相続人の債権者が相続財産に対して差押え等の権利行使をした場合については，遺言執行者の有無によってその権利行使の有効性が左右されることがないようにするため，遺言執行者の有無に関する認識にかかわらず，相続債権者等の権利行使が妨げられることはない旨を明らかにすることとしている（改正民法1013条3項）。

　④　遺言執行者による遺言執行と相続人の執行妨害

　(i)　相続人による遺言執行の妨害

　相続人が遺言執行を妨げる行為をした場合，それは無効である。ただし，この無効は，善意の第三者に対抗することができない。

　(ii)　改正前の法律関係

　改正前民法1013条1項は，「遺言執行者がある場合には，相続人は，相続財産の処分その他遺言の執行を妨げるべき行為をすることができない。」と規定していた。判例も，遺言執行者がある場合，相続人が相続財産についてなした処分行為は，無効である（大判昭和5年6月16日民集9巻550頁）旨判示し，また「遺言者の意思を尊重すべく，遺言執行者をして遺言の公正な実現を図らせるという民法1013条の趣旨からすると，相続人が同条の規定に違反して，第三者のために，遺贈の目的たる不動

－272－

産に抵当権を設定してその登記をしたとしても，相続人による
その処分行為は無効であり，受遺者は，遺贈による目的不動産
の所有権取得を，登記なくして，右処分行為の相手方たる第三
者に対抗することができる。同条にいう「遺言執行者がある場
合」とは，遺言執行者として指定された者が就職を承諾する前
を含む。」と判示している（最判昭和62年4月23日民集41巻3号474
頁）。

　また，判例は，遺言者が不動産を第三者に遺贈して死亡した
後に，相続人の債権者が当該不動産を差し押えた場合，受遺者
と相続人の債権者とは対抗関係に立つとしている（最判昭和39年
3月6日民集18巻3号437頁）。

　そうなると遺贈がされた場合には，遺言執行者がいるときは
遺贈が絶対的に優先して対抗関係が生じないのに対し，遺言執
行者がいないときは対抗関係に立つという違いがあることにな
る。この点については遺言の存否及び内容を知り得ない第三者
に不測の損害を与え，取引の安全を害するおそれがあるとの指
摘がされていた。

(iii) 改正後の法律関係

　改正民法は，改正前民法1013条を改正民法1013条1項として
維持し，同項違反の効果について改正民法1013条2項は，「前
項の規定に違反してした行為は，無効とする。ただし，これを
もって善意の第三者に対抗することができない。」と規定して
いる。

　これは，遺言執行者がある場合には，相続財産の処分その他
遺言の執行を妨げるべき相続人の行為は無効であることを原則

としつつ，遺言の内容を知り得ない第三者の取引の安全を図る観点から例外を設けている。この場合の保護要件が「善意」とされ，無過失までは要求されていないのは，第三者に遺言の有無あるいはその内容に関する調査義務を負わせるのは相当でないということにあるとされる（Q＆A 改正相続法のポイント・日本弁護士連合会編（中込一洋）130頁）。

⑤　相続法改正と遺言執行者の権限

「相続させる」旨の遺言がなされた場合の遺言執行者の権限については，「相続させる」旨の遺言が物権的な直接効果を持っているということになると，この遺言による権利取得者は，登記なくして第三者に対抗し得ることになり，遺言執行者は登記手続に関与すべき権利も義務もないことになる。判例も，例えば，最判平成14年6月10日（家月55巻1号77頁）は「相続させる」趣旨の遺言によって不動産を取得した者は，登記なくしてその権利を第三者に対抗することができる。」と判示し，最判平成7年1月24日（判時1523号81頁）は「相続させる」旨の遺言により所有権を取得した相続人は単独で登記手続をすることができる。」と判示している。また，最判平成10年2月27日（民集52巻1号299頁）は，「相続させる」旨の遺言の対象となる不動産についての賃借権確認請求の被告適格は，遺言に遺言執行者の職務とする旨の記載があるなど特段の事情のない限り，遺言執行者ではなく，遺言によって当該不動産を相続した相続人である。」とされていた。

しかし，不実の登記がされていたような場合には，遺言執行者は，無権利の相続人等に対する抹消登記手続請求や真正な登

記名義の回復のための移転登記手続請求をなし得ると解されていた（最判平成11年12月16日判時1702号61頁）。平成11年の前記最高裁判例は,「相続させる」旨の遺言に基づく登記がされる前に,他の相続人が自己名義の登記をした場合は,遺言執行者は遺言を実現するために抹消登記と所有権移転登記を求めることができる。」旨判示している。

　具体的には,今回の相続法改正では,「相続させる」旨の遺言の物権的効果を立法によって否定することになるから,遺言執行者の権限を定め直すことにも意義があると考えられる。

　今回の相続法改正では,遺言執行者の一般的な権限については,民法1012条（遺言執行者の権利義務）,1015条（遺言執行者の行為の効果）の規律を手直ししている。

　遺言執行権限については,特定遺贈がされた場合の遺贈履行権の独占,特定財産承継遺言がされた場合の対抗要件具備行為の権限があることを明確にしている（民法1014条２項,３項）。

　遺言執行者の復任権については,民法1016条１項は,「遺言執行者は,自己の責任で第三者にその任務を行わせることができる。ただし,遺言者がその遺言に別段の意思を表示したときはその意思に従う。」と規定し,その２項は,「前項本文の場合において,第三者に任務を行わせることについてやむを得ない事由があるときは,遺言執行者は,相続人に対してその選任及び監督についての責任のみを負う。」と規定している。

　なお,「第三者にその任務を行わせること」の意義については,遺言執行者の権利義務を挙げて他人に移すことであって,特定の行為につき第三者に代理権を授与することは含まれな

い。」（大決昭和２年９月17日民集６巻501頁）としている（前掲平田
186頁）。

⑥　遺言執行者の権限の明確化

遺言執行者は，遺言の内容を実現するために権利義務を有す
るものとされた。

また，遺言執行者を相続人の代理人とみなす旨の規律を遺言
執行者の行為は相続人に直接に効力を有する旨の規律に改めて
いる。そして，遺言執行者は任務を開始した際，遅滞なく相続
人に遺言の内容を通知しなければならない。

改正前民法では，遺言執行者の法的地位に「相続人の代理人
とみなす」とする規定があるのみで，必ずしもその法的地位が
明確になっていない（改正前民法1015条）。

そこで，遺言執行者の法的地位やその権限を明確にする規律
を設けるなどの改正がなされた。

例えば，特定遺贈がされた場合に，遺言執行者があるとき
は，遺贈の履行は遺言執行者のみが行うことができることとさ
れ（改正民法1012条１項），また，特定財産承継遺言がされた場合
は，遺言執行者は，その相続人が対抗要件を備えるために必要
な行為をすることができることとされた（改正民法1014条２項）。

その財産が預貯金債権である場合には，遺言執行者は前記対
抗要件具備行為のほか，当該預貯金の払戻しの請求及びその預
貯金に係る契約の解約の申入れをすることができる（ただし，
解約の申入れは，特定財産承継遺言の目的がその預貯金債権の
全部である場合に限る（改正民法1014条３項））こととされた。

第14　相続法改正と不動産登記

⑦　「相続させる」旨の遺言と遺言執行者

　「相続させる」旨の遺言がされた場合，当該不動産につき，当該遺言書を添付して（遺産分割協議書を添付する必要はない），受益相続人が相続を登記原因として単独で登記申請することができる（昭和47年4月17日民事甲第1442民事局長通達）。遺言執行者が指定されていた場合においても，遺言執行者からの登記申請はできない。受益相続人が単独で申請できるからである（拙著新訂　相続・遺贈の登記258頁）。

(9)　相続による物権変動とその登記

①　改正民法と対抗要件

　すでに考察したように，改正民法での見直し点は，相続による権利の承継は，遺産分割及び遺言の場合を含め，全て法定相続分を超える部分については，登記その他の対抗要件を備えなければ，第三者に対抗することができないことを新たに規律したことにあるとされる（改正民法899条の2第1項）。

　現行民法の下においては，前述のごとく遺言（遺産分割方法の指定及び相続分の指定）による権利の承継（物権変動）については，登記等の対抗要件を備えていなくても，法定部分を超える部分も第三者に対抗することができる。

　これに対し，遺産分割や遺贈による物権変動については，法定相続分を超える部分は登記等の対抗要件を備えなければ，第三者に対抗することができない。改正民法では，遺産の分割及び遺言の場合を含め，全て法定相続分を超える部分については，登記等の対抗要件を備えなければ，第三者に対抗できないということになる。

－277－

なお，法定相続分による持分の取得は，登記なくして第三者に対抗できるとするのが確定した判例（最判昭和38年2月22日民集17巻1号235頁）である（安達敏男，吉川樹士，須田啓介，安重洋介「相続法改正ガイドブック」188頁）。

　前記昭和38年の判例は，「相続財産に属する不動産につき，共同相続人中の乙が単独所有権移転の登記を経由し，さらに第三者丙に移転登記をした場合でも，乙の登記は他の共同相続人甲の持分に関する限り無権利の登記であり，登記に公信力のない結果，丙も甲の持分に関する限りその権利を取得することはできないから，甲は自分の持分を登記なくして乙及び丙に対抗することができる。」旨判示している。

②　法定相続分と移転登記

（i）　法定相続分

　各共同相続人は，民法に定めた法定相続分に応じて被相続人の権利義務を包括的に承継する。もっとも，民法は，第一次的には遺留分を除いて，被相続人の意思で相続分を定めることができる（指定相続分・民法902条）が，そのような指定がない場合には，各共同相続人は，法定相続分に応じて被相続人の権利義務を承継する。そして，不動産を共同相続した場合，直ちに法定相続分に基づく共有状態が発生し（民法898条），遺産分割前でもあっても，その共有持分権は処分できるものと解されている。

（ii）　法定相続分と無権利の法理

　法定相続分を超える処分行為がなされ，それに基づいて移転登記がなされた場合，法定相続分を相続した相続人は，移転登

記を受けた第三者に対して，登記なくして自己の法定相続分に対応する持分権を主張できるかが問題となる。

このケースの場合，最高裁判決（最判昭和38年2月22日民集17巻1号235頁）は，「共同相続人は，他の共同相続人が単独所有権移転登記を経由し，さらに第三者に移転登記をした場合，第三者に対し，自己の持分を登記なくして対抗し得る。」と判示している。

具体的には，「相続財産に属する不動産につき単独所有権移転の登記をした共同相続人中のY₁ならびにY₁から単独所有権移転の登記を受けた第三者取得者Y₂らに対し，他の共同相続人Xらは自己の持分を登記なくして対抗しうるものと解すべきである。けだしY₁の登記はXらの持分に関する限り無権利の登記であり，登記に公信力なき結果Y₂らにXらの持分に関する限りその権利を取得する由ないからである（大判大正8年11月3日民録25輯1944頁）。」とし，ただし，「Xらの持分についてのみの一部抹消（更正）登記手続でなければならない。」旨判示している（前掲平田100頁）。

(iii) 法定相続分と無権利の法理

今回の相続法改正では，直接的には法定相続分に関する規律は設けられていないが，法定相続分以外は登記しなければ対抗できないとの明文規定が設けられている（民法899条の2）。

つまり，法定相続分を超える処分は無権利の処分行為であって無効であり，法定相続分を相続した共同相続人は，自己の持分権について，登記なくして第三者に対抗できることが明確にされたことになる（前掲平田103頁）。

ただ，一方では，取消しの遡及効（民法121条は「取り消された行為は，初めから無効であったものとみなす。」と規定している（ただし，本条の施行は令和2年4月1日））がゆえに，取消し前の第三者については，本来的には保護されないことになり，特別な保護規定がある場合（例えば，民法96条3項の善意の第三者）にのみ保護されるとしている。

　しかし，他方では，取消後の第三者については，復帰的な物権変動によって二重譲渡と同様な関係になるとしている（大判昭和17年9月30日民集21巻911頁）。同判例は，「詐欺による取消しの効果は，その登記をしなければ，取消後不動産を取得して登記を経た第三者に対抗しえない。」旨判示している。ここでは登記できるのにしなかった場合は不利益を受けてもやむを得ないと考えることもできなくはないが，しかし，判例は無権利の法理を採用しており，法定相続分の登記をしておかなければならないとすることは，あまりにも相続人の保護に欠けることになり，相続における共有は遺産分割が終了するまでのあくまでも暫定的な共有にすぎないのであるから，取引の安全を優先させて相続人に不利益を被らせるのは妥当でないと判断されたのではないかと考えられる（前掲平田104頁）。

　相続放棄がされたにもかかわらず，法定相続分の登記がなされ，相続人の債権者がその法定相続分を差し押さえた場合，相続放棄によってその相続分を取得した相続人は，第三者異議の訴えなどで自己の権利を主張できないかどうかという問題が発生する場合が考えられる。

　相続放棄がされた場合，その効力は絶対的なものとして，相

続を承認した相続人は登記なくして差押債権者に対抗できるものとされている。したがって，相続人の債権者の差押えに対しては，第三者異議の訴えをもって差押えの効力を否定することができると考えられる。最判昭和42年1月20日（民集21巻1号16頁）は，「相続放棄の効力は絶対的であり，何人に対しても登記の有無を問わず，その効力を生ずると解すべきであって，放棄した相続人の債権者が，相続の放棄後に，相続財産たる未登記の不動産について，右相続人も共同相続したものとして代位による所有権保存登記をした上で持分に対する仮差押登記をしても，その仮差押登記は無効である。」旨判示している。その実質的な理由については，最判昭和46年1月26日（民集25巻1号90頁）が遺産分割と対比させて，「相続財産中の不動産につき，遺産分割により相続分と異なる権利を取得した相続人は，その旨の登記を経なければ，分割後に当該不動産につき権利を取得した第三者に対抗することができない。」と判示しているところである（前掲平田129頁）。

相続放棄については，初めから相続人とならなかったものとみなすというように，民法939条が遡及効を定めており，また判例も相続人の相続に関する選択権を尊重しており，前述のごとく，相続放棄の効力を絶対的なものとして，登記なくして第三者に対抗できるものとしている（最判昭和42年1月20日民集21巻1号16頁）。

このように，相続放棄と登記という問題に関しては，判例は，相続放棄の効力を絶対的なものとして，相続放棄した相続人の保護に徹しているが，今回の相続法改正においては，その

点について何も触れられておらず，その点に変更は加えていないと考えられる（前掲平田130頁）。

③　法定相続分を超える処分行為と無権利の法理

法定相続分を超える処分行為がなされ，それに基づく移転登記がなされた場合，法定相続分を相続した相続人は，移転登記を受けた第三者に対して，登記なくして自己の法定相続分に対応する持分権を主張できる。

最判昭和38年2月22日（民集17巻1号235頁）は，「法定相続分を超える処分は無権利の処分行為であって無効であり，法定相続分を相続した共同相続人は，自己の持分権について，登記なくして第三者に対抗できる」旨判示している。

共有および共有における「持分権」または「持分」の法律的性質に関しては，民法に規定がないが，1個の所有権が量的に分属するという理解の仕方もあり，判例は，共有は数人が共同して1個の所有権を有する状態であって，共有者は物を分割してその一部を所有するのではなく，各所有者は物の全部について所有権を有し，他の共有者の同一の権利によって減縮されるにすぎず，したがって共有者の有する権利は，単独所有の権利と性質及び内容を同じくし，ただ分量および範囲に広狭の差異があるだけである（大判大正8年11月3日民録25輯1944頁）とする。そして，この理論から，次のような結果が生ずる。

具体的には，「相続財産に属する不動産につき単独所有権移転の登記をした共同相続人中のY₁，ならびにY₁から単独所有権移転の登記を受けた第三取得者Y₂らに対し，他の共同相続人Xらは自己の持分を登記なくして対抗することができると解

される。なぜならY₁の登記はXらの持分に関する限り無権利の登記であり，登記に公信力がないためY₂らもXらの持分に関する限りその権利を取得することはできないからである（前掲平田100頁）。

なお，不動産の共同相続において相続人の1人が勝手に単独所有権移転登記をして第三者に移転した場合について，他の相続人が請求できるのは，登記全部の抹消ではなくて，自分の持分についてのみの一部抹消（更正）手続きであるとした判例（最判昭和38年2月22日民集17巻1号235頁）がある。同判例は，「共同相続の場合，相続人の1人が単独所有権取得の登記をし，これを第三者に譲渡して，所有権移転の登記をしても，他の相続人は自己の持分を登記なくして，これに対抗できる。」旨判示している。

また，甲乙両名が共同相続した不動産につき乙が勝手に単独所有権取得の登記をし，さらに第三取得者丙が乙から移転登記を受けた場合，甲が乙丙に対し請求できるのは，甲の持分についての一部抹消（更正）登記手続であるが，甲が乙丙に対し右登記の全部抹消登記手続を請求したのに対し，裁判所は乙丙に対し一部抹消（更正）登記手続を命じる判決をすることができる」旨（旧法関係）判示している（最判昭和38年2月22日民集17巻1号235頁）。

さらに，共同相続人全員が同意していないにもかかわらず，相続財産の全部に抵当権が設定されたという事案において，抵当権の設定に同意していない相続人は，無権利の法理に基づいて，抵当権者に登記なくして対抗しえると考えられる（前掲平

田101頁)。

④　相続法改正と遺産分割による対抗要件

（i）　相続法改正と遺産分割

今回の相続法改正では，遺産分割の効力に関する規定は改正されていない。民法909条は，「遺産の分割は，相続開始の時にさかのぼってその効力を生ずる。ただし，第三者の権利を害することはできない。」と規定している。

しかし，相続に関する権利の承継に関する一般条項として民法899条の2第1項が新設され，「相続による権利の承継は，遺産の分割によるものかどうかにかかわらず，次条及び第901条の規定により算定した相続分を超える部分については，登記，登録その他の対抗要件を備えなければ第三者に対抗することができない。」と明記され，相続による権利の承継は，遺産の分割によるものかどうかにかかわらず，登記等の対抗要件を備えなければ，第三者に対抗することができない。」と規定されている。したがって，遺産分割による権利の承継については，登記を備えなければ第三者に対抗できないということになる。

つまり，遺産分別を行った後における法定相続分に該当する持分の処分は，二重譲渡に類する処分行為であって，民法177条の登記という対抗要件を備えなければ第三者に対抗することができないと定められたものと解することができる（前掲平田144頁）。

（ii）　遺産分割と不動産登記

遺産分割は，遺言で禁じられない限り，いつでも共同相続人間の協議をもって行われ，共同相続人間において協議が調わな

いときや協議することができないときは，家庭裁判所における調停・審判によって行われる。

民法898条は，「相続人が数人あるときは，相続財産は，その共有に属する。」と規定している。この共有の意味については，物権法上の狭義の「共有」（民法249条以下）と同じ意味を有していると考えられる。この物権法上の狭義の共有は，各共有者が目的物に対して顕在的な共有持分を有しているものと考えられており，各共有者はそれを自由に処分でき，いつでも分割請求することができる（民法256条１項）。

この狭義の共有説の考え方によれば，自己の相続持分を遺産分割前に処分することは自由にできることになり，遺産分割前に取引関係上の第三者が登場することを定めている民法909条ただし書は，個々の相続財産上の持分権を処分できることを前提とした規定であると解される。

なお，相続財産に含まれる預貯金は，これまで当然分割の原則によって法定相続分に応じて各相続人に帰属し，遺産分割の対象とはならないとされてきたが，最高裁大法廷平成28年12月19日決定（民集70巻８号2121頁）によって，相続財産に含まれる預金債権は，準共有となって遺産分割の対象になるというように判例変更がされている（前掲平田94頁）。

⑤　遺産分割の法的性質と不動産登記

（ⅰ）　遺産分割と第三者の権利

遺産分割は，遺言で禁じられていない限り，いつでも共同相続人間の協議をもって行われ，共同相続人間に協議が調わないときや協議することができないときには，家庭裁判所における

－285－

調停・審判によって行われる。

　遺産分割は，相続開始の時に遡って効力を生じる（民法909条本文）。しかし，第三者の権利を害することはできない（民法909条ただし書）。

　このように遺産分割の効力については，遡及効が定められており，そのために遺産分割前に利害関係を有するに至った第三者の権利を害することはできないとされている。そうなると遺産分割が行われたにもかかわらず，それと異なる処分行為が行われた場合に，その遡及効をどのように理解すべきかということが問題となるが，遺産分割が行われたにもかかわらず，それと異なる処分行為などが行われた場合には，判例によれば，民法177条に基づく対抗関係に該当するとされ，登記によって優劣を決するという考え方が示されている。

　(ⅱ)　遺産分割前における第三者の権利

　民法909条は，「遺産の分割は，相続開始の時にさかのぼってその効力を生ずる。ただし，第三者の権利を害することはできない。」と規定している。この規定は基本的には遺産分割前の第三者の権利保護を図った規定であると考えられるが，例えば，遺産分割前に自分の法定相続分に該当する共有持分を処分したにもかかわらず，それと内容的に矛盾する遺産分割が行われたというような場合が該当すると考えられる（前掲平田139頁）。

　最判昭和46年1月26日（民集25巻1号90頁）は，「相続財産中の不動産につき，遺産分割により相続分と異なる権利を取得した相続人は，その旨の登記を経なければ，分割後に当該不動産

につき権利を取得した第三者に対抗することはできない。」と判示している。つまり，最高裁は，「遺産の分割は，相続開始の時にさかのぼってその効力を生ずるものではあるが，第三者に対する関係においては，相続人が相続によりいったん取得した権利につき分割時に新たな変更を生ずるのと実質上異ならないものであるから，不動産に対する相続人の共有持分の遺産分割による得喪変更については，民法177条の適用があり，分割により相続分と異なる権利を取得した相続人は，その旨の登記を経なければ，分割後に当該不動産につき権利を取得した第三者に対し，自己の権利の取得を対抗することができないものと解するのが相当であると判断している。ここでは，民法909条本文の遡及効を重視するという理論的一貫性というよりも，政策的に登記の公示機能を重視し，登記できるのにしなかった者は不利益を被ってもやむを得ないという考え方を優先させているものと考えられる（前掲平田142頁）。

⑥　指定相続分と対抗要件

改正民法899条の2第1項の規定の新設により，指定相続分は登記をしなければ第三者に対抗できない。被相続人は，遺言により，共同相続人の相続分を定めたり，これを定めることを第三者に委託したりすることもできる（民法902条）と規定されている。

しかし，今回の相続法改正によって，前述のごとく民法899条の2が新設され，その第1項において，指定相続分は登記しなければ第三者に対抗できないという規律が明文化されている。したがって，不動産が遺産であるときは，法定相続分を超

－287－

える部分については，登記，登録その他の対抗要件を備えなければ，第三者に対抗できない。

判例によれば，遺言で，法定相続分を上回る相続分が指定された共同相続人は，自己の指定された相続分については登記なくして第三者に対抗できるとされていた（最判平成5年7月19日家月46巻5号23頁）が，今回の相続法改正では，法定相続分を超える部分については登記なくして第三者に対抗できないとされている（民法899条の2第1項）。

⑦　相続放棄と法定相続分の登記

（i）　相続放棄と不動産登記

相続放棄がされたにもかかわらず，法定相続分の登記がなされて相続人の債権者がその法定相続分を差し押えた場合，相続放棄によってその相続分を取得した相続人は，第三者異議の訴えなどで自己の権利を主張できないかどうかという問題があるが，相続放棄がなされた場合，その効果は絶対的なものとされ，相続を承認した相続人は登記なくして差押債権者に対抗できるものとされる。したがって，相続人の債権者の差押えに対しては，第三者異議の訴えをもって差押えの効力を否定することができると考えられる。

判例は，相続放棄の効力は絶対的なものとして，登記なくして第三者に対抗できるものとしている（最判昭和42年1月20日民集21巻1号16頁）。同判例は，「相続放棄の効力は絶対的であり，何人に対しても登記の有無を問わず，その効力を生ずると解すべきであって，放棄した相続人の債権者が，相続の放棄後に，相続財産たる未登記の不動産について，右相続人も共同相続し

たものとして代位による所有権保存登記をした上で持分に対する仮差押登記をしても，その仮差押登記は無効である。」旨判示している。つまり，判例は，相続放棄の効力は絶対的なものとして，登記なくして第三者に対抗できるものとしている。

　上記判例の事案は，もともと被相続人の所有であった不動産につき，被相続人死亡後，相続人2名を除く相続人5名が相続放棄の申述をしたにもかかわらず，その登記がなされなかったところ，相続放棄をした相続人の債権者が当該相続人を代位して法定相続分につき所有権保存登記を行い，それに対して仮登記をしたものである。そして本件相続を承認した相続人は，前記相続人の債権者に対して，第三者異議の訴えを捉起した。

　これに対して最高裁は，「民法が承認，放棄をなすべき期間（同法915条）を定めたのは，相続人に権利義務を無条件に承継することを強制しないこととして，相続人の利益を保護しようとしたものであり，同条所定期間内に家庭裁判所に放棄の申述をすると（同法938条）相続人は相続開始時に遡って相続開始がなかったと同じ地位におかれることになり，この効力は絶対的で，何人に対しても，登記等なくしてその効力を生ずると解すべきである。」（最判昭和42年1月20日民集21巻1号16頁）と判示している。そして，その理由としては，当該所有権保存登記は実体に合わない無効のものというべく，本件不動産につき相続放棄をした相続人が持分を有することを前提としてなした仮差押えは，その内客どおりの効力を生ずる由なく，この仮差押登記は無効であるというべきであるとしている（前掲平田127頁）。

－ 289 －

(ii) 遺産分割との差異

遺産分割については，民法909条が，「遺産の分割は，相続開始の時にさかのぼってその効力を生ずる。ただし，第三者の権利を害することはできない。」と規定しており，同条には第三者保護規定が定められており，遡及効を阻むただし書きがあるから，相続放棄のように遡及効があるから無効であるとは直ちにはいえないところがある。

つまり，遺産の分割は，相続開始の時にさかのぼってその効力を生ずるが，第三者に対する関係においては，相続人が相続により一旦取得した権利につき分割時に新たな変更を生ずるのと実質上異ならないものであるから，不動産に対する相続人の共有持分の遺産分割による得喪変更については，民法177条の適用があり，分割により相続分と異なる権利を取得した相続人は，その旨の登記を経なければ，分割後に当該不動産につき第三者に対し，自己の権利を取得した第三者に対し，自己の権利の取得を対抗することができない。」旨判示している（最判昭和46年1月26日民集25巻1号90頁）。

(iii) 相続放棄と無効の法理

相続放棄がされたにもかかわらず，その後に法定相続分の所有権保存登記をしてその持分を差し押えた場合，その差押えは無効であるとする考え方は，理論的には正しいと考えられる。しかし，判例の考え方は，取消しと登記という論点においては，取消前の第三者に対しては遡及効を認めるにもかかわらず，取消後の第三者に対しては遡及効を認めずに復帰的な物権変動によって二重譲渡と同様の関係になるとしている（大判昭

和17年9月30日民集21巻911頁）。

　この点については今回の相続法改正においても見直しはされていない。その理由は，最判昭和42年1月20日（民集21巻1号16頁）判決が明示しているように，相続放棄は相続人を保護するものであって，その効果は絶対的なものであるとする考え方にあるとされる（前掲平田129頁）。最判昭和42年1月20日の判例は「相続放棄の効力は絶対的であり，何人に対しても，登記等なくしてその効力を生ずると解すべきである。Aの共同相続人中，Bを含む一部の者が相続を放棄した場合に，Bの債権者Yが，Bを含むすべての共同相続人が本件未登記不動産を共同相続したとして，Bの持分につき，Bに代位して所有権保存登記をし，その持分について仮差押登記をしたとしても，その登記は実体に合わない無効のものであり，その持分についてなされた仮差押及びその登記も無効である。」旨判示している。

　　(iv)　相続放棄の登記と相続法の改正

　相続放棄については，初めから相続人とならなかったものとみなすというように，民法939条が遡及効を定めている。判例（最判昭和42年1月20日民集21巻1号16頁）は，「相続放棄の効力は絶対的であり，何人に対しても，登記の有無を問わず，その効力を生ずると解すべきであって，放棄した相続人の債権者が，相続の放棄後に，相続財産たる未登記の不動産について，右相続人も共同相続したものとして代位による所有権保存登記をした上で持分に対する仮差押登記をしても，その仮差押登記は無効である。」旨判示している。

　このように相続放棄と登記という問題に関しては，判例は，

相続放棄の効力を絶対的なものとして，相続放棄した相続人の保護を徹底している。

　今回の相続法改正においては，これらの点については何も触れられておらず，従来からの考え方が維持されるものと考えられる（前掲平田130頁）。

　　⑧　民法177条と遺産分割前による権利の承継

　改正民法899条の2第1項は，「相続による権利の承継は，遺産の分割によるものかどうかにかかわらず，次条及び第901条の規定により算定した相続分を超える部分については，登記，登録その他の対抗要件を備えなければ，第三者に対抗することができない。」と規定している。

　遺産分割による財産の取得については，判例上民法177条の適用があるとされていた。最判昭和46年1月26日（民集25巻1号90頁）は，「不動産に対する共有持分の遺産分割によって相続分と異なる権利を取得した相続人は，その旨の登記を経なければ，分割後に当該不動産につき権利を取得した第三者に対し，自己の権利の取得を対抗することができない。」旨判示している。

　しかし，この考え方に対しては，遺産分割の遡及効（民法909条本文）との関係，すなわち，遺産分割の効力が相続開始の時にさかのぼるということであれば，当該財産を取得した相続人は被相続人から直接承継したことになり，法定相続の場合と同様，第三者との間で対抗問題が生じる余地はないのではないかという疑問が生ずる。そこで，相続による権利の承継について対抗要件主義の規定を新たに設けるのであれば，遺産分割につ

－292－

いてもその適用の対象に含めるということで，前述のごとく，改正民法899条の2第1項の規律対象に遺産分割による権利の承継も含まれるということを明らかにしている（前掲「相続法改正と司法書士実務」262頁）。

(10) 相続人以外の者の貢献を考慮するための方策

　被相続人に対して療養看護等の貢献をした者が相続財産から分配を受けることを認める制度として寄与分の制度があるが，寄与分は相続人にのみ認められている。このため，相続人ではない者，例えば，相続人の配偶者が被相続人の療養看護に努め，被相続人の財産の維持又は増加に寄与したとしても，遺産分割手続において寄与分を主張したり，何らかの財産の分配を請求したりすることはできず，不公平であるとの指摘がされていた。

　そこで，改正相続法では，このような不公平を解消し，被相続人の療養看護等に尽した者の貢献に報いるために，特別の寄与の制度を新設している（改正民法1050条）。

　もっとも，このような制度を設けることについては，相続をめぐる紛争の複雑化，長期化を懸念する指摘が多くされたこと等を踏まえ，その請求権者を被相続人の親族に限定するとともに，寄与行為の対象についても被相続人に対する無償の労務の提供があった場合に限定することとしている。

　特別寄与料の支払について当事者間に協議が調わないときは，特別寄与者は，家庭裁判所に対して協議に代わる処分を請求することができる（改正民法1050条2項，3項）。

　また，相続人が複数いる場合には，各相続人は，その法定相

— 293 —

続分又は指定相続分に応じて，特別寄与料の負担をする（改正民法1050条5項）。

(11) **施行期日等**

①　民法（債権法改正：2020年4月1日）

②　原則的な施行日：本法律は，原則として，2019年7月1日から施行される（附則1条本文，平成30年政令第316号）。

ⅰ　民法（相続法）は以下のとおり段階的に施行される。

ⅱ　自筆証書遺言の方式緩和は2019年1月13日（公布の日から6か月経過日）

ⅲ　配偶者の居住権（配偶者短期居住権を含む。）の創設（2020年4月1日）

ⅳ　自筆証書遺言の保管制度（2020年7月10日法務局における遺言書の保管等に関する法律の施行期日を定める政令（2018年11月21日公布））。具体的な手数料の額については，施行日（2020年7月10日）までの間に定められることになる。

なお，保管の対象となるのは，自筆証書による遺言書のみである。また，遺言書は，封のされていない法務省令で定める形式に従って作成されたものでなければならない。

③　自筆証書遺言の方式の緩和

今回の改正により自筆証書遺言の方式が緩和されている（パソコンで作成可）が，これは自筆証書遺言に添付する財産目録については手書きでなくてもよいことになったということであ

— 294 —

り，遺言書の本文については，これまでどおり手書きで作成する必要がある。

④　遺言書の保管の申請

遺言書の保管の申請は，遺言者の住所地若しくは本籍地又は遺言書が所有する不動産の所在地を管轄する遺言書保管所（法務大臣の指定する法務局）の遺言書保管官（法務局の事務官）に対してすることができる。

なお，遺言書保管所の指定及び具体的な管轄については，施行日（2020年7月10日）までの間に定められることになると考えられる。

⑤　預貯金の払戻しと2つの制度

今回の改正で，遺産分割前に預貯金の払戻しを認める制度として，ⅰ家庭裁判所の判断を経ないで預貯金の払戻しを認める方策と，ⅱ家庭裁判所の判断を経て預貯金の仮払いを得る方策の2つの方策が設けられている。ⅰの方策については限度額が定められていることから，小口の資金需要についてはⅰの方策により，限度額を超える比較的大口の資金需要がある場合については，ⅱの方策を用いることになるものと考えられる。

判例年月日索引

年 月 日	裁判所（出典）	
明治38.12. 6	大審院判決（民録11・1653）………………………………	19
38.12.11	大審院判決（民録11・1736）……………………………	180,183
39. 1 .31	大審院判決（民録12・91）………………………………	183
41.12.15	大審院民事連合部判決（民録14・1301）……………	180,183
43. 7 . 6	大審院判決（民録16・537）……………………………	5,7
44. 3 .24	大審院判決（民録17・117）……………………………	14
44.12.15	大審院判決（民録17・789）……………………………	188
大正 8 .11. 3	大審院判決（民録25・1944）…………………	181,279,282
10. 5 .30	大審院判決（民録27・1013）…………………………	85
10. 6 .18	大審院判決（民録27・1168）…………………………	17
10. 7 .11	大審院判決（民録27・1378）………………………	82,85
12. 1 .31	大審院連合部判決（民集 2 ・38）……………………	183
14. 7 . 8	大審院連合部判決（民集 4 ・412）………………	180,184
15. 2 . 1	大審院連合部判決（民集 5 ・44）……………………	188
15. 7 .12	大審院判決（民集 5 ・616）……………………………	34
昭和 2 . 4 .22	大審院判決（民集 6 ・260）…………………………	163
2 . 9 .17	大審院判決（民集 6 ・501）……………………………	276
3 . 3 .24	大審院判決（新聞2868・ 9 ）…………………………	201
5 . 6 .16	大審院判決（民集 9 ・550）…………	174,196,199,201,202,271,272
6 . 8 . 7	大審院判決（民集10・763）……………………………	167
11. 6 .16	大審院判決（民集15・13・1125）……………………	20
13.12.22	大審院判決（民集17・2522）…………………………	37
17. 9 .30	大審院判決（民集21・911）…………………………	280,291
28.12.18	最高裁判決（民集 7 ・12・1515）……………………	92
29. 4 . 8	最高裁判決（民集 8 ・ 4 ・819）……………………	162
30. 4 . 5	最高裁判決（民集 9 ・ 4 ・431）……………………	93
30. 5 .10	最高裁判決（民集 9 ・ 6 ・657）……………………	197
30. 9 .29	最高裁判決（民集 9 ・10・1472）……………………	45
33. 2 .21	最高裁判決（民集12・ 2 ・341）……………………	15
33. 8 .28	最高裁判決（民集12・12・1936）……………………	184
33.10.14	最高裁判決（民集12・14・3111）…………………	48,188
34. 6 .19	最高裁判決（民集13・ 6 ・757）……………………	37

昭和36.5 .30　最高裁判決（民集15・5 ・1459）……………………………54

36.7 .19　最高裁判決（民集15・7 ・1875）……………………………15

37.6 .26　最高裁判決（民集16・7 ・1397）……………………………45

38.2 .22　最高裁判決（民集17・1 ・235）

　………163,180,181,211,216,223,225,233,239,278,279,282,283

39.2 .13　最高裁判決（判タ160・71）……………………………181

39.3 .6　最高裁判決（民集18・3 ・437）

　………48,162,171,174,181,188,192,202,208,216,225,271,273

40.4 .30　最高裁判決（民集19・3 ・768）……………………………24

40.9 .10　最高裁判決（民集19・6 ・1512）……………………………50

40.10 .12　最高裁判決（民集19・7 ・1777）……………………………12

41.3 .18　最高裁判決（民集20・3 ・464）……………………………87

41.5 .19　最高裁判決（民集20・5 ・947）……………………………105

41.12 .20　最高裁判決（民集20・10 ・2139）……………………………37

42.1 .20　最高裁判決（民集21・1 ・16）

　………………………162,182,211,233,239,281,288,289,291

43.5 .31　最高裁判決（民集22・5 ・1137）……………………………262

43.11 .19　最高裁判決（民集22・12 ・2710）……………………………25

44.7 .17　最高裁判決（民集23・8 ・1610）……………………………36,85

46.1 .26　最高裁判決（民集25・1 ・90）

　………………………162,164,182,191,211,239,281,286,290,292

46.3 .18　最高裁判決（判時623・71）……………………………39

46.4 .23　最高裁判決（民集25・3 ・388）……………………………31

46.11 .16　最高裁判決（民集25・8 ・1182）……………………………49,189

46.11 .30　最高裁判決（民集25・8 ・1437）……………………………167

47.9 .8　最高裁判決（民集26・7 ・1348）……………………………167

48.2 .2　最高裁判決（民集27・1 ・80）……………………………35,85

48.3 .16　最高裁判決（金法683・25）……………………………19

49.3 .19　最高裁判決（民集28・2 ・325）……………………………31,85

50.3 .6　最高裁判決（民集29・3 ・203）……………………………8,10

51.8 .30　最高裁判決（民集30・7 ・768）……………………………160

53.10 .5　最高裁判決（民集32・7 ・1332）……………………………17

53.12 .22　最高裁判決（民集32・9 ・1768）……………………………35

54.2 .22　最高裁判決（裁判集民事126・129）……………………………119

54.7 .31　最高裁判決（判時742・39）……………………………166

判例年月日索引

昭和57．6．4　最高裁判決（判時1048・97）················24

61．3．13　最高裁判決（民集40・2・389）················121

62．4．23　最高裁判決（民集41・3・474）······144,152,174,199,201,236,273

平成3．4．19　最高裁判決（民集45・4・477）

··················115,213,215,222,228,235,237,242

3．5．10　最高裁判決（判時1387・59）················37

5．1．19　最高裁判決（民集47・1・1）················146

5．7．19　最高裁判決（家月46・5・23）············162,206,210,226,240,288

5．7．19　最高裁判決（裁判集民事169・243）················208,223

7．1．24　最高裁判決（判時1523・81）············148,196,235,236,274

8．11．12　最高裁判決（民集50・10・2591）················167

8．12．17　最高裁判決（民集50・10・2778）················78,96,106,248

9．11．13　最高裁判決（民集51・10・4144）················140

10．2．7　最高裁判決（民集52・1・299）················236

10．2．26　最高裁判決（民集52・1・274）················155

10．2．27　最高裁判決（民集52・1・299）················148,274

10．3．24　最高裁判決（民集52・2・433）················158,267

11．1．8　高松高裁決定（家月51・7・44）················119

11．3．25　最高裁判決（判時1674・61）················33

11．6．11　最高裁判決（民集53・5・898）················16

11．12．16　最高裁判決（民集53・9・1989）

··················150,190,197,236,237,241,242,257,258,263

11．12．16　最高裁判決（判時1702・61）················148,275

12．3．9　最高裁判決（民集54・3・1013）················16

13．4．26　福岡高裁那覇支部判決（判時1764・76）················119

13．11．22　最高裁判決（民集55・6・1033）················230

14．6．10　最高裁判決（家月55・1・77）······148,161,192,206,208,211,223,

225,231,232,235,236,237,239,268,274

14．6．10　最高裁判決（判時1791・59）················165,171,229

17．9．8　最高裁判決（民集59・7・1931）················165

21．3．24　最高裁判決（民集63・3・427）······173,217,220,226,227,237,270

23．2．22　最高裁判決（民集65・2・699）············177,218,220,228,235,237

23．9．21　横浜地裁判決（民月67・4・38）················168

28．12．19　最高裁決定（民集70・8・2121）················73,124,285

29．12．21　大阪高裁判決（判時2381・79）················167

— 299 —

先例年月日索引

年 月 日　　番号（出典）

昭和47.4.17　民事甲第1442号民事局長通達（先例集追Ⅵ1179）
　　　　　　　……………………………………………212,215,221,229,277

　　62.6.30　民三第3411号民事局第三課長回答（先例集追Ⅶ569）……………230

［筆者紹介］

ふじわら　ゆうき
藤原　勇喜

1　略　歴（主なもの）

昭和42年3月	中央大学大学院法学研究科卒業
昭和63年4月	法務省法務総合研究所教官（兼任）
平成3年4月	法務省民事局民事調査官
平成5年4月	法務省民事局登記情報管理室長
平成7年8月	東京法務局民事行政部長
平成8年4月	東京法務局総務部長
平成9年4月	仙台法務局長（～平成11年3月）
平成11年8月	大宮公証センター公証人（～平成21年12月）
平成12年4月	日本文化大学法学部講師（民法、破産法、～平成26年3月）
平成14年6月	社団法人民事法情報センター理事（～平成19年6月）
平成18年4月	早稲田大学法学部講師（不動産登記法、～平成25年3月）
現　在	藤原民事法研究所代表

2　著　書（主なもの）

・登記原因証書の実証的研究（法務総合研究所）
・登記原因証書の理論と実務（民事法情報センター）
・公図の研究（大蔵省印刷局→㈱朝陽会）
・不動産登記の実務上の諸問題（㈱テイハン）
・相続・遺贈の登記（㈱テイハン）
・体系不動産登記（㈱テイハン）
・公正証書と不動産登記をめぐる諸問題（㈱テイハン）
・新訂 渉外不動産登記（㈱テイハン）
・信託登記の理論と実務（㈱民事法研究会）
・倒産法と登記実務（㈱民事法研究会）
・公正証書ア・ラ・カ・ル・ト（㈱朝陽会・時の法令）
・登記原因証明情報と不動産登記をめぐる諸問題（㈱テイハン）
・不動産の共有と更正の登記をめぐる理論と実務（日本加除出版㈱）

民法債権法・相続法改正と不動産登記

2019年6月15日	初版第1刷印刷	定　価：本体 3,900円（税別）
2019年6月27日	初版第1刷発行	（〒実費）
2019年9月26日	初版第2刷発行	

不複 許製	著　者　藤　原　勇　喜
	発行者　坂　巻　　徹

発行所　　東京都文京区　株式　テイハン
　　　　　本郷5丁目11-3　会社

電話 03(3811)5312 FAX 03(3811)5545/ 〒113-0033
ホームページアドレス　http://www.teihan.co.jp

〈検印省略〉　　　　　　　印刷／株式会社工友会印刷所
ISBN978-4-86096-113-8

本書のコピー，スキャン，デジタル化等の無断複製は著作権法上での例外を除き禁じられています。本書を代行業者等の第三者に依頼してスキャンやデジタル化することはたとえ個人や家庭内での利用であっても著作権法上認められておりません。